# MANAGEMENT INTERCULTUREL

# GESTION SUP

## *La collection des sciences de gestion*

DROIT DE L'ENTREPRISE

***Droit européen des affaires***
Corruble P. et coll.

***Introduction aux droits anglais et américain***
Séroussi R.

***Introduction au droit comparé***
Séroussi R.

ÉCONOMIE

***Introduction à la microéconomie des entreprises***
Vranceanu R., Guyot M.

STRATÉGIE - MANAGEMENT - RESSOURCES HUMAINES

***Analyse stratégique***
Baumard Ph.

***Diagnostic et décisions stratégiques***
Atamer T., Calori R.

***Gestion des ressources humaines***
*Pilotage social et performances*
Martory B., Crozet D.

***Gestion des ressources humaines***
*Pratique et éléments de théorie*
Cadin L., Guérin F., Pigeyre F.

***Introduction au management de la valeur***
Jokung O., Arregle J.-L., Ulaga W., Deronge Y.

***Le Management dans les organisations publiques***
Bartoli A.

***L'Entreprise en 20 leçons***
Conso P., Hémici F.

***Le Nouvel environnement international***
Desgardins B., avec la collaboration de Lemaire J.-P.

***Les Start-up high tech***
Bernasconi M., Mette M. et coll

***Management de la distribution***
Cliquet G., Fady A., Basset G.

***Management d'équipe***
Petit M. et coll.

***Management des compétences***
*Réalisations Concepts Analyses*
Aubret J., Gilbert P., Pigeyre F.

***Méthodes de recherche en management***
Thiétart R.-A. et coll.

***Organisation***
*Théories et pratiques*
Livian Y.-F.

***Stratégies d'internationalisation***
Lemaire J.-P., avec la collaboration de Petit G.

***Strategor***
*Politique générale de l'entreprise*
Collectif HEC, J.-P. Détrie et coll.

GESTION - FINANCE

***Analyse financière***
*Concepts et méthodes*
Marion A.

***Analyse financière***
*Information financière et diagnostic*
La Bruslerie H. de

***Gestion de la banque***
*Du diagnostic à la stratégie*
Coussergues S. de

***Gestion financière de l'entreprise***
Conso P., Hemici F.

***Les systèmes comptables français et anglo-saxons***
*Normes IAS*
Collette Ch., Richard J.

***La Gestion de trésorerie***
Rousselot P., Verdié J.-F.

***Marchés financiers***
*Gestion de portefeuille et des risques*
Jacquillat B., Solnik B.

***Technique financière internationale***
Jura M.

COMMUNICATION

***Communicator***
*Le guide de la communication d'entreprise*
Westphalen M.-H.

GESTION INDUSTRIELLE

***La Logistique d'entreprise***
Tixier D., Mathe H., Colin J.

***Management de la production***
Gratacap A., Médan P.

***Stratégies de service***
Samii A.K.

***Stratégies logistiques***
Samii A.K.

COMPTABILITÉ - CONTRÔLE DE GESTION

***Comptabilité analytique de gestion***
Dubrulle L., Jourdain D.

***Exercices de comptabilité analytique de gestion***
Dubrulle L., Jourdain D.

***Comptabilité financière***
Garmilis A., Poty C.

***Le Contrôle de gestion***
Löning H., Pesqueux Y.

***Contrôle de gestion et pilotage de l'entreprise***
Demeestère R., Lorino P., Mottis N.

MARKETING

***Le Marketing***
Lindon D., Jallat F.

***Market***
Evrard Y., Pras B., Roux E.

***Marketing direct***
Desmet P.

***Marketing stratégique et opérationnel***
Lambin J.-J., Chumpitaz R.

***Promotion des ventes***
*Du 13 à la douzaine à la fidélisatio*
Desmet P.

# MANAGEMENT INTERCULTUREL

## STRATÉGIE • ORGANISATION • PERFORMANCE

*Olivier Meier*

Préface
Vincent Dessain
*(Harvard Business School)*

Postface
Olivier Soumah-Mis
*(Intercultural Business Training)*

DUNOD

# Consultez nos catalogues sur le Web

**www.dunod.com**

**Conseiller éditorial : Guillaume Schier**

Le pictogramme qui figure ci-contre mérite une explication. Son objet est d'alerter le lecteur sur la menace que représente pour l'avenir de l'écrit, particulièrement dans le domaine de l'édition technique et universitaire, le développement massif du photocopillage.

Le Code de la propriété intellectuelle du 1er juillet 1992 interdit en effet expressément la photocopie à usage collectif sans autorisation des ayants droit. Or, cette pratique s'est généralisée dans les établissements d'enseignement supérieur, provoquant une baisse brutale des achats de livres et de revues, au point que la possibilité même pour les auteurs de créer des œuvres nouvelles et de les faire éditer correctement est aujourd'hui menacée. Nous rappelons donc que toute reproduction, partielle ou totale, de la présente publication est interdite sans autorisation de l'auteur, de son éditeur ou du Centre français d'exploitation du droit de copie (CFC, 20, rue des Grands-Augustins, 75006 Paris).



ISBN 2 10 007525 X

# TABLE DES MATIÈRES

## TROISIÈME PARTIE
## ANALYSE DE CAS ET APPROFONDISSEMENT

# REMERCIEMENTS

Je tiens à remercier l'ensemble des personnes qui ont eu un rôle dans la réalisation de cet ouvrage, en particulier Vincent Dessain, Directeur du *Centre de Recherche Européen de la Harvard Business School* et ses collaborateurs, Anders Sjöman, Christopher Hill et Daniela Beyersdorfer qui ont accepté de travailler sur certaines thématiques développées dans le livre. Je pense aussi à Olivier Soumah-Mis, Directeur Général de *Intercultural Business Training* et à Jean-Marie Caro, vice-président de Dever, pour leurs contributions. J'exprime naturellement ma reconnaissance auprès des dirigeants d'entreprise qui ont bien voulu répondre à nos questions ou fournir des documents. Je pense en particulier à J. Gattepaille (E. Leclerc), J.-C. Legrand (L'Oréal), Ph. Camu et J. Massot (EADS), P. Münch (Cefival), J. Rosio (Nestlé) et S. Rousseau (Club Med).

Un remerciement spécial est adressé à Guillaume Schier, Directeur associé du cabinet Dever et professeur à l'ESCEM, qui a bien voulu m'orienter et me conseiller dans la formalisation de cet ouvrage et à Michel Barabel, Maître de conférences (Institut de Recherche en Gestion), notamment pour son aide dans la collecte et le traitement de données issues du terrain.

J'aimerais aussi avoir une pensée pour plusieurs de mes collègues et amis avec lesquels j'ai pu collaborer et échanger sur cette thématique : F. Allard-Poesi, J. Beche, I. Huault, J. Gartner, F. Lavenant, F. Lebled, G. Leboulch, Y. Legouellec, A. Meter, J.-C. Pacitto, K. Rücker, M. Schnepf, A-L Ulmann, Y. Sanaa et O. Walter.

Enfin une grande part de mes remerciements va à ma femme Anouck et à mes deux enfants, Laurine et Julien, pour leurs soutiens et encouragements.

# PRÉFACE

Nous sommes aujourd'hui de plus en plus amenés à découvrir d'autres cultures, identités, croyances, face à des interactions qui s'étendent rapidement au-delà des frontières nationales.

Au niveau managérial, le paysage change à une vitesse impressionnante, ce qui présente de réelles opportunités de croissance mais aussi de nouveaux défis pour les dirigeants. En effet, certains marchés se sont « décloisonnés » et sont devenus mondiaux, avec une concurrence de plus en plus forte (luxe, services financiers, compagnies aériennes par exemple). Parallèlement, la formation de zones de commerce, comme l'UE, NAFTA et ASEAN, concourt au développement d'un certain protectionnisme et à la création de grands groupes qui souhaitent dominer ces zones au détriment des entreprises purement nationales. Enfin, on assiste au développement accéléré des pays émergents qui sont souvent culturellement difficiles à comprendre pour le gestionnaire occidental : en 2004, presque la moitié du commerce international sera chinois et dans quelques années, l'essentiel des systèmes productifs des firmes mondiales pourrait être délocalisé en Chine. Pour se développer dans ces nouveaux marchés à forte croissance, une bonne compréhension des zones de marchés et des cultures qui y sont actives, devient donc indispensable. Il en va de même au niveau des relations humaines, où la donne a également changé. En effet, la mobilité des équipes s'est fortement accrue et le mélange des cultures s'accélère. Nos sociétés deviennent ainsi progressivement des organisations multiculturelles facilitées par la circulation des biens et des flux migratoires. De même, les identités culturelles régionales et les groupes religieux s'expriment de manière plus libre. À l'opposé, on assiste à une domination de la culture américaine qui tend à favoriser une certaine homogénéisation des croyances et des valeurs. Autant d'évolutions parfois contradictoires qu'il s'agit aujourd'hui de prendre en compte au niveau des entreprises.

Dès lors, face à de telles évolutions, comment réussir à naviguer dans ce nouvel environnement à la fois plus complexe et en voie de mondialisation ?

– Au niveau du dirigeant d'entreprise, l'enjeu se situe principalement dans l'élaboration et la mise en œuvre de la stratégie, de la culture d'entreprise et d'une gouvernance qui donne les moyens d'agir avec crédibilité sur les marchés internationaux. En effet, c'est le dirigeant qui se doit de donner le ton et l'orientation. L'internationalisation se gère sur tous les fronts : compositions des comités de direction, des conseils d'administration et des équipes de management, gestion des clients, actionnaires et autres acteurs tels que les ONG ;
– Au niveau de l'organisation, la question porte sur la nature des relations entre le centre de décision et les différentes unités périphériques, et la façon dont la culture et le style de management orientent les processus de décision et de coopération intragroupe ;
– Au niveau du développement commercial, le défi à relever est de réussir ses politiques de rapprochements et d'alliances à l'international, en veillant à capitaliser et valoriser les spécificités de chacun. Dans cette perspective, la gestion des marques (globale, zonale, locale) et des compétences deviennent déterminantes.

Le livre d'Olivier Meier offre des pistes de réflexions nouvelles et intéressantes dans le champ de la gestion et du management, en analysant les orientations culturelles des entreprises, les styles de management avec les structures d'organisation et les politiques qui y sont associées. Doté de nombreux exemples et de plusieurs études de cas, cet ouvrage contribue à enrichir nos connaissances et réflexions managériales. Il permet aux étudiants mais aussi aux cadres et dirigeants d'entreprises d'avoir des grilles et outils d'analyse pertinents, pour comprendre les enjeux de la diversité et parvenir à mieux gérer ces situations.

Vincent DESSAIN
Executive Director of European Research Center
Harvard Business School

# INTRODUCTION GÉNÉRALE

Face à un environnement international de plus en plus ouvert et à une concurrence élargie, la prise en compte des différences culturelles et de l'interaction entre les cultures devient un enjeu essentiel, tant pour satisfaire la diversité de la demande que pour intégrer des équipes de travail multiculturelles.

Cet ouvrage traite des décisions et actions managériales liées au développement international des firmes. S'appuyant sur différentes comparaisons, il détaille les incidences fondamentales de la culture sur la structure et le fonctionnement des entreprises. Il est le résultat d'un travail de recherche mené depuis maintenant deux ans auprès de différents responsables et spécialistes du management interculturel. Il vise, à l'appui de données issues du terrain, à exposer les problématiques actuelles en matière de gestion de la diversité, en liant la question du management interculturel à la stratégie de développement des entreprises (internationalisation des activités, politiques de rapprochements inter-entreprises, délocalisation…) et à l'adaptation de leur organisation.

Outre l'analyse dynamique des environnements internationaux et la compréhension des stratégies d'internationalisation, il aborde les enjeux et les caractéristiques d'un management interculturel, à travers l'étude des styles et systèmes de management, des modes d'organisation et des politiques de développement des entreprises. Sur le plan international, les managers, à tous les échelons de la hiérarchie, jouent un rôle majeur dans la gestion et l'animation d'équipes plurielles. L'importance du manager dans une entreprise est en effet aujourd'hui incontestable, pour assurer une cohésion et une cohérence au sein des organisations. Cependant la notion et le champ d'actions du manager ne sont pas toujours clairs et prêtent parfois à des confusions. Les différences culturelles sont souvent la cause de ces dysfonctionnements, en particulier lorsqu'il s'agit d'animer des équipes internationales, de négocier avec des partenaires étrangers ou de recourir à des alliances stratégiques ou à des rachats de sociétés étrangères.

Il est de ce fait indispensable d'apprendre à gérer des opérations internationales et d'intégrer dans la gestion quotidienne des activités la richesse humaine qui compose aujourd'hui les organisations, en pratiquant un management interculturel efficace. Tel est l'objet de cet ouvrage qui apporte des outils d'analyse pour apprendre et maîtriser ces situations complexes qui demandent un minimum de préparation et de réflexion.

Ce livre est destiné aussi bien à des étudiants d'écoles de commerce ou de filières de gestion, qu'à des cadres et responsables engagés dans le développement des marchés internationaux. Illustré de nombreux exemples et doté de plusieurs outils d'analyse, ce livre se veut une aide concrète et pratique au service des responsables d'entreprise.

PREMIÈRE PARTIE

# LES CONCEPTS CLÉS ET LES FONDEMENTS THÉORIQUES

Le développement international des firmes implique de repenser la question des cultures et des modes de management. Une telle démarche suppose une clarification de la notion de culture d'entreprise et de ses différentes sources d'influence (culture nationale, culture régionale, culture professionnelle, particularismes individuels). Ceci fait l'objet du chapitre 1 de la première Partie.

La gestion internationale des entreprises demande également de préciser le lien entre styles de management et cultures nationales, en étudiant les facteurs de différenciation culturelle selon l'origine nationale des entreprises. Elle implique aussi, compte tenu des évolutions des marchés, d'aborder la question de l'apparition de nouveaux styles de management (transnationaux) qui tendent aujourd'hui à dépasser le cadre des frontières nationales. L'ensemble de ces aspects est traité en chapitre 2.

Le chapitre 3 traite de la question de la diversité culturelle dans les entreprises. Cette question est d'autant plus importante que la gestion de la diversité, si elle présente de nombreux avantages, peut rapidement s'avérer difficile à réaliser, compte tenu des risques encourus par l'entreprise. Ce chapitre fait par conséquent un état des lieux des apports et limites de la diversité culturelle pour les entreprises.

La gestion des conflits culturels constitue l'un des risques majeurs auxquels doit faire face un dirigeant dans son activité quotidienne, en raison de la complexité des relations interculturelles et des erreurs fréquemment commises dans ce domaine. Ainsi est-il nécessaire d'étudier ces mécanismes et d'anticiper leurs effets sur le développement des organisations. Le chapitre 4 approfondit cette question, en s'attachant à expliquer les caractéristiques des conflits culturels et les différentes configurations possibles.

# 1 CULTURE D'ENTREPRISE ET CULTURES NATIONALES

Les premières analyses approfondies sur la culture d'entreprise datent des années 1980. Ce chapitre présente les principaux résultats de ces recherches et met l'accent sur le rôle de la culture dans l'existence et le fonctionnement des organisations. La première section présente les différentes dimensions d'une culture d'entreprise, son rôle dans les organisations et sa traduction en différentes couches culturelles plus ou moins perceptibles par un observateur extérieur. La seconde section aborde la question des origines et des influences d'une culture d'entreprise et s'intéresse donc davantage au processus de construction de la culture au sein des organisations.



## Section 1 LA NOTION DE CULTURE APPLIQUÉE À L'ENTREPRISE

Cette section aborde dans le détail la notion de culture d'entreprise. Elle propose une approche permettant d'identifier concrètement une culture d'entreprise à partir de données objectives. Le rôle spécifique de la culture dans le fonctionnement des organisations est étudié avec précision, en soulignant à la fois ses fonctions d'identification, de transmission et sa capacité à donner du sens à l'action collective. Cette section met également en lumière les différentes couches culturelles d'une organisation, de la simple règle administrative aux normes, valeurs et croyances d'une entreprise. Une attention particulière est accordée à la face cachée de la culture, à savoir à ses fondamentaux très souvent enfouis dans la mémoire de l'entreprise. La connaissance des ces différentes couches se révèle essentielle dans toute politique de gestion du changement. En effet, elle conditionne fortement les schémas cognitifs des acteurs et leurs comportements face à des situations imprévues.

# 1 La culture d'entreprise : définition et caractéristiques

Les années quatre-vingt marquent l'émergence du concept de culture dans le champ managérial, donnant naissance à ce que l'on a coutume d'appeler aujourd'hui la culture d'entreprise (Schein, 1985).

## 1.1 Définition de la culture d'entreprise

On entend par culture d'entreprise, l'ensemble des manières de penser, de sentir et d'agir qui sont communes aux membres d'une même organisation.

La culture d'entreprise correspond à un cadre de pensée, à un système de valeurs et de règles relativement organisé qui sont partagées par l'ensemble des acteurs de l'entreprise (Bournois, 1996). Elle englobe les valeurs, les croyances, les postulats, les attitudes et les normes communes à ceux qui travaillent dans une même organisation.

## 1.2 Caractéristiques clés

La culture d'entreprise est un ***phénomène collectif***[1] qui associe des individus au sein d'un même groupe social (organisation), en les unissant autour de valeurs et de normes partagées. La culture d'entreprise est donc un univers, où les acteurs de l'entreprise peuvent communiquer et repérer ce qui les unit et percevoir ce qui les distingue des autres groupes d'acteurs.

La culture d'entreprise procède d'une ***activité symbolique***[2] ***omniprésente***, qui permet aux individus d'un même groupe d'échanger des informations au-delà de règles formelles, à travers un ensemble de représentations plus ou moins compréhen-

1. J.Fleury, *La culture*, Bréal, 2002.
2. La production symbolique réunit un signifié (ce que l'on veut évoquer), un signifiant (càd l'élément qui va remplacer le fait ou l'être traité) et une signification (lien recherché entre le signifiant et le signifié. Ex : l'entreprise comme lieu d'intégration).

sibles par des personnes extérieures à l'organisation. La production de symboles peut par exemple prendre la forme de noms, d'un logo, d'emblèmes, de couleurs spécifiques, de localisations qui évoquent par leur forme ou leur nature une association d'idées spontanées avec des éléments caractéristiques d'une entreprise (processus d'identification). La production de ces symboles (ou significations) revêt, dans la formation d'une culture d'entreprise, un rôle essentiel pour les salariés, en exerçant une influence sur leur équilibre social et émotionnel (identification sociale, stabilité sécurité)[1]. Ceci explique que la manipulation de certains symboles soit en général perçue, comme des signes avant-coureurs de changements forts en matière de styles et de systèmes de management. En effet, préserver ou remettre en cause un symbole est rarement un acte neutre. Il traduit la plupart du temps une orientation sur le rôle accordé à la culture d'une entreprise, en venant, en fonction de l'option retenue, confirmer ou modifier les valeurs et normes culturelles de l'entreprise en question.

**Exemple**

Le sort réservé aux marques et au nom de l'entité acquise suite à une opération de rachat est significatif de l'état d'esprit de l'acquéreur en ce qui concerne le rôle qu'il entend faire jouer à l'entreprise achetée au sein du nouvel ensemble. Une entreprise qui souhaitera valoriser la culture de son « partenaire » aura tendance à conserver le nom et les marques de l'entreprise acquise, comme ce fut le cas lors du rapprochement entre Peugeot et Citroën : création d'un groupe automobile comptant deux marques phares, avec préservation du nom et de la personnalité de l'entité acquise. Il s'agissait en effet pour le groupe d'élargir sa gamme d'offres, en proposant des produits spécifiques autour de deux marques aux valeurs distinctives : le sérieux et la tradition pour Peugeot, la technologie et l'innovation culturelle (produits d'avant-garde) pour Citroën. À l'inverse, lors de l'acquisition d'UAP, la volonté du Groupe AXA d'imposer sa griffe sur le plan national et européen, a conduit les dirigeants de l'époque à faire disparaître l'ensemble des éléments d'identification de la culture de l'entreprise acquise, et en premier lieu le sigle UAP.

La culture d'entreprise est également associée aux ***notions d'apprentissage et de transmission*** par la répétition et l'interaction. C'est en effet, à travers la culture que va s'organiser la continuité du groupe qui va converger vers les mêmes postulats et transmettre ces suppositions aux nouveaux membres. La culture d'entreprise a ainsi comme particularité de ranimer autour de certaines pratiques le passé en commun et de le transmettre aux nouvelles générations de collaborateurs à travers des rites, des cérémonies et la valorisation de certains mythes[2].

1. R.Reitter et al., Reitter *et al.*, *Cultures d'entreprises, étude sur les conditions de réussite du changement*, Vuibert Gestion, 1991.
2. Les rites sont des pratiques qui découlent des valeurs partagées. Les séminaires d'intégration, les réunions de travail, les réceptions sont des exemples de ces pratiques. Le séminaire d'intégration peut par exemple apparaître comme un rite d'initiation, de passage. Les mythes sont des légendes, des histoires associées au passé de l'entreprise qui servent à renforcer les valeurs communes. Ils peuvent être liés à des personnalités ou à des situations qui marquent ou qui ont marqué la vie de l'entreprise.

La culture d'entreprise est aussi caractérisée par sa ***cohérence interne***, en se présentant comme un système de valeurs et de règles relativement structuré. Mais la culture d'entreprise ne doit pas se voir comme un système clos et immuable.

Elle est avant tout ***une construction sociale qui évolue avec le temps*** qui résulte d'un processus de décisions et de réactions à des événements et actions menées par la firme durant son histoire. La culture d'une entreprise va donc évoluer en fonction des situations rencontrées durant son cycle de croissance (réussite/échec ; adaptation, réorientation/rupture) et les conséquences qui en ont résulté en termes d'attitudes et de comportements. Ainsi, les préférences en termes de politique de croissance[1] peuvent aussi porter l'empreinte de situations ou expériences passées qui ont profondément marqué les esprits et ainsi orienté les décisions ou actions de l'entreprise.

### Exemple

La culture actuelle du Groupe PSA passe essentiellement par l'innovation et l'internationalisation de ses activités avec une préférence marquée pour la croissance non capitalistique (développement interne ou alliances ponctuelles). Cette position décalée par rapport aux autres grands du secteur (Daimler-Chrysler, Renault-Nissan...) s'explique en grande partie par le passé de l'entreprise qui l'a conduit en 1978 à acquérir Chrysler Europe.

En 1973, le Groupe PSA est un holding familial qui occupe le deuxième rang des constructeurs français derrière Renault Régie et devant les sociétés Citroën et Simca-Chrysler France. Son rapprochement en 1974 avec Citroën est salué comme un exemple de réussite. Le nouveau Groupe devient en termes de production l'égal de la Régie. Cette situation très favorable oriente résolument l'entreprise dans la voie de la croissance externe. En 1978, le groupe PSA rachète Chrysler. Cette opération est réalisée sur fonds propres, témoignage de la santé financière de PSA. Le nouvel ensemble devient le premier constructeur d'automobiles européen. L'expansion internationale du groupe semble être en marche et ne pas devoir s'arrêter. Or, c'est à ce moment que survient que le deuxième choc pétrolier (1979) qui provoque une hausse du dollar, une inflation généralisée et l'envolée des taux d'intérêt. Cette crise sans précédent depuis la seconde guerre mondiale va avoir des effets dévastateurs sur le nouveau Groupe (réorganisation interne, plan de licenciements, cessions d'activités jusqu'au début des années quatre-vingt).

Cette décision malheureuse, car prise à contre cycle fait, depuis, partie de la mémoire de l'entreprise. Elle a notamment fait naître chez PSA le « syndrome de la croissance externe »[2] et amené l'entreprise à afficher haut et fort sa préférence pour la croissance interne ou des alliances ponctuelles.

---

1. R. Harrisson (1972) a suggéré l'existence d'un lien entre la politique de croissance et les préférences culturelles. Selon l'auteur, en fonction des valeurs de l'entreprise, les choix en termes de voies et modes de développement peuvent s'avérer différents.
2. Propos tenu, le 29 janvier 1992 par le PDG d'alors, J. Calvet, lors d'une audition auprès de la Commission d'enquête chargée d'étudier la situation et les perspectives de l'industrie française au début des années 90.

Enfin, ***la culture d'entreprise constitue un « dedans » par rapport à un « dehors »***, en créant un univers qui permet de fédérer des acteurs autour d'une même structure et de les distinguer des autres salariés. Naturellement, le rapport dialectique avec l'extérieur n'est pas totalement figé et les frontières de l'entreprise sont toujours perméables. Il n'en reste pas moins que la culture d'entreprise crée un processus d'identification et d'appartenance sociale qui va conditionner les perceptions et attitudes des acteurs vis-à-vis de l'extérieur.

## 1.3 Comment décrypter une culture d'entreprise

Il est présenté, ci-après, une méthode permettant de décrypter une culture d'entreprise, à partir de critères observables dans les organisations étudiées. L'approche développée prend appui sur des travaux antérieurs (Meier, 2001), ayant conduit à l'élaboration de grilles d'analyse culturelle. La grille d'analyse culturelle est issue de différentes recherches basées sur des travaux relatifs à la culture d'entreprise, comprenant la définition des concepts clés et leur utilisation dans le cas de relations sociales (Berry, 1983) ou d'entreprise (Harrisson, 1972 ; Schein, 1985), des travaux sur la culture et les processus de changement organisationnel (Larçon, Reitter, 1979 ; Reitter, Ramanantsoa, 1985 ; Reitter, 1991 ; Brown, Starkey, 1994) ; et des recherches menées dans le domaine spécifique des fusions-acquisitions, portant sur l'intégration culturelle et managériale de l'entité acquise (Buono et al. 1985 ; Datta, 1991 Cartwright, Cooper, 1996). La grille proposée ci-après comprend 11 items :

- l'histoire,
- le métier,
- les valeurs dominantes,
- le référentiel en termes de développement,
- le positionnement face à l'environnement,
- les éléments d'identification et d'appartenance,
- le type de structure,
- le processus de décision,
- le style de management et sources de pouvoir,
- la politique des ressources humaines,
- le comportement et les attitudes.

| Critères clés | Objectif visé | Dimensions possibles |
|---|---|---|
| **Histoire** | Reconstituer les principales phases du développement de l'entreprise, à travers l'étude de ses principaux dirigeants, de l'évolution de ses structures juridiques, de ses liens de pouvoir en interne et des relations qu'entretient l'entreprise avec les autres firmes du secteur. | Événements, dates, phases clés du développement, personnalités marquantes, mythes fondateurs et légendes, politique d'investissement, politiques de désengagement, périodes d'embauche et de licenciement. |
| **Métier** | Connaître les compétences spécifiques de l'entreprise, en étudiant ses savoir-faire initiaux et ses métiers d'avenir. | Appartenance professionnelle, type d'industrie, technologie et savoir-faire, type de clientèle, moyens et ressources, système de production. |
| **Valeurs dominantes** | Rechercher les fondements sur lesquels s'appuie l'entreprise pour légitimer ses actions. | Poids relatifs des grandes directions (technique, commerciale, recherche, ressources humaines…)<br>Credo/philosophie : quantitatif vs. qualitatif, orientation production vs. client, orientation coût vs. qualité, polyvalence vs spécialisation, efficience vs. efficacité. |
| **Référentiel en termes de Développement** | Analyser les préférences en matière de stratégie de développement et leurs principales causes (taille de l'entreprise, pouvoir financier, choix des dirigeants…) | Voies de développement : spécialisation, diversification, intégration amont ou aval, innovation.<br><br>Stratégies concurrentielles : stratégie de domination par les coûts, stratégie de différenciation, stratégie de focalisation.<br><br>Modes de développement privilégiés (croissance interne, croissance externe, alliances, partenariats). |
| **Positionnement face à l'environnement** | Analyser la position et l'image de l'entreprise dans son environnement économique et social. | Implantation géographique de l'entreprise et de ses principaux clients, attitude face aux risques ou opportunités externes, relations avec les acteurs de l'environnement, réactivité face à l'imprévu, recours à la sous-traitance et aux partenariats, ouverture sur l'extérieur, sensibilité aux valeurs sociales et sociétales (emploi local, éthique, environnement, humanitaire…) |

*Source : d'après O. Meier (2001).*

| Critères clés | Objectif visé | Dimensions possibles |
|---|---|---|
| **Éléments d'identification et d'appartenance** | Repérer les éléments qui revêtent pour les membres de l'entreprise étudiée, une forme d'identification et d'appartenance à un groupe social. | Symboles, signes, noms, emblèmes, références historiques, légendes, insignes, organisation des bureaux, aménagement interne, localisation des sites… |
| **Type de structure** | Identifier la structure de l'entreprise sur le plan de son organisation et de son fonctionnement. | Statut juridique de l'entreprise, composition du capital, poids des principaux actionnaires, organigramme, ligne hiérarchique, degré de formalisation, relations horizontales et relations entité-groupe, degré de spécialisation, niveau de standardisation des procédés de travail, mode de fonctionnement (pyramidal, en réseau, en râteau…), poids de la technostructure, des centres opérationnels et des activités de soutien, mécanismes de contrôle, d'intégration, de régulation et de coordination, degré de différenciation fonctionnelle, champ de la supervision… |
| **Processus de Décision** | Étudier les mécanismes de prise de décision au sein de l'organisation | Nature des décisions (individuelle/collective) rapidité du processus, fluidité ou rigidité des circuits, niveau de préparation des décisions, choix des critères d'appréciation, niveau de délégation, systèmes de réunion d'information, de concertation et de coordination, règlement des conflits, rôle des experts. |
| **Style de management et sources du pouvoir** | Identifier la façon dont la direction de l'entreprise encadre et gère ses employés et collaborateurs. | Style de direction : paternaliste, autocratique, démocratique, bureaucratique, entrepreneurial, mercenaire.<br>Sources du pouvoir : pouvoir de coercition, pouvoir de gratification, pouvoir d'expertise, pouvoir statutaire, pouvoir charismatique… |

*Source : d'après O. Meier (2001).*

| Critères clés | Objectif visé | Dimensions possibles |
|---|---|---|
| **Politique des Ressources Humaines** | Examiner la façon dont les dirigeants informent, animent et contrôlent leurs équipes de travail. | Politique de rémunération et de gratification, gestion des carrières, politique de recrutement, politique de formation, profils et compétences recherchés, style d'animation, politique de communication interne ; critères, outils et procédures d'évaluation, importance des statuts, relations avec les instances représentatives du personnel. |
| **Comportement et attitudes** | Repérer les principaux comportements et attitudes des employés à l'égard de leur organisation. | Attachement du personnel, motivations des employés, engagement personnel et collectif, adhésion, climat social, taux d'absentéisme, taux de rotation, importance des conflits et des grèves, taux de syndicalisation, distance sociale, langage, vocabulaire utilisé, tenue vestimentaire, rites, cérémonies, tabous... |

*Source : d'après O. Meier (2001).*

## 2 Les rôles externes et internes de la culture d'entreprise

Selon E. Schein (1985), la culture d'entreprise se forme en partie pour répondre à deux séries de problèmes essentiels à résoudre pour assurer le développement de l'entreprise. Le premier type de problèmes concerne celui de l'adaptation de l'entreprise à son environnement et pose donc la question de la survie de l'organisation. Le second problème est d'ordre interne et porte sur l'instauration et le maintien de relations de travail efficaces entre les membres de l'entreprise. D'après l'auteur, la culture d'entreprise, par ses caractéristiques, permet à l'entreprise de faire face à l'incertitude et à la complexité de l'environnement et de répondre efficacement à l'intégration des salariés.

### 2.1 Les rôles externes de la culture d'entreprise

La culture d'entreprise délimite les frontières d'une organisation. Elle crée la spécificité d'une organisation et permet de lui donner une identité propre qui la distingue des autres firmes de l'environnement. La culture d'entreprise se présente par conséquent comme un **facteur d'identification et de différenciation par rapport à l'environnement** (Allouche, Schmidt, 1995, p. 45). Elle permet d'établir un certain nombre de principes, de règles et de références sur lesquels les individus vont s'identifier et se démarquer, en tant que collectivité particulière (Rocher, 1968). Elle est ce qui permet à l'ensemble des individus d'une organisation d'identifier ce qui les unit et les distingue des autres acteurs de l'environnement. La culture est aussi un moyen de faire converger des individus dans la même direction, en leur permettant de lutter efficacement contre l'incertitude et la complexité de l'environnement. Elle permet de créer un socle sur lequel les individus peuvent s'appuyer et se retrouver pour répondre ensemble aux contraintes de l'environnement. La culture contribue de ce fait à préciser ce qu'est l'entreprise, son rôle et la place qu'elle doit occuper, pour permettre à un groupe social donné de vivre et se développer au sein de son environnement.

## 2.2 Les rôles internes de la culture d'entreprise

La culture d'entreprise permet à des acteurs d'origine, de formation et d'intérêts personnels différents, de cohabiter et de coopérer au sein d'une même organisation, en renforçant les points de convergence et en réduisant les éléments de divergence. La culture d'entreprise doit par conséquent se voir comme un **facteur interne d'intégration** qui vise à fédérer et mobiliser des individus a priori différents autour d'objectifs communs, générateurs de performance économique ou sociale. Tout groupe social, quelles que soient ses caractéristiques, a en effet besoin d'un minimum de cohésion et de cohérence pour fonctionner de façon optimale. La culture d'entreprise contribue à cette mission, en leur donnant des fondements (système de pensée, croyances, hypothèses) communs qui vont leur permettre de travailler ensemble au-delà des différences. La culture d'entreprise est donc particulièrement utile lors de l'intégration de nouveaux salariés venant d'horizons différents, qu'il s'agisse de jeunes diplômés ou de collaborateurs plus qualifiés (expériences antérieures) ou étrangers. Elle permet à ces nouveaux arrivants d'acquérir rapidement les réflexes et pratiques de l'entreprise et ainsi de travailler efficacement avec les autres membres de l'organisation. Elle permet aussi de mettre en place des mécanismes de contrôle (éléments de régulation) et de coordination (règles, procédures), en vue de créer les conditions d'une coopération efficace à travers l'élaboration de méthodes communes unanimement acceptées (convergence d'intérêts et d'objectifs). La culture est ainsi un moyen de fédérer, de manière cohérente et structurée, les actions de l'entreprise, en impliquant cognitivement et émotionnellement les acteurs par l'instauration de normes de conduite et des systèmes d'organisation appropriés.

Une culture d'entreprise forte et bien gérée peut donc améliorer la qualité du travail des salariés et leur adhésion à l'organisation. Elle s'avère essentielle dans la gestion d'une entreprise et constitue une dimension importante qui peut faciliter les choix et la mise en œuvre des décisions stratégiques. La culture d'entreprise soulève cependant des difficultés pratiques liées aux phénomènes d'ancrage culturel. Elle peut en effet constituer un obstacle au changement (préservation de la stabilité interne) et à la diversité (recherche d'homogénéité), en « rejetant » de son organisation les personnes qui présentent des opinions ou des positions différentes de celle de la culture dominante. On entend par culture dominante la culture qui prévaut dans l'ensemble de la structure et rallie la majorité des employés.

# 3 Les différentes *couches culturelles* d'une organisation

La culture est structurée en différentes couches culturelles[1] qui traduisent le processus de construction et de formation d'une culture, en distinguant ce qui est aisément identifiable et explicite (*les règles et les procédures*), ce qui peut être révélé après discussion avec certains acteurs de l'organisation (*les valeurs et croyances*) et ce qui reste particulièrement délicat à explorer (*les postulats implicites*) et qui constitue le véritable cœur d'une culture d'entreprise, à savoir ses fondamentaux.

Les règles et les procédures concernent l'aspect visible de la culture d'entreprise que l'on peut observer dans le management quotidien des entreprises. Le niveau culturel intermédiaire correspond aux croyances, valeurs et normes de l'entreprise qui vont guider ses choix et comportements (propositions, préférences, priorités) et qui sont souvent mentionnés dans les missions et objectifs de l'organisation. Le dernier niveau d'une culture d'entreprise recouvre les postulats touchant à son existence et à sa justification en termes de rôle et de légitimité à l'intérieur et à l'extérieur de l'organisation.

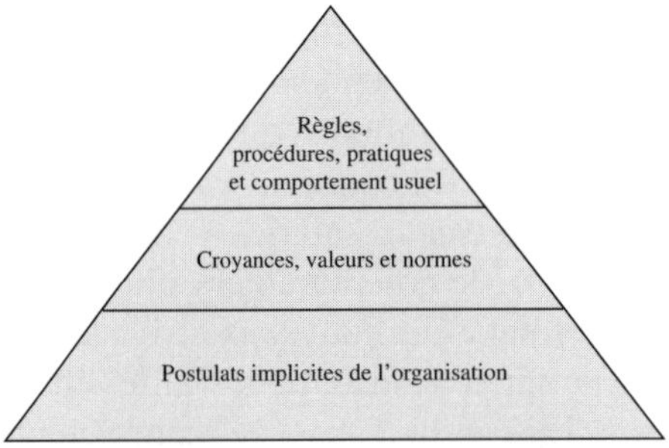


Figure 1.1 – *Les différentes couches culturelles d'une organisation*

## 3.1 Les règles et procédures

Ce premier niveau culturel désigne l'ensemble des pratiques (modes d'action) et règles qui organisent les relations professionnelles et sociales au sein de l'entreprise. Il comprend donc le langage utilisé (langue parlée, vouvoiement, tutoiement, recours au nom ou au prénom, codes spécifiques…), les pratiques de gestion et

1. Edward T. Hall (1984), anthropologue américain, distingue trois principaux niveaux de programmes culturels : les règles techniques, formelles et informelles. Ceci rejoint les travaux de F.Trompenaars sur la distinction entre couches superficielle, médiane et supérieure. Il est proposé d'appliquer cette grille d'analyse à la culture d'entreprise, en nous interrogeant sur la manière dont s'articulent ces différentes strates culturelles au sein des organisations.

d'organisation (structure, mode de coordination, système de contrôle…), les comportements usuels (habitudes de salutations, formalités de présentation, codes vestimentaires), ainsi que l'ensemble des règles techniques de l'entreprise. Les règles techniques sont des règles explicites de fonctionnement. Elles correspondent à des procédures organisationnelles et administratives, établies à tous les échelons de l'entreprise, allant du système de gestion au règlement intérieur. Ces modes d'actions ont essentiellement pour objectif de résoudre les problèmes du management au quotidien. Il s'agit de règles visibles et faciles à identifier pour une personne extérieure à l'entreprise. L'étude de ces pratiques permet ainsi d'avoir des indications sur la nature des liens qu'entretient chaque acteur de l'entreprise avec son environnement et avec les autres membres de son organisation.

**Exemple**

Au-delà des logiques pratiques (optimisation de l'espace/facilité technique/sécurité physique) ou économiques (réduction des coûts), l'architecture et le design sont révélateurs de certaines hypothèses culturelles de l'entreprise, notamment en ce qui concerne l'intégration du personnel dans son environnement professionnel. Ainsi, par exemple, le fait d'isoler ou au contraire de regrouper les employés au sein du même espace témoigne du rôle accordé à la coordination hiérarchique, aux relations aux autres et au formalisme des pratiques de travail. De même, le recours ou non au prénom et au tutoiement dans les discussions modifie profondément la nature des échanges entre les collaborateurs (convivialité, liberté de ton) et l'exercice du pouvoir au sein de l'organisation (atténuation du niveau de distance sociale entre les membres de l'entreprise).

## 3.2 Les croyances, valeurs et normes

Le niveau culturel intermédiaire correspond aux croyances, normes et valeurs de l'entreprise. On entend par *croyance*s, des orientations générales qui traduisent la manière dont les dirigeants perçoivent et se représentent le monde qui les entoure. Il s'agit par conséquent d'une ligne directrice qui va conditionner les choix de l'entreprise en termes de vision et de priorités stratégiques.

**Exemple**

La philosophie du Groupement Leclerc repose sur l'idée que « l'homme prime sur toute chose » (E. Leclerc). Une telle croyance dans l'individu implique nécessairement un type d'orientation et de comportement : une relation directe avec le consommateur (disparition des intermédiaires), la recherche d'une insertion locale (politique régionale et adaptation locale) et une méfiance à l'égard des systèmes macroéconomiques (structure non capitaliste, système d'adhérents avec une culture de type coopérative).

Les *valeurs* définissent les préférences collectives de l'entreprise sur ce que devrait être idéalement l'organisation dans le domaine économique, social ou sociétal. Elles sous-tendent par conséquent des choix qui peuvent conduire les membres d'une entreprise à privilégier la *sécurité de l'emploi* (stabilité, conditions de travail, climat social, cadre de vie) par rapport au *niveau de rémunération* (salaires, primes, avantages). Les valeurs de l'entreprise jouent donc un rôle central dans la formation d'une culture. Elles déterminent la ligne de conduite exprimée par l'entreprise dans les domaines du management, de l'attribution des rôles et responsabilités, de la communication interne et externe, ainsi que dans certains choix de développement.

**Exemple**

> Les valeurs du groupe PSA sont fortement associées à la stratégie de développement de l'entreprise et orientées en priorité vers la pérennité et le souci d'indépendance. De telles valeurs ont de ce fait des conséquences importantes sur la géographie du capital de l'entreprise (fermeture du capital/contrôle familial) et sur ses préférences en matière de développement (croissance interne ou alliances sans apport de capital).

Les valeurs véhiculées au sein d'un groupe sont à la fois stables (éléments de continuité) et évolutives (éléments dynamiques) car soumises aux changements structurels de l'environnement et des sociétés. On peut véritablement parler de valeurs, lorsque celles-ci sont partagées au sein d'un même ensemble social. Dans le domaine des entreprises, le PDG est généralement un acteur essentiel, pour développer et promouvoir les valeurs d'une organisation.

**Exemple**

> On peut ici prendre l'exemple du Groupe Suez qui a fait de la culture partagée un enjeu majeur avec notamment le lancement de quatre chartes remises aux nouveaux arrivants, correspondant aux valeurs du groupe, à son éthique, à sa position sur l'environnement ou à sa responsabilité sociale internationale. Les valeurs du Groupe (professionnalisme, partenariat, esprit d'équipe, création de valeur, respect de l'environnement, éthique) sont en effet au cœur du positionnement de l'entreprise, comme le souligne son PDG, Gérard Mestrallet : *« J'ai une conviction forte : il n'y a pas de position durable de leader sans valeurs, sans vision partagée ; pas d'image sans une éthique rigoureuse. C'est grâce à nos valeurs et notre éthique, que nous avons pu nous affirmer comme un acteur véritablement mondial. Une entreprise ne se définit pas uniquement par ses métiers, par ses comptes ou ses implantations géographiques. Suez, ce sont des métiers mondiaux mais aussi et d'abord des équipes, des valeurs, une éthique et une vision »* (extrait de la Charte des valeurs du Groupe – Décembre 2001).

À côté des croyances et des valeurs, on peut identifier des *normes* qui correspondent à des règles de comportement propres à l'entreprise. Les normes sont ce qu'un groupe admet généralement comme étant les règles à suivre dans le cadre du développement et de la gestion des activités. Elles impliquent par conséquent des logiques d'arbitrage entre ce qu'il faut faire et ne pas faire. Elles donnent ainsi aux individus une idée de ce que l'on attend d'eux et des limites à ne pas franchir sous peine de sanction.

**Exemple**

> Le respect des horaires, la demande d'une tenue vestimentaire stricte (costumes ou tailleurs), le refus de mélanger vie professionnelle et vie privée sont autant de règles de conduite propres à une organisation qui permettent de créer une normalisation des comportements et attitudes au sein de l'entreprise.

## 3.3 Les postulats implicites

Le dernier niveau d'une culture d'entreprise recouvre les postulats touchant à l'existence et à la justification de l'entreprise en termes de rôle et de légitimité à l'intérieur et à l'extérieur de l'entreprise. Ces fondamentaux sont souvent enfouis dans la mémoire de l'entreprise et se situent à un niveau inconscient[1] jusqu'au moment, où un étranger à l'organisation les enfreint. Ils peuvent par exemple concerner la recherche d'indépendance (structure du capital), la défense des intérêts des salariés (ou des actionnaires), le refus de certaines évolutions économiques, sociales ou sociétales ou la volonté d'imposer au niveau de son activité de nouvelles normes de références (par l'innovation ou la remise en cause de certaines pratiques antérieures).

**Exemple**

> En 1949, Édouard Leclerc ouvre son premier magasin à Landerneau en Bretagne, fondé sur la vente à prix de gros, jetant ainsi les bases du "discount" qui n'était pas encore pratiqué à cette époque. Avec un pari, celui de faire chuter les prix, en plaçant le consommateur au centre de son combat. Cette vision va le conduire à progressivement créer un groupement de distributeurs indépendants, organisé autour d'une vision commune : défendre le pouvoir d'achat du consommateur, en lui permettant d'accéder à des produits, au meilleur prix, dans tous les secteurs, en maintenant un niveau de qualité. Plus de cinquante après le début du groupement, ces postulats demeurent la marque identitaire du groupe qui est resté fidèle à la vision de son fondateur (stratégie de prix bas avec exigence de qualité dans la plupart des secteurs de la grande distribution : alimentaire, non alimentaire, services financiers).



1. « La culture cache plus de chose qu'elle n'en révèle », d'après E.T. Hall, *Le langage silencieux,* Seuil, 1984.

# Section 2 LES ORIGINES ET LES INLUENCES DE LA CULTURE D'ENTREPRISE

Toute entreprise, quelle que soit sa taille, forme un sous-groupe social composé d'individus appartenant à une ou plusieurs cultures : culture nationale, culture régionale, culture d'appartenance professionnelle (liée au statut et au vécu de ses membres), culture personnelle. Ces différentes cultures sont à l'origine de la formation et de l'évolution de la culture d'une entreprise et vont influencer le comportement des membres de l'organisation. Chaque culture apporte par conséquent des influences spécifiques qui peuvent évoluer en fonction du contexte. Il est proposé le recensement des principales cultures qui interfèrent dans la formation et le développement d'une culture d'entreprise.

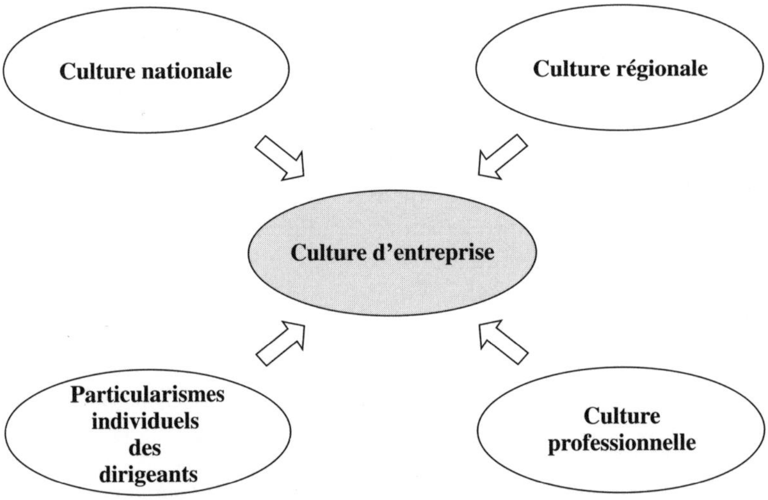


Figure 1.2 – *Les influences de la culture d'entreprise*

## 1 La culture nationale

On peut définir un pays comme un territoire composé d'individus qui représente une communauté politique, établie sur un espace géographique défini et incarnée par une autorité souveraine[1]. L'idée de nation suppose une construction historique et donc un passé. Elle s'exprime également dans le présent, par la volonté clairement exprimée

1. Définition issue du Dictionnaire Petit Robert, complétée par les écrits de E. Renan, *Qu'est ce qu'une nation* ? INALF, 1961.

par les citoyens de poursuivre leur vie en commun, suivant les règles dictées par la société (langue commune, droit positif, pratiques religieuses, coutumes du pays...).

*« Les cultures nationales... pèsent de tout leur poids, même là où les grands efforts sont faits pour créer, au-delà des frontières une culture d'entreprise originale »* (D'Iribarne, 1989 ; 265).

Il existe d'un pays à l'autre des différences significatives dans la gestion et l'organisation des entreprises, le comportement au travail, le respect de l'autorité ou l'acceptation des inégalités. Une culture nationale a nécessairement une culture propre, qui transcende la somme des cultures particulières des groupes qui la composent. En effet, une société se construit et se reconstruit, en inventant et réinventant sans cesse une façon originale de vivre humainement en interaction avec les cultures régionales, les cultures ethniques, les cultures catégorielles, mais sans s'identifier à aucune d'elles. La culture nationale s'inscrit dans une continuité historique qui lui permet d'accumuler des expériences humaines nouvelles et de les intégrer collectivement à l'identité nationale, tout en continuant à évoluer. La nation tend normalement à développer des institutions (économiques, politiques, éducatives, socioculturelles) qui lui sont propres et qui reflètent sa culture. Elle tend ainsi à créer un État national indépendant, dans lequel vont évoluer les différents acteurs économiques et sociaux présents sur le territoire. À ce titre, la culture nationale est un constituant essentiel de la culture d'entreprise. En effet, l'idée nationale est généralement (et traditionnellement) commandée par une recherche et une affirmation d'homogénéité, où il s'agit au-delà des différences régionales, professionnelles ou individuelles, de créer une collectivité homogène, cohérente, intégrée. On comprend dès lors que l'histoire d'une nation et les différentes forces politiques et économiques d'un pays puissent avoir une influence sur la conduite des entreprises, en les inscrivant dans un ensemble des valeurs, de mythes, de rites (cérémonies, fêtes, commémorations) et de codes sociaux partagés par la grande majorité du corps social (Iribarne, 1989). L'influence de la culture nationale est d'autant plus grande qu'elle reste profondément ancrée dans le fonctionnement cognitif des individus et que ses particularismes évoluent à un rythme extrêmement lent, avec des changements qui peuvent prendre plusieurs générations (Laurent, 1989).

**Exemple**

La culture d'une entreprise ne peut être appréhendée sans référence à la culture du ou des pays où elle opère ni à la culture de son pays d'origine. En effet, même si chaque entreprise présente des valeurs culturelles spécifiques, elle reste fortement influencée par l'environnement de son pays d'origine ou d'accueil dont les constantes nationales demeurent valables sur le plan statistique. On peut par exemple prendre le cas du système législatif (droit) qui diffère selon que l'on soit anglais ou français. Alors que le droit coutumier, tel qu'on le pratique dans le *common law*, est fondé sur la tradition orale et la jurisprudence, le droit français est un droit écrit s'appuyant sur un cadre théorique précis. Ces deux conceptions du droit amènent par conséquent à des pratiques et des comportements différents en particulier dans la relation de l'entreprise avec ses parties prenantes. De même, la religion d'un pays revêt une importance dans la manière dont les individus vont analyser et gérer les situations (relation face aux autres, rapport au temps, rapport à l'argent, comportement moral dans les affaires). Ainsi, dans les pays musulmans, les valeurs de fatalisme propres à l'islam affecteront l'intérêt porté à la planification, comme l'indique un proverbe saoudien selon lequel « celui qui essaie de prévoir l'avenir est fou ou irréligieux ». Ce refus de la planification contraste fortement avec la conception occidentale où pour l'homme avisé, « gérer, c'est prévoir ». Cet exemple reflète par conséquent des représentations différentes du monde (perceptions, présupposés, attitudes) qui peuvent fortement interférer dans un processus de rapprochement d'entreprises et créer des sources potentielles d'incompatibilités entre les entités fusionnées. On peut enfin citer l'importance de l'État dans l'économie et l'organisation sociale, selon le pays considéré. Ceci est principalement lié à des facteurs historiques, culturels et géopolitiques propres au pays. Ainsi, si le modèle anglo-saxon se base sur le pouvoir de marché, le modèle japonais est caractérisé par le rôle central de l'État dans le système économique. Ceci a notamment eu pour conséquence de créer de profondes différences dans le développement des entreprises, avec de réelles distinctions dans les domaines de l'organisation administrative, de l'actionnariat, des relations sociales ou de la gestion clientèle.

## 2 La culture régionale

Les cultures régionales désignent la diversité des cultures à l'intérieur d'un même pays et les points de similitudes qui peuvent exister entre des zones géographiques appartenant juridiquement à plusieurs pays.

### 2.1 À l'intérieur du même pays

La culture régionale constitue une sphère d'influence particulière dont la force des liens qui unit ses membres, peut parfois créer des situations problématiques à l'intérieur d'un même pays. On peut en effet assister à des oppositions culturelles entre une culture régionale qui souhaite affirmer sa spécificité et une culture nationale dont la légitimité réside (en partie) dans la minimisation des différences. C'est le cas par exemple de la France qui doit depuis plusieurs années faire face à des revendications d'autonomie ou d'indépendance dans plusieurs régions, comme par exemple en Corse, en Bretagne et au Pays Basque, où les influences culturelles et historiques sont particulièrement fortes. De même, la Belgique doit gérer, au sein du même territoire, deux cultures régionales (entre les Flamands et les Wallons) situées au Nord et au Sud du pays, dont les références historiques, linguistiques et géographiques se révèlent relativement différentes et viennent périodiquement fragiliser l'unité nationale. Les situations de l'Espagne (avec le pays basque) et du Canada (avec le Québec) montrent l'étendue du problème et l'importance des cultures régionales sur la vie des citoyens. On peut également citer le cas du Brésil, où un salarié originaire de São Paulo n'aura pas nécessairement la même notion du temps et de l'espace qu'un natif de Salvador ex-capitale du Brésil (jusqu'en 1763) qui reste fortement imprégné de ses racines africaines. Les obstacles culturels dans les relations professionnelles peuvent ainsi surgir au sein même d'équipes multirégionales, comme le montrent les difficultés rencontrées par les entreprises de São Paulo avec leurs partenaires du Nordeste (Guitel, 2003).

Cette réalité régionale peut également faire partie intégrante de la formation d'un pays, à l'instar de l'Allemagne structurée autour de Länder qui disposent dans certains domaines d'une relative autonomie de décisions. De son côté, le Royaume Uni a procédé, en 1999, à une réforme constitutionnelle d'envergure par un transfert de pouvoirs importants au profit de l'Écosse, du Pays de Galles et de la Cornouaille. Les prérogatives, dévolues à chacune des « régions » du royaume ne sont pas homogènes mais tiennent compte des aspirations de chacune d'elles. À titre d'exemple, seul le parlement d'Écosse est doté de pouvoir en matière législative. Cette réforme ne semble constituer qu'une première étape, le gouvernement devant réfléchir à un nouveau mode d'organisation des territoires. D'autres pays européens, face à ce même constat, ont engagé des réformes, comme l'Espagne qui de 1977 à 1985 a créé 19 provinces autonomes dotées de pouvoirs très étendus dans les domaines du fisc, de l'éducation et même de la police.

L'existence de cultures régionales fortes, fondées sur des facteurs historiques, géographiques, politiques, économiques ou culturels (langue, religion, coutumes) n'est pas sans conséquence sur la conduite des entreprises. L'influence exercée est naturellement variable, selon les régions et les entreprises. Elle peut néanmoins constituer un facteur explicatif non négligeable dans la formation et le développement d'une culture d'entreprise, en créant des différences dans les comportements (nature des relations interpersonnelles, attitudes, codes vestimentaires) et les modes de relations avec l'environnement (partenariats). Le Groupe Michelin offre sur ce point un exemple intéressant de l'influence d'une culture régionale sur la politique d'une entreprise leader mondial de la fabrication de pneus.

**Exemple**

L'entreprise Michelin n'hésite pas à rappeler ses racines auvergnates et leurs significations (travail et humilité) dans sa politique de communication et de recrutement. Ainsi, la capitale régionale Clermont-Ferrand regroupe l'ensemble des pôles de responsabilités du Groupe, de la zone Europe et naturellement de la France. À ce titre, l'ensemble des métiers est présent, des fonctions achats-audit aux domaines de la communication, de l'environnement et de la logistique. La zone France regroupe aussi plus de 2 500 chercheurs qui sont basés à Ladoux (Clermont-Ferrand) et plus de 1 000 personnes dans les activités Marketing and Sales. De plus, le groupe entend fortement miser sur ses origines auvergnates comme le montre la charte Performance et Responsabilités, garante des valeurs du groupe : *« C'est parce qu'une petite entreprise d'Auvergne a voulu, il y a bien longtemps, répondre au besoin d'un client… que notre aventure a commencé »*. Enfin, le groupe joue la carte régionale, en établissant des partenariats locaux avec des organismes de formation, pour développer le bassin d'emplois et en créant des liens étroits avec les autorités locales.

## 2.2 Au-delà des frontières nationales

La réalité régionale, en faisant valoir l'importance de la culture géographique (héritage historique) par rapport au cadre institutionnel et juridique (héritage administratif), peut favoriser l'émergence de cultures transfrontalières structurées autour de populations présentant des caractéristiques communes sur le plan de l'origine géographique, ethnique, religieuse et linguistique.

### Exemple

> La présence de populations ayant une histoire et des origines communes peut conduire au développement de cultures régionales transfrontalières. C'est le cas, par exemple, en Suisse, où les cantons alémaniques ont des coutumes distinctes de leurs voisins romands et communes à la région couvrant Stuttgart et l'Alsace. On peut également citer les liens très particuliers qui existent entre la France et la Belgique, à travers sa région francophone, la Wallonie. De même, les Gallois qui forment une nation à part entière au sein du Royaume-Uni descendent des Bretons et regroupent ceux qui préférèrent rester sur l'île de Bretagne quand les autres migrèrent sur le continent.

Parfois même, sous l'influence de l'histoire, se développent des zones éloignées géographiquement mais ayant des liens de proximité culturelle forts (références communes, langue, liens familiaux), à l'image des relations entre le Québec et la France.

La construction européenne apparaît également comme un élément stimulant du réveil des identités régionales. Les institutions de nombreux pays constituant l'Union européenne fonctionnent sur un mode relativement décentralisé qui accorde une part d'autonomie non négligeable à leurs différentes régions. Les tenants de la défense des particularismes locaux voient dans ces modèles, la légitimation de bon nombre de leurs revendications. L'accroissement des échanges entre régions à forte identité, génère une dynamique qui tend à développer et à renforcer les mouvements identitaires. De plus, les instances communautaires se font parfois le relais de ces aspirations au travers de la défense des minorités et du patrimoine culturel commun. La création en 1992, de la « charte européenne des langues régionales ou minoritaires » par le Conseil de l'Europe, en est un des exemples les plus flagrants.

La reconnaissance des cultures régionales dans l'analyse des cultures d'entreprises n'est pas négligeable (Maillat, 1994). Elle permet notamment de comprendre le rôle joué par certains marchés dans la stratégie de croissance des entreprises. Elle permet aussi de comprendre les raisons de la réussite d'entreprises sur certaines zones géographiques (Calori, Lawrence, 1991) et les rapprochements qui peuvent exister entre firmes de nationalités différentes mais appartenant à la même culture régionale (Schneider, Barsoux, 2003). Des recherches ont d'ailleurs cherché à établir un lien entre la situation régionale de l'entreprise et sa culture entrepreneuriale. Elles tendent à montrer que la culture régionale peut par ses habitudes locales et ses traditions, influencer fortement la capacité d'innovation des entreprises, en mettant en évidence des différences culturelles entre entrepreneurs de régions différentes au sein du même pays (Berget et al., 1993). De même, en fonction de la culture régionale et de ses caractéristiques (prise de conscience d'une communauté locale, établissement d'un leadership régional, existence de structure d'appui...), P. Prévost cherche par exemple à montrer comment une communauté locale peut, par ses propres moyens, se transformer en un milieu incubateur de l'entrepreneurship. En d'autres termes, il s'agit de voir comment il est possible, dans une micro-région donnée, d'insuffler, dans une certaine mesure, un esprit d'entreprise qui mettra la population locale en situation d'innover et de développer ses propres activités. Ainsi, la réalité régionale ou locale évoque un milieu d'appartenance qui permet à une population de se reconnaître des traits caractéristiques, voire des liens de solidarité et qui exercent une certaine influence sur les changements socio-économiques à la faveur des moyens d'intervention offerts par les institutions gouvernementales et associatives. Ce « milieu » correspondant à un environnement doté d'une connexité spatiale offre, à une grande variété d'acteurs, les conditions d'information et les facilités de transactions suffisantes pour assurer la stabilité et les liens entre les différents réseaux (Perrin, 1990) et parvenir ainsi à créer un développement de leurs activités.

## 3 La culture professionnelle

Une culture n'est pas uniquement le résultat de caractéristiques nationales et géographiques ou des histoires des organisations. Elle est également le reflet d'un ***passé professionnel en commun*** qui unit les individus dans une communauté de métiers basée sur des formations et expériences équivalentes. La culture professionnelle se présente par conséquent comme une culture spécifique acquise au travail.

En effet, le rapport au travail comme principe de socialisation et d'identité est constitutif d'un mode culturel particulier. Les travaux de R. Sainsaulieu ont montré que l'individu forge une partie de son identité par le biais de son travail. L'identité professionnelle se définit comme la « façon dont les différents groupes au travail s'identifient aux pairs, aux chefs, aux autres groupes » (Sainsaulieu, 1977). La construction d'une identité professionnelle est basée sur ce que Peter Berger et Thomas Luckmann (1966) nomment la socialisation secondaire, à savoir l'incorporation de savoirs spécialisés construits en référence à un champ d'activités donné (savoirs professionnels), vecteurs d'un langage spécifique (expressions, formules, propositions, procédures) et d'un univers symbolique (valeurs, références, modèles) à part. Trois dimensions construisent l'identité au travail : la situation au travail, les relations de groupe liées aux rapports hiérarchiques et la perception que les acteurs ont de l'avenir.

L'activité professionnelle peut s'avérer une source d'identité profonde, en fournissant un statut et une reconnaissance sociale. Elle peut également être à l'origine de certaines façons de penser et d'agir. La pratique d'un métier induit une certaine appréhension des choses et de l'univers technique. La proximité avec un milieu physique et humain particulier confère donc une sensibilité aux dimensions de ce milieu et la capacité de discerner des nuances inaccessibles au novice. L'exercice d'une profession exige aussi des modes d'expression précis, souvent un langage particulier, rendus nécessaires par les particularités du travail technique, l'originalité des situations de communications et la spécificité du vécu.

**Exemple**

Une entreprise locale composée principalement de « techniciens maison », sans formation académique, aura généralement une culture à dominante pratique, à base d'expérimentation et d'intuition, et orientée vers un savoir dilué et diffus (lié à un apprentissage collectif efficace). Dès lors, le rachat d'une telle société par un groupe de financiers préoccupés par des critères de rentabilité et de profitabilité (retour sur investissement) peut poser de réels problèmes en termes d'évaluation et de valorisation du capital technique et humain. En effet, l'analyse d'un métier traditionnel par une culture essentiellement financière peut engendrer de réelles incompréhensions et aboutir à des erreurs d'analyse et de jugement, notamment en ce qui concerne la valeur réelle des produits proposés et la nature exacte du processus de production (répartition de la valeur ajoutée, qualités et compétences mobilisées, rôle des différents acteurs de l'entreprise dans la chaîne de fabrication).

***La culture du métier peut parfois être renforcée par la culture du secteur***, notamment lorsque l'entreprise est spécialisée dans des activités de pointe à forte exigence technologique (biotechnologies) ou située sur des marchés publics, parapublics ou d'intérêt national (aéronautique, armement, secteur énergétique par exemple). Dans le premier cas, l'influence du secteur est liée aux innovations technologiques qui orientent fortement la politique de développement de l'entreprise en matière de normes, de brevets et d'échanges d'informations. Dans le second cas, la réglementation et les lois sont déterminantes car elles définissent les conditions du marché, telles que le niveau de la concurrence (monopole, environnement protégé, libéralisation de l'activité), la politique commerciale de l'entreprise et la nature du comportement à l'égard du client.

**Exemple**

Dans des environnements très protégés, le fait de ne pas avoir à rivaliser avec une concurrence active et directe conduit l'entreprise à privilégier le règlement des problèmes techniques au détriment d'une politique commerciale agressive. De tels environnements n'incitent donc pas à adopter une culture axée sur le client (stratégie de différenciation, innovation, avantages comparatifs) et adapter son offre aux évolutions de l'environnement (réactivité faible, risque d'inertie).

## 4 Les particularismes individuels des dirigeants

La culture d'entreprise peut également être influencée par la personnalité de ses dirigeants successifs qui peuvent servir de repère, de référence ou de symbole pour les collaborateurs de l'entreprise. En particulier, le rôle du fondateur est souvent d'une importance cruciale, en raison des croyances et des valeurs qu'il véhicule (Schein, 1983). Chaque entrepreneur a en effet en lui des valeurs spécifiques qu'il entend défendre dans le cadre de son action professionnelle. L'entreprise peut dès lors apparaître comme un moyen de réaliser ces aspirations. Les successeurs peuvent également influencer une culture d'entreprise. Cette influence peut être liée à une personnalité particulière venant modifier les habitudes de l'organisation. Elle peut également être associée à des qualités professionnelles qui correspondent au besoin de l'entreprise à un moment donné de son histoire. Très souvent, une entreprise naît d'une vision ou d'une idée originale inspirée de l'histoire et des qualités personnelles d'un homme (ou d'une équipe). Le premier défi à relever consiste donc à transformer l'idée en un projet d'entreprise réaliste d'un point de vue économique. Mais très vite, la réussite du projet conduit à des changements importants en termes d'organisation et de gestion des activités. Les évolutions de l'environnement, l'émergence de nouveaux concurrents, l'arrivée de nouvelles innovations imposent de revoir le modèle économique existant, en l'adaptant ou le remodelant aux nouvelles contraintes du marché. Dans ce type de situations, il arrive fréquemment que l'entreprise ait besoin pour sa survie de revoir certains postulats de base de son organisation et de son développement. L'arrivée d'un nouveau dirigeant, ayant d'autres qualités, peut fortement contribuer à redynamiser l'entreprise, en lui insufflant de nouveaux principes.

**Exemple**

C'est l'histoire de Louis V. Gerstner dans son livre autobiographique Who Says Elephants Can't Dance ? L'ex-PDG d'IBM, qui a pris sa retraite à soixante ans, en mars 2002, y raconte comment il a ressuscité Big Blue, dont on donnait le démantèlement pour certain en avril 1993, lors de son arrivée à la tête de l'entreprise. À cette époque, le Groupe est proche de la faillite et apparaît incapable de rivaliser avec une nouvelle forme de concurrence et de produire des offres en accord avec les besoins du marché. Big Blue a raté le tournant de la micro-informatique et laissé Microsoft et Intel en recueillir tous les bénéfices. La société, minée par les divisions internes, va si mal que l'on parle de la démembrer en petites unités, comme cela s'est déjà fait pour d'autres groupes industriels. Le nouveau dirigeant constate qu'une bonne gestion ne suffira pas à redresser le groupe. Il comprend rapidement qu'IBM a besoin d'un électrochoc et n'est plus en mesure de continuer dans cette direction. L. Gerstner décide donc de modifier profondément la culture de l'entreprise, en faisant évoluer les priorités. Il s'attaque d'abord à la « culture maison » en faisant du client la priorité numéro un, alors que les cadres de l'entreprise ont pris l'habitude de leur dicter leur loi. La rupture est si forte entre les anciens et les modernes que la moitié des cadres quitte la société. Désormais, les équipes doivent avant tout se concentrer sur l'exécution des tâches, en réapprenant leur métier et s'y tenir. Le redresseur d'IBM commence par changer les habitudes et pratiques de l'organisation. IBM doit désormais apprendre le pragmatisme et éviter de recréer ce qui existe ailleurs. Il convient également d'alléger la structure, en mettant la compétence au centre des priorités. Ce changement culturel en profondeur passe également par le développement des services, avec la création d'IBM Global Services et le rachat de PWC Consulting. IBM vise aussi les logiciels, avec les rachats de Lotus, Tivoli et Rational. Désormais, le groupe ne se contente plus de vendre du matériel : il conseille, implémente, vend ses ordinateurs et ses logiciels dans une même démarche. Ce plan d'action ambitieux est couronné de succès : fin 2002, IBM est sorti de la plus grave crise que l'entreprise ait connu.

## L'essentiel

La culture d'entreprise fait aujourd'hui partie intégrante de la vie des organisations. Elle correspond à l'ensemble des manières de penser, de sentir et d'agir qui sont communes aux membres d'un même groupe. Elle résulte d'un processus d'apprentissage en réaction à des décisions, événements et actions menées par la firme au cours du temps. Elle comprend par conséquent des situations vécues (réussite, difficultés, problèmes) par les membres de l'organisation et les conséquences qui en résultent en termes d'attitudes et de comportements.

La culture est structurée en différents niveaux. Le premier niveau concerne l'aspect visible de la culture d'entreprise (pratiques, comportements, procédures) que l'on peut observer dans le management quotidien des organisations. Le niveau culturel intermédiaire correspond aux normes et valeurs de l'entreprise qui vont guider ses choix et comportements. (propositions, préférences, priorités). Le dernier niveau d'une culture d'entreprise recouvre les postulats touchant à son existence et à sa justification en termes de rôle et de légitimité au sein de l'environnement (vision, finalité, utilité).

La culture d'entreprise est également dépendante de nombreux facteurs internes et externes à l'organisation qui combinés conduisent à créer une cohérence en termes de politique et d'image. Plusieurs facteurs viennent donc interférer dans la définition et la dimension d'une culture d'entreprise, dont l'influence spécifique peut évoluer en fonction du contexte. Parmi les facteurs d'influence les plus significatifs, on trouve la position géographique de l'entreprise (cultures nationale et régionale), la réalité professionnelle des membres de l'organisation (culture professionnelle), ainsi que les caractéristiques individuelles de ses dirigeants.

# 2 STYLES DE MANAGEMENT ET CULTURES NATIONALES

Plusieurs travaux attestent de l'impact des cultures nationales sur la gestion et le management des entreprises[1]. En particulier, les travaux d'Hofstede ont permis d'identifier quatre dimensions à l'origine de différences entre entreprises nationales : le degré de distance hiérarchique, le degré de tolérance face à l'incertitude, le niveau d'individualisme, le degré de masculinité. D'autres modèles d'analyse (F. Trompenaars, F. Kluckhon et F. Strodtbeck, E.T. Hall) sont venus conforter la thèse d'un lien entre la culture d'un pays et les préférences en matière de styles de management et d'environnement de travail. En dépit de leurs intérêts, ces approches semblent aujourd'hui devoir être enrichies et complétées par d'autres modèles d'analyses qui tiennent compte des évolutions des marchés et de l'ouverture des frontières. Il est proposé dans ce chapitre de faire un état des lieux des résultats de ces différents travaux, en essayant de faire émerger de nouvelles dimensions en matière de management.



1. D'après les résultats de plusieurs travaux, les structures des entreprises nationales présentent des caractéristiques communes spécifiques, où les orientations (Chatterjee, Pearson, 2000), les valeurs (England et al. 1974 ; Hampden-Turner, Trompenaars, 1972), les attitudes (Anastasi, 1983) et les croyances (Smith, Thomas, 1972) continuent d'être marqués par la culture du pays d'origine.

Section 1

# LE MODÈLE FONDATEUR D'HOFSTEDE

G. Hofstede (1982) a décrit les différences de cultures nationales de plus de cinquante pays, situés sur les cinq continents[1]. Il a notamment mis en évidence, non seulement leurs différences, mais aussi leurs similitudes. La culture d'un pays se trouve ainsi définie selon quatre dimensions bipolaires, indépendantes les unes des autres, et pouvant servir à décrire les styles de management propres à chaque culture nationale. Ces dimensions sont considérées avoir une influence sur le style de direction des entreprises, la motivation des salariés, les structures, ainsi que sur la manière d'appréhender et de gérer l'incertitude au sein des organisations.

## 1 L'importance de la distance hiérarchique

Geert Hofstede (1982) évoque comme élément de différenciation culturelle nationale au sein des entreprises, l'existence ou non de distance hiérarchique entre un subordonné et son supérieur. La distance hiérarchique se mesure à la perception que le subordonné a du pouvoir de son chef et à ses conséquences en termes de comportement. Cette dimension correspond au degré d'inégalité attendu et accepté par les collaborateurs dans le cadre de relations hiérarchiques.

Dans le modèle d'Hofstede, la position géographique du pays est le premier élément déterminant. Plus le pays concerné est proche de l'équateur, plus la distance hiérarchique est grande. La taille de la population constitue un deuxième élément de corrélation. Il existe en effet un lien entre une faible population et une distance hiérarchique courte. Parmi les autres critères, on peut citer la richesse du pays, la distribution des revenus à l'intérieur du pays, le poids de l'histoire comme éléments significatifs.

**Exemple**

Parmi les pays à distance hiérarchique élevée, nous trouvons les pays latins européens (France, Belgique, Italie, Espagne), les pays d'Amérique du Sud, les pays arabes et les pays d'Afrique noire. Parmi les pays à distance hiérarchique faible, nous avons les pays germaniques, scandinaves et anglo-saxons.

1. Les échantillons étaient composés d'employés de l'entreprise IBM, appelée Hermès pour l'étude. L'enquête a été réalisée en deux vagues, la première en 1967-69 (60 000 personnes dans 53 pays ) et la seconde en 1971-73 (60 000 personnes dans 71 pays, dont 30 000 avaient déjà répondu lors de la première vague ).

Les entreprises des pays caractérisés par une distance hiérarchique élevée[1] (faible) semblent privilégier une politique de centralisation (décentralisation), organisée autour d'une structure pyramidale (aplatie) avec un encadrement imposant (limité).

**Exemple**

Les sociétés de nationalité française, italienne ou espagnole (au même titre que les entreprises du tiers-monde) se caractérisent par une distance hiérarchique élevée. Ceci se traduit notamment par un fort degré de dépendance à l'égard de la hiérarchie et une importance donnée à des marques de rang social (statuts, titres, fonctions). Les firmes américaines et japonaises ont généralement une distance hiérarchique moyenne. Quant aux responsables de sociétés de nationalité scandinave ou allemande, ils ont par exemple des relations plus lâches avec leurs collaborateurs (faible formalisme/mobilité sociale). Sur ce point, français et nord-américains diffèrent nettement. Les premiers sont très attachés aux hiérarchies et aux productions symboliques (titres, locaux, bureaux), les seconds beaucoup moins. Si en France il est courant que le PDG soit protégé par un rempart de relais et d'assistants (niveaux hiérarchiques élevés), nombre de patrons américains se montrent disposés à développer des relations avec leurs collaborateurs.

## 2 L'orientation individualiste ou communautaire

Selon G. Hofstede, il est possible de distinguer les entreprises nationales, en fonction des relations que les individus entretiennent avec les autres membres de la collectivité. D'une façon générale on peut dire que les sociétés communautaires favorisent le temps passé en groupe, tandis que les sociétés individualistes valorisent le temps passé par les individus pour leur vie personnelle.

D'après les résultats de l'étude, il existerait un lien entre le niveau de développement économique d'une nation et la culture individualiste : les pays les plus riches adoptent les comportements les plus individualistes, alors que les pays les plus pauvres semblent conserver une vie communautaire.

Les cultures communautaires et individualistes exercent une influence sur différents aspects du management. Dans une culture de type individualiste, les employés de l'entreprise éprouvent un besoin de trouver du temps libre pour leur vie personnelle et recherchent des moyens pour augmenter leur liberté d'action et relever des défis personnels. Autant d'aspects qui accentuent l'indépendance de l'individu vis-à-vis de son organisation. Inversement, une culture communautaire se manifeste par la recherche d'un rôle social au sein de l'entreprise et un besoin de soutien et d'assistance via

1. Remarque : l'attribution d'un score pour un pays donné (sur l'une des dimensions) ne signifie pas que tous les ressortissants du pays concerné sont identiques. il s'agit d'une note moyenne.

l'encadrement et les actions de formation. Ce type d'aspiration contribue par conséquent à renforcer la dépendance de l'individu envers l'organisation.

**Exemple**

> Les trois pays les plus individualistes sont les États-Unis, l'Australie et la Grande-Bretagne. La France, comme tous les autres pays européens, se classe du côté individualiste. Les pays d'Afrique, du Proche-Orient et d'Asie se retrouvent du côté des cultures communautaires.

Le degré d'individualisme existant dans un pays entraîne un certain nombre de conséquences pour l'activité des entreprises. En particulier, dans les cultures individualistes, les relations entre employeur et employé se nouent sur la base d'un calcul personnel (relation d'intérêts), alors qu'elles vont se faire sur une base morale dans les pays communautaires (relations de confiance). En effet, dans une culture individualiste, employés et employeurs entretiennent essentiellement des relations de travail basées sur le postulat d'un avantage mutuel et appréciées selon des critères économiques. Au contraire, dans une culture communautaire, les relations entre l'employé et son supérieur hiérarchique vont ressembler aux rapports entre un enfant et un membre de sa famille, à travers le développement d'obligations mutuelles (protection vs loyauté).

**Exemple**

> Ainsi, on peut constater que les entreprises en Afrique ou dans certains pays d'Asie (Indonésie par exemple) favorisent fortement la dimension affective dans le travail, en accordant une place importante aux sentiments et relations personnelles. À l'inverse, les entreprises suisses adoptent la plupart du temps un comportement individualiste centré sur la compétition et l'affirmation de soi.

Le mode de traitement des conflits est également différent, selon qu'il s'agit d'une culture individualiste ou communautaire. Dans les cultures individualistes, un conflit qui débouche sur un affrontement est considéré comme salutaire par tous ses membres. Dans les cultures communautaires, il aura toutes les chances de faire perdre la face à l'un des deux protagonistes, situation jugée inacceptable. Les cultures attachent en effet une grande importance au maintien d'une harmonie au moins formelle dans les relations intra ou intergroupes.

**Exemple**

> Le mode de traitement des conflits est une des grandes différences culturelles entre les firmes américaines (habituées au conflit et au pouvoir de domination) et les entreprises chinoises ou japonaises (à la recherche avant tout du compromis).

Enfin, l'opposition entre cultures individualistes et cultures communautaires se trouve aussi au niveau de la gestion des carrières. Alors que la culture communautaire privilégie la loyauté et l'ancienneté, la culture individualiste mise avant tout sur la performance individuelle et la sélection naturelle. L'exemple le plus extrême de cette pratique est celui du sort réservé aux cadres à haut potentiel (HP) dans les grandes entreprises américaines (voir encadré).

**REPÈRES : La culture individualiste aux États-Unis : exemple de la sélection « naturelle » des hauts potentiels dans les grandes entreprises**

Aux États-Unis, l'exigence de compétitivité libérale s'exerce non seulement sur les entreprises mais aussi sur les hommes. Cette pression est particulièrement prégnante en ce qui concerne le recrutement des cadres à haut potentiel (HP). Des études sur les HP menées aux États-Unis[1] relèvent en effet les risques causés par la sélection et le recrutement de ces hauts potentiels. Ces expériences provoquent tout d'abord un durcissement généralisé des rapports humains dans l'entreprise. Le HP devient en effet le rival des autres HP pour cause de concurrence interne mais également de ses supérieurs hiérarchiques compte tenu de ses possibilités d'évolution rapides au sein de la structure. D'où un risque d'isolement au sein de l'organisation que beaucoup d'entre eux vivent assez mal. Ceci est d'autant plus difficile que les entreprises exigent de leur part, performance et exemplarité dans les comportements, conduisant à un *stress management* permanent. Le résultat de cette sélection « naturelle » est qu'elle démotive le plus grand nombre de ces hauts potentiels et qu'elle conduit souvent à l'amertume voire la névrose.

## 3 La relation à l'incertitude et à l'ambiguïté

Cette dimension renvoie aux relations entre l'entreprise et son environnement, et sa capacité à faire face à l'imprévisibilité des événements. Elle fait par conséquent référence à la manière dont les membres d'une société abordent le risque. Elle permet d'expliquer certains comportements d'entreprise en vue de mieux contrôler l'incertitude environnementale. Elle mesure notamment le degré de tolérance qu'une culture peut accepter face à l'inquiétude provoquée par des événements futurs. Ce contrôle de l'incertitude peut se traduire par le recours à des plans et des outils de prévision, la mise en place de procédures standardisées, la recherche de stabilité ainsi que par un besoin de discipline et d'ordre.



1. B. Nadoulek (1997), *Guide mondial des cultures à l'usage des entreprises*, EFE.

Le concept de « contrôle de l'incertitude » peut donc revêtir différentes formes, selon les pays concernés. Certaines cultures favorisent la prise de risque, d'autres son évitement ou sa maîtrise.

**Exemple**

> Parmi les pays avec un contrôle élevé de l'incertitude, on trouve les pays de culture latine, aussi bien d'Europe (France, Belgique, Italie, Espagne) que d'Amérique du Sud (Mexique, Colombie, Venezuela, Pérou, Chili, Argentine), le Japon. Les pays avec un contrôle faible de l'incertitude concernent principalement les pays scandinaves et anglo-saxons, le Sud-Est asiatique, les pays en voie de développement, comme l'Inde et les pays africains.

Il est à noter que cette variable culturelle a peu de relations avec le niveau de développement économique. Les origines de ce déterminant sont moins évidentes que pour la distance hiérarchique. Dans les sociétés à faible contrôle de l'incertitude, leurs membres ont une tendance naturelle à se sentir en sécurité relative. En revanche, dans les sociétés à fort contrôle de l'incertitude, les individus sont amenés à chercher des dispositifs pour faire face aux événements à venir. Ils présentent généralement un plus haut degré d'anxiété qui se manifeste par une plus forte émotivité et une certaine agressivité.

## 4 L'orientation masculine ou féminine des valeurs

Les valeurs masculine et féminine représentent les deux extrêmes d'un continuum, allant de l'importance accordée aux valeurs de réussite et de possession (valeurs masculines) à l'environnement social ou à l'entraide (valeurs féminines).

Cette variable culturelle joue encore un rôle important dans certains choix fondamentaux de la firme. Un de ces choix concerne la croissance économique de l'entreprise, opposée à la protection de l'environnement (dimension sociétale) et à la défense des intérêts des salariés (dimension sociale). Les valeurs féminines mettent l'accent sur l'environnement (qualité de la vie) et la cohésion sociale (solidarité/justice), tandis que les valeurs masculines insistent sur la réussite économique (performance et efficacité). Cet élément culturel va avoir également des conséquences en matière d'organisation du travail, notamment sur la qualité de l'emploi. Dans les cultures masculines, un travail de qualité élevée sera celui qui permet d'atteindre ses objectifs en termes de contribution et de valeur ajoutée (logique de réalisation). En effet, l'indice de masculinité se fond avec des critères comme la prédominance de la vie professionnelle (sur la vie privée), le rôle de l'ambition, la préférence pour les décisions individuelles ou encore la valorisation par le salaire. En revanche, dans les cultures féminines, le travail qui sera apprécié aura comme caractéristique d'avoir su créer une réelle coopération entre les salariés et des conditions de travail satisfaisantes (climat social, stabilité, réduction de l'anxiété, entente entre salariés).

La résolution de conflits constitue également une différence entre les cultures masculines et celles à dominante féminine. En effet, dans les cultures masculines, les conflits seront souvent frontaux, ouverts et durs (logique d'affrontement). À l'inverse, dans les cultures féminines, les conflits ne devront pas s'officialiser, et seront réglés par l'écoute et l'empathie dans un souci de cohésion sociale.

**Exemple**

> Les scores les plus élevés en matière de féminité concernent les pays scandinaves (Suède, Norvège, Danemark) et les Pays-Bas. Des pays comme le Japon, l'Allemagne, le Venezuela, le Mexique et la Colombie se caractérisent en revanche par un fort degré de masculinité dans leurs relations aux autres et à l'environnement.

### Approche comparative par pays

G. Hofstede a réalisé une analyse comparative inter-pays à partir des quatre dimensions développées ci-dessus, à savoir *la distance hiérarchique*, *l'individualisme (ou collectivisme)*, *la masculinité (ou féminité)* et *le contrôle de l'incertitude*. Il est proposé une synthèse de cette étude à partir de l'analyse de 7 pays que nous avons sélectionnés au regard de leurs caractéristiques distinctives :

- Afrique de l'Ouest
- Allemagne
- États-Unis
- France
- Grande-Bretagne
- Japon
- Russie

Selon le traitement effectué par Hofstede, plus le chiffre indiqué se rapproche de 100, plus l'attribut (forte distance hiérarchique, fort individualisme, forte masculinité, fort contrôle de l'incertitude) est considéré comme caractéristique d'une culture donnée.

| Pays | Distance hiérarchique | Individualisme | Masculinité | Contrôle de l'incertitude |
|---|---|---|---|---|
| **Afrique de l'Ouest** | 77 | 20 | 46 | 54 |
| **Allemagne** | 35 | 67 | 66 | 65 |
| **Danemark** | 18 | 74 | 16 | 23 |
| **États-Unis** | 40 | 91 | 62 | 46 |
| **France** | 68 | 71 | 43 | 86 |
| **Grande-Bretagne** | 35 | 89 | 66 | 35 |
| **Japon** | 54 | 46 | 95 | 92 |
| **Pays Bas** | 38 | 80 | 14 | 53 |
| **Russie** | 95 | 47 | 40 | 75 |

D'après Hofstede (1991).

De cette analyse, il est alors possible de dresser certains profils culturels en fonction des pays. On constate ainsi que les pays d'Afrique de l'Ouest, comme beaucoup de pays en voie de développement, se caractérisent par une grande distance hiérarchique et se voient dotés d'un esprit très communautaire. Ce style paternaliste « protecteur » est rendu acceptable par le support du clan et de la famille. On peut également remarquer que les États-Unis et la Grande Bretagne possèdent les mêmes traits culturels sur l'ensemble des dimensions, avec des scores très proches en termes d'intensité. Ceci conforte l'idée d'une culture anglo-saxonne caractérisée par de faibles relations hiérarchiques, un faible formalisme et un esprit pionner et entrepreneurial.

Un des autres enseignements du tableau porte sur les scores élevés enregistrés par le Japon au niveau des valeurs masculines (95/100) et du contrôle de l'incertitude (92/100). Ceci témoigne de l'importance de la tradition, du rôle des anciens et des liens de solidarité qui unissent les membres de la société nippone. On peut également souligner le faible niveau de distance hiérarchique de l'Allemagne qui contraste avec le score élevé obtenu par la France très attachée aux marques de prestige et de positionnement social (statut, titre, fonction, diplômes…).

Enfin, on peut relever le résultat particulièrement élevé de la Russie, en ce qui concerne la distance hiérarchique (95/100). Ce résultat s'explique en partie par l'importance historique de l'administration dans ce pays. En revanche, les Russes se montrent plutôt ouverts sur les autres (masculinité faible) et semble rechercher la sécurité et la stabilité, comme l'indique le score élevé du contrôle de l'incertitude (75/100). La prise de risques n'est donc pas une attitude naturelle chez ces derniers.

Ceci est d'ailleurs cohérent avec le résultat modéré obtenu au niveau de l'individualisme qui tend à montrer une préférence pour les décisions collectives, afin d'éviter une responsabilisation personnelle trop importante.

## Section 2 L'ANALYSE NATIONALE DES STYLES DE MANAGEMENT

On présente, dans cette section, les premiers travaux réalisés par Trompenaars (1993), Kluckhon et Strodtbeck (1961) et Hall (1976). Ces travaux analysent l'influence des différentes cultures nationales sur les styles de management des organisations.

### 1 Les sept dimensions de F. Trompenaars

F. Trompenaars (1993) met en avant sept dimensions[1] sur lesquelles il est possible d'établir des différences de cultures entre pays. Ces dimensions sont considérées avoir une influence sur le style de management des entreprises, l'aspiration des salariés, ainsi que l'organisation et le fonctionnement.

#### 1.1 Individualisme ou collectivisme

L'individualisme se définit comme une orientation fondamentale vers soi-même (égocentrisme). Le collectivisme correspond, à l'inverse, à une orientation fondamentale vers la réalisation de buts et objectifs en commun. Il intègre par conséquent la recherche de valeurs partagées (recherche du consensus).

**Exemple**

Cette dimension trouve une application dans les différences entre Français et suédois, caractérisées par une conception opposée des intérêts individuels et collectifs. Alors que le français aime contester et se complait à rechercher son intérêt personnel en augmentant ses marges de manœuvres au détriment des autres, les Suédois se positionnent et se comportent en conformité avec leur groupe. Dans la culture suédoise, la pression sociale est très forte sur les individus et a pour effet d'inscrire la relation dans une logique consensuelle, en privilégiant le groupe sur l'individu.

1. En dehors des informations issues de ces séminaires en entreprise, F.Trompenaars a consulté 30 entreprises ayant des filiales dans plus de 50 pays différents. Il a constitué une banque de données qui intègre les résultats d'enquêtes effectuées auprès de 15000 personnes. Pour avoir des données comparables dans chacun des pays, un échantillon d'au moins 100 personnes était constitué, représentatif d'une population ayant une expérience et des activités similaires, appartenant à l'encadrement (pour 75 %)et à l'administration (pour 25 %).

## 1.2 Objectivité ou subjectivité

Dans certains pays, il est naturel d'exposer ses états d'âme dans l'entreprise tandis que pour d'autres nationalités une telle attitude sera mal perçue par les acteurs de l'organisation. Les cultures « objectives » privilégient en effet les attitudes neutres, rationnelles, dépassionnées. Elles préfèrent éviter d'exprimer leurs sentiments surtout sur le lieu de travail. Au contraire, les cultures « subjectives » font appel aux attitudes et émotions et n'hésitent pas à exposer leurs sentiments dans le cadre de relations professionnelles. En affaires, chaque type de culture va donc réagir de façon différente face à des situations à forte dimension affective. Pour F. Trompenaars, il est important de prendre conscience de ces différences pour ne pas les interpréter hâtivement, en commettant des erreurs d'interprétations.

**Exemple**

C'est ainsi qu'en Amérique du Nord et en Allemagne, les relations d'affaires sont circonscrites au travail et à la réalisation des objectifs, contrairement à des pays comme l'Argentine ou le Brésil. Ainsi, en fonction des cultures en présence, des changements fréquents de ton (dans la voix) au cours d'une réunion de travail seront sujets à des interprétations de nature différente. Les Allemands verront dans ces changements un manque de maîtrise de soi, pour cause d'anxiété et de nervosité. Au contraire, les négociateurs argentins considèreront ces changements comme une marque d'implication et d'intérêt vis-à-vis du projet.

## 1.3 Universalisme ou particularisme

Les cultures « universalistes » considèrent qu'une décision peut s'appliquer à tout problème quels que soient la situation ou le contexte. Elles sont par conséquent à la recherche de normes ou de règles communes à l'ensemble des composantes de l'organisation. À l'inverse, les cultures « particularistes » accordent une attention soutenue aux contraintes relationnelles et aux circonstances conjoncturelles. Confrontée à un problème donné, la culture particulariste cherche avant tout une solution adaptée à la situation. À l'inverse, les cultures universalistes considèrent qu'une solution qui a permis de résoudre un problème peut toujours être appliquée.

**Exemple**

Face à une information confidentielle, un responsable américain gardera le secret et évitera d'en parler même à des personnes proches en qui il a toute confiance. Il ne prendra donc pas en compte l'aspect particulier de la situation. Inversement, le manager indonésien ou russe aura tendance à partager cette information avec ceux qui sont concernés et avec qui il entretient des relations amicales.

## 1.4 Culture diffuse ou limitée

La part d'intimité dévoilée aux autres dans le cadre professionnel peut varier selon les cultures. On peut ainsi distinguer les cultures « limitées » et les cultures « diffuses ». Les individus appartenant à une culture limitée effectueront un clivage entre leur vie privée et leur vie professionnelle. À l'inverse, les représentants de cultures plus diffuses auront tendance à lier la vie privée à la vie professionnelle.

**Exemple**

Dans le cadre d'une réunion regroupant des directeurs de plusieurs filiales étrangères d'un grand groupe, un différend apparaît. Un responsable italien suggère de récompenser toute l'équipe, lorsqu'un des membres dépasse ses objectifs de vente. Son collègue néerlandais qualifie cette proposition d'absurde. Vexés, les Italiens quittent la réunion. Cet exemple montre que dans les cultures diffuses (cultures latines), une critique professionnelle sera perçue comme une attaque personnelle car les individus accordent plus d'importance à la relation personnelle qu'au cadre professionnel. Au contraire, les représentants d'une culture limitée (culture germanique ou anglo-saxonne) feront une différence entre une critique professionnelle et une attaque personnelle, en se limitant aux enjeux de l'opération.

Ces différences d'approches peuvent avoir des conséquences douloureuses dans la conduite des affaires. C'est la douloureuse expérience faite par une entreprise américaine (culture limitée) qui essayait d'obtenir un marché auprès d'un client d'Amérique latine (culture diffuse). Alors que ce fournisseur avait su présenter avec sérieux et persuasion leur produit, ce fut le concurrent suédois (culture diffuse) qui emporta le marché. Ce dernier avait au-delà de la valorisation de son produit investi fortement dans la relation avec le client, afin de mieux le connaître et de créer un climat de confiance. Ce choix fut visiblement payant, puisque sur un plan purement professionnel, le produit suédois a été considéré comme moins performant et légèrement plus cher.

## 1.5 Statut attribué ou statut acquis

La question de la position sociale se révèle être différente selon les cultures en présence. Dans certaines cultures, le statut social est attribué en fonction de l'âge, de l'origine, de la profession ou du niveau des diplômes. Dans d'autres cultures, on l'acquiert par ses réalisations et actions personnelles. Le statut attribué correspond au premier cas de figure et est conféré par un état de fait. Le statut acquis est quant à lui le résultat d'une action ou d'un travail. On peut sur cette dimension prendre comme élément de comparaison les politiques d'ascension sociale dans les entreprises françaises et allemandes.

**Exemple**

Dans le système français, on peut remarquer la forte présence des diplômes (ENA, X, HEC) et de l'État (grands corps) en ce qui concerne la production des élites au sein des grandes entreprises. À l'inverse, l'origine des hauts potentiels allemands se révèle très diversifiée avec environ un quart de dirigeants ayant débuté par l'apprentissage. Alors que la production des élites françaises dépend des grandes écoles et de l'État, l'accession aux postes de direction dans les entreprises allemandes repose avant tout sur le parcours en entreprise (prédominance de l'atout carrière).

### 1.6 Volonté ou refus de contrôler la nature

Un autre facteur de différenciation culturelle concerne le rapport à l'environnement. Certaines cultures considèrent qu'elles peuvent influer sur la nature, en la contrôlant. D'autres, plus orientées vers l'extérieur, pensent que l'homme doit accepter les lois de l'environnement et souhaitent vivre en harmonie avec la nature. Ce thème est explicité au niveau des valeurs d'orientation développées par Kluckhorn-Strodtbeck (cf. 2.1.).

#### Exemple

Les cultures asiatiques et africaines font partie de celles qui respectent la nature et se laissent guider par ses lois. Elles s'opposent sur ce point à la majorité des occidentaux davantage orientés sur la transformation de la nature.

### 1.7 Temps séquentiel vs synchrone

F. Trompenaars distingue les cultures séquentielles et les cultures synchones que l'on peut rapprocher de la distinction entre temps monochronique et polychronique, développée par E.T. Hall. Dans les cultures séquentielles, on préfère aborder les tâches les unes après les autres, tandis que dans les cultures synchroniques, on admet plus volontiers de gérer en parallèle plusieurs tâches. Il est proposé d'approfondir cette dimension dans le titre 4 (section 1) qui traite des systèmes « monochronique » et « polychronique ».

## 2 Les valeurs d'orientation de Kluckhorn-Strodtbeck[1]

### 2.1 Rapport à la nature

En matière d'hypothèses culturelles, on trouve dans le rapport à la nature, une séparation nette entre les cultures orientées vers le contrôle de la nature et celles disposées à s'en accommoder, voire à s'y soumettre. Ce choix met par conséquent en lumière deux visions ou conceptions de l'activité humaine, l'une centrée sur l'observation et la contemplation donnant une primauté à l'*être*, l'autre axée sur la réalisation et la volonté de *faire*.

1. Voir travaux de F.Kluckhon et F. Strodtbeck, variations in value orientations, Evanston, Il, Row, Peterson & co, 1961.

C'est ainsi que Kluckholn et strodtbeck (1961) distinguent dans leur analyse, trois principales relations de l'homme à la nature :

- la subjugation à la nature,
- l'harmonie avec la nature,
- la domination sur la nature.

La première conception que l'on retrouve notamment dans les pays africains met l'accent sur la contemplation et l'émotion. Elle place par conséquent l'homme dans un rapport de subordination à l'égard de la nature qui oriente et structure ses choix personnels et professionnels. Selon cette vision, l'homme fait partie intégrante de la nature et obéit à ses règles, en tant qu'*être* sensible et émotif.

La deuxième approche s'inscrit dans une relation d'osmose avec la nature, orientée vers l'épanouissement personnel et le développement de l'esprit. Il s'agit dans ce type de cultures d'accorder une place centrale à l'analyse et à la réflexion (méditation), en vue de mieux comprendre les situations observées et leurs implications. Cette vision est par exemple partagée par de nombreux pays d'Asie qui entendent trouver dans l'observation (et l'analyse du contexte) des éléments de réponse aux questions que l'homme se pose.

La dernière orientation met l'accent sur la volonté de l'homme de maîtriser et de contrôler la nature. Elle repose par conséquent sur un sentiment de toute puissance qui pousse l'individu à dominer la nature. L'action est donc au centre des préoccupations humaines, où *le faire*, comme élément de transformation, l'emporte sur l'*être*.

## 2.2 Relation au temps

La variable Temps est souvent une variable explicative de différences constatées entre certains modèles d'entreprises. Ainsi, dans de nombreuses organisations traditionnelles, le temps est abordé comme un élément cyclique (logique répétitive) qui peut justifier d'agir dans l'instant. Dans ce type de sociétés, il y a en effet un « droit naturel » au recommencement, dans la mesure où le temps vécu se reproduira à nouveau. À l'inverse, dans les civilisations modernes, le temps est précieux et rare, et doit être géré et organisé, au risque de perdre en efficacité.



**Exemple**

L'attitude face au temps constitue un des points essentiels d'opposition entre occidentaux et africains. Alors que pour les entreprises occidentales, le changement est perçu comme une valeur positive, le passé et l'ordre immuable font l'objet d'un véritable culte pour les Africains. Cette perception différente provient principalement du rapport entre l'individu et son environnement. Dans la conception occidentale, l'homme est là pour bâtir, se développer à travers ses réalisations. À l'inverse, les Africains attachent une importance au passé qui est sacralisé et respecté. Seul Dieu est à même de modifier le monde et le rapport aux choses. Pour l'occidental, le temps est une donnée qui échappe aux acteurs et qui doit par conséquent être contrôlée et mesurée. Pour l'Africain, le temps est indissociable de l'action. De façon générale, l'Africain est cosmocentré et se voit comme un élément constitutif de l'univers. Il est appelé à en faire partie (holisme) et non à le dominer ou à l'exploiter.

La relation au temps constitue de ce fait une valeur d'orientation critique en matière de comparaison interculturelle. On peut ainsi distinguer les cultures orientées vers le passé (tradition) ou le présent (situation/contexte) et celles tournées vers le futur (buts). Les cultures orientées vers le passé et le présent auront tendance à aborder la relation avec la nature sous le mode de la subjugation (Afrique) ou de l'harmonie (Chine, Japon). Les cultures orientées vers l'avenir développeront, avec la nature, des relations plutôt de domination (États-Unis, France).

## 2.3 Attention accordée aux personnes ou aux tâches

On peut aussi identifier des différences culturelles en ce qui concerne l'attention accordée aux tâches ou aux personnes. En effet, une distinction peut être recherchée dans le poids que chaque culture accorde respectivement aux relations interpersonnelles et à la réalisation des tâches. La priorité des tâches sur les personnes (et son contraire) n'est pas neutre d'un point de vue culturel. Pour certaines cultures, la relation existe dès que les équipes commencent de manière effective à réaliser en commun un travail. La recherche de l'efficacité doit donc suffire à créer les bases d'une coopération entre les équipes. À l'inverse, dans d'autres cultures, une relation de confiance doit exister avant que ne commence le travail. Des connaissances préalables doivent en effet permettre de s'assurer de la loyauté et des qualités du partenaire. L'exécution des tâches ne vient qu'après. Elle n'a d'intérêt que s'il existe à la base une bonne relation entre les parties qui permettent de se faire mutuellement confiance. La priorité des tâches sur les personnes est caractéristique des cultures américaine et allemande, où les affaires reposent essentiellement sur les compétences des acteurs et la réalisation des objectifs. En Asie, en Amérique Latine et au Moyen-Orient, aborder la relation sous l'angle purement professionnel, peut au contraire éveiller les soupçons et apparaître comme une offense pour l'autre partie. Ainsi, d'un côté, la réalité des affaires passe par la mise en place de règles formelles et précises orientées sur l'objectif à atteindre. De l'autre, la relation et les circonstances conditionnent la poursuite de l'opération.

**Exemple**

Fréquemment, les Américains arrivent à une réunion en ayant préparé l'ordre du jour de façon détaillée. Cette préparation mobilise une documentation écrite, remise aux partenaires. Les Américains essaient autant que possible de déterminer les contraintes des tâches pour faciliter la bonne marche des affaires. À l'inverse, dans les cultures d'Amérique Latine, le professionnel va, avant d'initier le processus de travail, fréquemment s'ajuster au mieux en fonction des personnes présentes, en vue de faciliter le traitement des tâches en commun. Il y a par conséquent antagonisme entre la préparation préalable des tâches et la gestion préalable des personnes. Cette situation va alors conduire à des erreurs d'interprétations, sources de malentendus :

les brésiliens auront le sentiment que leur partenaire américain souhaite imposer ses vues et vont par conséquent freiner le processus. De leur côté, les Américains associeront ce refus à un manque de professionnalisme et d'efficacité.

### 2.4 Relation à l'autre

Dans le cadre de sa relation avec les autres, les individus peuvent, en fonction de leur environnement culturel, adopter des attitudes différentes : la soumission, la dépendance mutuelle (ou interdépendance) ou l'indépendance. En effet, une première option consiste à voir dans le rapport à l'autre, une relation asymétrique entre un dominant et un dominé qui n'a pas d'autres choix que de se soumettre. Un autre mode de relation consiste à établir des liens de dépendance mutuelle entre des individus liés par une communauté d'intérêts. Une dernière possibilité est de considérer que chaque individu est libre de ses actes et se doit d'assumer seul son développement. Chacune de ces modalités permet ainsi de positionner les cultures en fonction de la place qu'elles accordent au groupe ou à l'individu en matière de responsabilité et de liberté.

De la nature des relations vont ainsi découler des manières de penser et d'agir radicalement différents, selon que l'intérêt personnel ou collectif est au centre des préoccupations et que la réussite de l'individu relève d'une logique de domination (rapport de forces), de coopération (réciprocité) ou de compétition (émulation). Cette conception différente des relations entre membres d'un même groupe social ne peut dès lors qu'avoir des conséquences sur le mode d'organisation des entreprises.

**Exemple**

Aux États-Unis, les salariés de l'entreprise doivent impérativement se prendre en charge, sans qu'il y ait réellement de possibilité de recours à un système d'autorité collectif. L'individu est donc conduit à développer une stratégie d'action centrée sur ses intérêts personnels (motivations, aspirations, préférences), sans avoir à tenir compte de sa relation à l'autre. Dans ce type de société, l'individu n'a donc pas d'appuis psychologiques ou affectifs et est livré généralement à lui même pour assumer son rôle dans l'entreprise. Il traite ainsi avec l'autre dans des relations de coopérations plus ou moins ponctuelles, selon les opportunités et les intérêts professionnels des deux parties. Mais, dès que l'objectif fixé est atteint, la coopération cesse pour redevenir une action individuelle. À l'inverse, dans les cultures qui prônent un système de dépendance sociale (Asie ; Europe centrale ou orientale), le statut et le rôle de la personne se définissent au regard de ses liens avec les autres membres de l'entreprise. C'est donc dans le cadre de sa position et de sa contribution au sein du groupe que l'individu pourra définir son identité professionnelle.

## 3 Les Contextes riche et pauvre en communication de E. T. Hall

On peut également compléter l'analyse des différences culturelles par la distinction entre cultures à contexte fort et cultures à contexte faible, proposée par E.T. Hall

(1976). On entend ici par *contexte*, l'ensemble des informations qui concourent à donner (consciemment ou non) aux individus une signification à une situation. Ces éléments différents selon la culture du pays. Dans une culture à haut contexte, les propos ont moins d'importance que le contexte. L'individu n'a pas besoin d'une information explicite, codée pour agir et communiquer avec l'autre, en raison de liens interpersonnels forts. La communication y est informelle, subjective, souvent floue et non verbale. Elle intègre généralement d'autres formes d'expression, comme par exemple les gestes, le regard ou encore l'espace interindividuel. À l'inverse, dans une culture à bas contexte de communication, l'information est objective et formelle. Elle se formule à travers des procédures (définition des objectifs, planning) et une communication précise et écrite.

Tableau 2.1 – *Contextes riche et pauvre en communication*

| Caractéristiques | Contexte riche | Contexte pauvre |
|---|---|---|
| **Mode de communication** | Informel et subjectif<br>Flou<br>Importance des silences et des gestes | Formel et objectif<br>Précis et écrit<br>Langage clair et concis |
| **Nature du message** | Ambivalent<br>Qualitatif<br>Implicite | Univoque<br>Quantitatif<br>Explicite |
| **Supports et contenu** | Objectifs amenés à évoluer avec les circonstances (processus émergent)<br>Utilisation du non verbal (gestes, sourire, silence, expressions, voix...)<br>Souplesse des procédures et planning<br>Interruptions fréquentes | Objectifs quantifiés<br>Questions précises/réponses détaillées<br>Utilisation fréquente des chiffres (statistiques, indicateurs, évaluations)<br>Importance des procédures et planning<br>Respect des dates et délais |
| **Échange d'informations** | Réseau étendu d'informateurs.<br>Échange permanent d'informations à tous les niveaux.<br>L'information se propage rapidement et librement. | Gestion précise et détaillée des informations si possible en une seule fois.<br>Échange d'informations auprès d'un nombre limité de personnes.<br>L'information circule lentement et de façon canalisée. |
| **Dispositifs juridiques** | Peu importants | Très importants |
| **Attitudes** | Patience<br>Sophistication<br>Souplesse | Recherche de l'efficacité à court<br>Comportement incisif et volontaire |
| **Relations avec l'autre** | Liens approfondis visant à mieux comprendre et connaître l'autre (phénomène d'empathie) | Liens formels à durée limitée<br>Séparation entre relations professionnelles et privées |

Les cultures à orientation communautaire ont généralement un mode de communication riche, tandis que les cultures individualistes privilégient un contexte de communication intermédiaire (France) ou pauvre (américains).

**Exemple**

Les pays du Moyen Orient et les Japonais qui ont des réseaux d'informations étroits parmi leurs familles, amis et partenaires professionnels et qui sont impliqués dans des relations interpersonnelles fortes, communiquent avec un contexte élevé. Les cultures orientales et moyen orientales ont en effet recours à une approche plus diffuse en matière de structuration des idées et de l'information. Au contraire, les Américains, allemands, suisses et autres pays européens du Nord sont des peuples à contextes bas. Leurs analyses et présentations sont généralement dotées d'une structure linéaire, l'information procédant de façon plutôt directe et séquentielle. Ces cultures adoptent par conséquent un style clair et structuré autour d'une démarche qui peut être chronologique, catégorique ou hiérarchique. Les Français ont dans ce domaine une position particulière différente de ses homologues européens, en accordant une importance relative à l'environnement et au jeu d'acteurs.

Les malentendus entre cultures à haut et bas contextes de communication sont fréquents et conduisent très souvent au développement de préjugés. Ainsi, les tenants d'une culture à contexte fort seront considérés par leurs interlocuteurs comme des personnes fourbes et compliquées. Inversement, les détenteurs d'une culture à contexte pauvre seront perçus comme des individus brutaux et durs. La distinction entre cultures à « haut contexte » et « bas contexte » ne se retrouve pas uniquement au niveau des pays. On trouve en effet ces deux types de cultures à l'intérieur d'un même pays, où ils peuvent refléter une opposition Nord/Sud ou encore à l'intérieur des entreprises, où ils illustrent par exemple les différences de communication entre les commerciaux (haut contexte) et les chercheurs (bas contexte).

**REPÈRES : Négociations avec les pays du Moyen-Orient**

La négociation avec des entreprises du Moyen-Orient est souvent un exercice subtil, où s'exerce une culture de la ruse assimilée à de la sagesse[1]. Cela commence généralement par un exercice de patience car dans ces civilisations, la notion de temps est aléatoire et dépend du bon vouloir de Dieu. Ainsi, l'impatience est tenue pour un signe de faiblesse. Pendant les discussions, la ruse consiste à adopter des positions contradictoires ou irrationnelles (non figées), pour brouiller la vision des interlocuteurs et entretenir leur inquiétude. Les discussions avec des personnes appartenant à cette culture



1. Voir les écrits de el-Bokhari, 1991 et Charnay, 1984.

peuvent pour un occidental sembler difficiles à comprendre, en donnant l'impression de débuter au milieu d'une réflexion ou d'évoluer par détours, sans jamais parvenir à une conclusion claire. On peut ainsi assister à l'arrivée de membres de la famille ou collaborateurs n'ayant pas de lien direct avec le thème de la discussion, afin de perturber les règles du jeu et mieux préparer la concertation clanique qui se fera en privé, en dehors de la négociation. De même, il est souvent très difficile (en particulier pour les Anglo-Saxons) d'avoir une bonne maîtrise et connaissance de leurs interlocuteurs qui peuvent se révéler d'humeur volatile et se montrer très susceptibles. Le rôle du contexte dans de nombreux pays musulmans est par conséquent au centre de la relation qui ne peut se limiter à une discussion technique ou commerciale. Une telle démarche peut en effet apparaître dans la culture moyen orientale comme un manque de délicatesse et un signe d'agressivité.

## 4 Les temps monochronique ou polychronique de E.T. Hall

Une autre distinction entre les cultures peut être recherchée dans la capacité des organisations à traiter les tâches, selon un mode de type monochronique ou polychronique (synchronique). On entend par temps monochronique, le traitement séquentiel des tâches, alors que le temps polychronique revient à gérer simultanément plusieurs tâches à la fois. *Dans les cultures monochroniques*, le temps est abordé et géré de manière linéaire. Le temps monochronique est en effet divisé en séquences : il est planifié et compartimenté, permettant à un individu de traiter une action à la fois. Dans un tel système, les individus n'aiment pas être interrompus et suivent rigoureusement le plan défini. D'où une difficulté en cas d'incident ou d'imprévu, avec des risques de rupture dans le processus de travail.

Tableau 2.2 – Comparaison entre approches monochronique et polychronique

| Approche monochronique | Approche polychronique |
|---|---|
| Réalisation d'une seule tâche à la fois. | Réalisation de plusieurs tâches à la fois. |
| Aptitude à se concentrer exclusivement sur la tâche à réaliser. | Capacité à passer d'une tâche à l'autre, avec possibilités d'interruptions fréquentes. |
| Engagement perçu comme une contrainte (un impératif) devant être respecté. | Engagement perçu comme un point référent pouvant en fonction des situations être ajusté. |
| Relation orientée sur l'exécution de la tâche. | Relation orientée sur les personnes concernées par la tâche. |
| Travail méthodique, à un rythme mesuré et soutenu. | Travail intense avec moments de créativité ou d'initiative personnelle. |

Cette approche ne peut donc se réaliser que si le mode de pensée culturel permet de hiérarchiser les tâches par ordre de priorité. Elle permet, dans un contexte relativement stable, d'accorder une attention au travail réalisé, d'améliorer la qualité des contributions avec un niveau de stress acceptable (rythme de travail plus lent). *Dans les cultures polychroniques*, les individus réalisent plusieurs tâches à la fois (traitement global des problèmes avec une gestion simultanée des actions). Ils ont donc des relations de coopération avec les autres, concrétisée par un fort degré d'adaptation et d'ouverture. Les interruptions et les imprévus font partie intégrante du processus. Les individus changent de plans fréquemment. Ils se sentent souvent dans l'obligation de répondre à toutes les sollicitations, tant sur le plan professionnel que personnel.

**Exemple**

L'approche monochronique ou séquentielle se retrouve essentiellement en Europe du Nord et dans les pays anglo-saxons. Les organisations polychroniques sont, quant à elles, dominantes dans les pays d'origine latine (pays du Sud de l'Europe et Amérique latine) et orientale. Les cultures française et allemande sont représentatives des différences pouvant exister entre pays, en matière de gestion du temps. Les Français sont en effet connus pour organiser leur temps selon une approche polychronique. À l'inverse, les Allemands ont une culture fortement tournée vers un système monochronique.

# Section 3 L'APPARITION DE STYLES DE MANAGEMENT RÉGIONAUX

Si les entreprises restent très marquées par leur culture nationale d'origine, l'internationalisation de l'économie les conduit à adapter leurs styles de management. Cette section s'interroge sur l'émergence de styles de management régionaux et cherche à en définir les principales caractéristiques.

## 1 Le modèle nord-américain

On reconnaît généralement l'existence d'une culture nord-américaine, inspirée des doctrines libérales et du « laisser faire » [1], et fondée sur l'importance de l'indi-

1. Selon Adam Smith, la concurrence va non seulement créer de la richesse mais entraîner un plus grand bien pour un plus grand nombre. La théorie libérale est bâtie sur l'hypothèse d'entrepreneurs indépendants qui cherchent essentiellement à satisfaire leurs intérêts personnels. Ces individus entrent dans le jeu de la concurrence qui ne laisse survire que les meilleurs. Mais malgré sa dureté et cette apparente injustice, la doctrine libérale considère que la sélection naturelle des entrepreneurs va favoriser une création de richesse plus importante et entraîner une amélioration des conditions générales des individus.

vidu et le rôle du contrat comme mode de régulation des rapports sociaux (Cohen-Tanugi, 1985). En effet, le management canadien partage avec le management américain un certain nombre de caractéristiques, et en premier lieu le rôle du libre-échange dans l'économie. Les firmes nord-américaines disposent généralement d'une grande liberté d'action à l'égard des gouvernements mais également des syndicats (Hayek, 1980). Elles ont le sens de la compétition et recherchent avant tout la performance économique. L'initiative et la prise de risque individuelle y sont fortement encouragées. Chacun peut en effet courir le risque de créer son affaire. L'échec est un élément constitutif du parcours professionnel d'un individu. Il fait partie de la vie quotidienne des collaborateurs de l'entreprise. Les entreprises nord-américaines accordent également une attention particulière au retour sur investissements (rentabilité). Elles ont essentiellement pour objectif la recherche de profit et la satisfaction immédiate des actionnaires. Cette position conduit souvent à considérer les individus comme des ressources au service de l'entreprise (Axelrod, 1992). Le marché de l'emploi est donc un marché libre et fluctuant qui doit évoluer au gré de la politique des entreprises. Il doit répondre à des contraintes de coûts et évoluer en fonction des situations concurrentielles. Les individus sont ainsi habitués à développer des stratégies personnelles pour mieux s'adapter aux évolutions du marché. Ceci les conduit à adopter un comportement individualiste et souvent opportuniste (Rawls, 1988) pour faire face à cette précarité de l'emploi qui caractérise la culture nord-américaine. En effet, dans des pays qui valorisent l'initiative et la prise de risque, il est fortement conseillé de se mettre en avant (*self-marketing*), en exprimant rapidement ses capacités et savoir-faire. C'est de cette manière que l'individu va pouvoir saisir des opportunités ou réaliser certaines affaires.

À cause de l'insécurité de l'emploi et de l'absence de responsabilité sociale, il n'est pas rare que les personnes soient amenées à gérer plusieurs activités professionnelles, pour pouvoir assurer un niveau de rémunération acceptable (Boorstin, 1991). Cette flexibilité prend également la forme d'une rotation rapide des cadres et de la mise en place de rémunérations variables (Kotter, 1982). Dans les entreprises nord-américaines, les rapports sont strictement professionnels (il existe en effet une séparation nette entre vie professionnelle et vie privée), faiblement hiérarchiques et peu formalisés. Les relations entre les salariés de l'entreprise sont souvent directes et marquées par un esprit de compétition censé améliorer la performance des entreprises (émulation).

Autant de caractéristiques qui rendent le modèle Nord-américain singulier et parfois extrême dans ses positions, en comparaison avec des cultures plus sociales ou collectives comme celles de l'Asie.

Tableau 2.3 – *Le modèle Nord-Américain*

| | |
|---|---|
| **Système économique et financier** | – Rôle déterminant des marchés et de la concurrence<br>– Tradition entrepreneuriale forte<br>– Importance du développement technologique et de l'innovation<br>– Capital-risque développé<br>– Importance du marché financier<br>– Contraintes au niveau du rendement financier |
| **Système social** | – Faible taux de syndicalisation<br>– Inégalités fortes<br>– Chômage limité<br>– Niveau de formation relativement faible<br>– Marché du travail concurrentiel<br>– Variation du salaire moyen |
| **Relation avec l'État** | – Intervention de l'État limitée<br>– Régime de protection sociale résiduel<br>– Régime fiscal libéral |
| **Pays de référence** | – États-Unis<br>– Canada |

La vision anglo-saxonne des entreprises trouve une illustration dans deux principaux modèles de développement : le modèle entrepreneurial et le modèle en réseau.

## 1.1 Le modèle entrepreneurial

Ce modèle d'entreprise est résolument orienté sur la réalité du marché, ses contraintes et les opportunités qu'elle offre d'un point de vue économique. Le management associé à ce type d'organisation relève du pragmatisme. Il fonctionne à travers une analyse factuelle des situations et agit à partir d'objectifs à court terme (afin d'être en mesure de pouvoir rapidement réorienter l'organisation en fonction des évolutions constatées). Dans ce type d'entreprise, la réussite de la tâche prime sur les enjeux de pouvoir politique ou hiérarchique, et l'initiative et l'efficacité comptent d'avantage que l'ancienneté ou le statut.

L'organisation entrepreneuriale accorde également une place importante à la prise de risque (faible contrôle de l'incertitude) et à l'innovation. Les rapports hiérarchiques sont donc limités (distance hiérarchique faible) et essentiellement basés sur des relations horizontales, une forte mobilité et une hyper-flexibilité. Ces principes demandent par conséquent d'octroyer un fort degré d'autonomie et un niveau de confiance élevé aux hommes qui composent l'organisation. D'ailleurs, la performance individuelle y est fortement encouragée financièrement et psychologiquement. Dans ce type d'organisation, l'individu doit parvenir à se dépasser et réussir à se réaliser pleinement dans son travail, en misant avant tout sur ses qualités personnelles (valeurs et comportements) et professionnelles (compétences). En retour, l'entreprise le fait activement participer au processus de décision (responsabilisation) et l'associe au développement et au prestige de l'organisation.

### 1.2 Le modèle en réseau

L'évolution des marchés, la baisse de l'influence ou du recours à l'État, les exigences en matière d'innovation, de flexibilité et d'adaptation locale ont conduit certaines entreprises à abandonner des systèmes d'organisation trop rigides au profit de modes d'organisations plus souples, dans la recherche de solutions aux problèmes économiques.

Ce système peut être très poussé dans certaines grandes entreprises. La communication se fait en limitant au maximum les liens hiérarchiques et s'appuie sur la mise en place d'un intranet et la possibilité d'enregistrer des informations non structurées (distance hiérarchique limitée et faible contrôle de l'incertitude). Ces nouvelles logiques organisationnelles vont ainsi conduire à l'apparition de nouveaux mécanismes d'intégration. Les objectifs et critères de performance ne sont pas fixés de façon définitive, et dépendent des résultats obtenus. Ils se basent avant tout en référence à l'évolution du marché et suivent les tendances en matière de compétition interne et externe. La norme de performance peut par conséquent être révisée de manière permanente, en fonction des événements. Dans ce type d'organisation, les tâches dans les entreprises sont généralement floues et s'appuient sur des regroupements de compétences complémentaires qui vont se faire de manière plutôt informelle, après négociation et ajustement entre les différentes composantes de l'organisation (logiques de réciprocité). La coordination interne repose donc sur des relations de complémentarité (interdépendance), un partage des buts et des actions, la recherche de nouvelles logiques d'apprentissage (issues de l'expérience de chaque unité et des efforts en matière de coopération), ainsi que sur un maillage étroit de différentes compétences organisationnelles. En ce qui concerne la motivation, l'implication et l'engagement des salariés vont de pair avec l'augmentation croissante de leur autonomie de décision et d'action. Ces derniers sont appréciés au regard de leur contribution personnelle, à savoir leur qualité spécifique (réputation) et leur apport dans le développement de l'activité. Les stratégies d'acteurs, au sens de M. Crozier, se révèlent donc moins pertinentes, dans la mesure où le pouvoir est essentiellement basé sur la compétence et la performance des individus.

## 2 Le modèle asiatique

Avancer l'idée d'une culture typiquement asiatique paraît plus audacieux, compte tenu de la diversité des situations présentes au sein de cette zone. L'Asie est en effet plurielle par les courants commerciaux, militaires, politiques et culturels (religieux) qui l'ont traversé. L'Asie peut se décomposer en groupes ethniques et religieux distincts (De Meyer, 1996). Ainsi, la culture malaise (Malaise, Indonésie notamment) a été fortement influencée par l'Islam, alors que le boudhisme est très présent de la Birmanie au Japon, en passant par la Thaïlande et la Chine. De même, il existe des différences en termes de niveaux de développement et de modèle économique en fonction des pays. Le développement économique du Japon contraste avec les difficultés de pays pauvres en voie de développement comme le Cambodge. On peut également constater des oppositions fortes entre le vietnam et un pays tel que la Thaïlande. L'approche du pouvoir, le rôle de l'État et les règles de la société se révèlent en effet diamétralement opposés.

Tous ces éléments montrent que l'Asie, loin d'être un ensemble uniforme, est un continent diversifié sur le plan politique, économique et culturel.

Toutefois, si l'on se limite à la sphère du monde des affaires, les spécialistes de l'Asie ont identifié un certain nombre de traits communs liés à l'influence de la communauté chinoise dans la région et au rôle du confucianisme[1] dans toute l'Asie. Le mode de management asiatique repose en effet sur des valeurs culturelles ancrées dans l'histoire des peuples et les principes du confucianisme (Godement, 1993). Ainsi, l'entreprise asiatique se présente comme une organisation sociale, structurée autour de liens familiaux solides, où prédominent le respect de la hiérarchie et l'orientation vers le groupe plutôt que l'individu. Le groupe en tant qu'entité collective, est particulièrement valorisé dans les entreprises asiatiques, où la personnalité de l'individu s'efface devant la collectivité. Le protocole, le rang et le statut sont très importants et les conflits personnels doivent être évités, afin de préserver un consensus et de donner une vision morale de la société (Cova, Pras, 1995). La réussite individuelle et l'égocentrisme sont des valeurs déconsidérées car elles vont à l'encontre des intérêts de la collectivité. L'entreprise a donc une dimension sociale très forte et favorise des relations d'interdépendance entre les membres de l'organisation. Il existe en effet dans ce système des droits et des devoirs réciproques : le dirigeant doit veiller au bien-être de ses salariés qui en retour lui doivent loyauté, solidarité et discipline. Sur le plan matériel, la relation peut déboucher sur une participation active de l'entreprise au devenir de ses salariés et de leurs familles (aide au logement, bourses, avantages sociaux). En échange, les employés de l'entreprise doivent faire preuve de modestie, de respect et d'humilité. En Asie, la solidarité s'applique également aux entreprises[2], où de nouvelles sociétés sont mises sur pied grâce aux fonds collectés par la famille et les amis. La réussite des entreprises est donc étroitement associée au réseau de relations qui s'établissent entre les membres de la famille (proche ou éloignée) et les relations de jeunesse entretenues durant le cursus scolaire. Toutes ces valeurs concourent à créer

1. Le confucianisme est une doctrine à la fois morale et politique, retranscrite par les disciples de Confucius, philosophe chinois né en 550-551 avant J.C. Son enseignement est fondé sur la morale, le respect des usages et sur la nécessité d'être vertueux et modéré.
2. Il est à noter qu'au Japon notamment, l'organisation des firmes, aussi bien en interne qu'en externe, tend à changer de forme. Ainsi, les liens de solidarité des groupes industriels – les *keiretsu* – se distendent en termes de relations financières, de contrats préférentiels de sous-traitance et de rapports privilégiés avec la banque principale. L'optique de rentabilité à plus court terme, mais aussi les difficultés traversées par certaines entreprises, notamment dans le secteur financier, conduisent à abandonner le recours systématique à la technique du « convoi » – c'est-à-dire l'aide accordée à la firme affaiblie du groupe par un membre plus solide (Dourrille-Feer, 1998).

un management asiatique dont les caractéristiques se distinguent fortement du modèle nord-américain (Amsden, 1989).

# 3 Le modèle européen

## 3.1 Le modèle français

Le modèle français repose sur le développement important de l'administration de l'État dans les entreprises et la puissance symbolique de son action (Fridenson, Straus, 1987). En effet, les entreprises françaises entretiennent des liens étroits avec l'État. La majorité de dirigeants est issue des deux grands établissements de formation des élites étatiques (Polytechnique et l'ENA) et plus spécialement des grands corps. Ceci implique que ces dirigeants aient débuté leur carrière dans l'administration. D'autre part, leur proximité avec l'appareil d'État se retrouve au niveau des politiques traditionnelles des entreprises françaises : présence de l'État dans la structure du capital, importance des commandes publiques, grands contrats négociés avec le gouvernement français, recours fréquent à des subventions pour financer des projets de développement (Joly, 1996). Naturellement, l'État français a progressivement desserré son emprise sur la société française (en privatisant ses entreprises et en se désengageant de certaines missions). De plus, la flexibilité du travail a augmenté et l'importance du management par projet s'est accrue. L'État demeure cependant un aiguillon, un tuteur et un soutien financier pour de nombreuses entreprises françaises qui restent profondément marquées par une structure hiérarchique forte à base de règles et de procédures (Lesourn, 1998). L'organisation française administrative et hiérarchique trouve ses fondements dans les travaux de H. Fayol et de ses disciples pour qui l'efficacité des organisations est étroitement associée à un système de coordination hiérarchique. Cette forme d'organisation repose principalement sur une centralisation des décisions, l'instauration d'une unicité de commandement et le maintien de l'ordre et de la discipline. Une direction administrative hiérarchique est un mode de gouvernement, où s'exercent des rapports d'autorité, des relations de pouvoirs. Le style de management est directif, le statut du chef s'affirme de façon distincte. Le rôle du statut (titre, rang, formation) est déterminant et constitue l'une des sources principales du pouvoir dans l'organisation (d'Iribarne, 1989) Dans ce type de structure, le mode de fonctionnement est de nature pyramidale avec de nombreux niveaux hiérarchiques. Ce modèle cumule généralement une forte distance hiérarchique et un contrôle élevé de l'incertitude (Gauchon, 2002). La transmission des ordres doit a priori suivre les échelons de la voie hiérarchique, à travers une supervision directe de l'encadrement sur le personnel d'exécution (communication verticale). L'organisation hiérarchique s'appuie sur un système de récompense-sanction qui favorise les liens de dépendance et oblige l'individu à se mettre en conformité avec les usages et les règles établis par l'organisation. L'application de la discipline est donc essentielle au bon fonctionnement de l'organisation (soumission à l'autorité, obéissance, assiduité, respect). Ce système est également associé à l'idée d'unicité de commandement et de direction. Selon cette conception du management, l'unicité de commandement apparaît comme un moyen de stabiliser l'organisation et de limiter les risques de dérive. Il s'agit, pour ce type d'organisation, de permettre une meilleure coordination des actions et de concentrer les efforts vers un même objectif, dans un souci de cohérence et d'efficacité.

Si ce système demeure une composante essentielle de nombreuses entreprises françaises, on peut néanmoins considérer que l'importance et l'intensité des changements économiques, technologiques et sociaux contribuent à réduire la généralisation de ces organisations. En effet, la rapidité des changements et leur ampleur imposent des systèmes d'organisation régis par d'autres règles, où la hiérarchie toute puissante fait souvent place à un management par projet marqué par une responsabilisation accrue de l'individu et des groupes de travail, le développement de processus d'apprentissage coopératif et des politiques d'amélioration continue axée sur l'innovation et la flexibilité. Il n'en reste pas moins vrai que ce système exerce une influence sur le comportement des acteurs et leurs stratégies (Ravai, 1997). Au niveau du développement des entreprises, il n'est pas rare que les entreprises françaises tendent à améliorer leurs résultats par des exonérations de charges plutôt que par la recherche de gains de parts de marchés. Sur le plan interne, l'organisation hiérarchique, en répartissant les tâches et les rôles, contribue à créer une stratification de l'organisation, symbolisée et prolongée par des systèmes de privilèges différentiels, selon la position de l'individu au sein de la hiérarchie. Cette configuration devient dès lors un enjeu de pouvoir (Bouchiki, Kimberly, 1996), créant par là même des phénomènes de compétition interne et de coalitions. Par conséquent, l'organisation n'apparaît plus simplement comme un réseau de tâches et de rôles. Elle devient l'enjeu d'un système au sein duquel des individus se battent pour obtenir les quelques places disponibles au sommet de la hiérarchie.

Cette séparation entre ceux qui détiennent l'autorité et ceux qui la subissent conduit ainsi les membres de l'entreprise à avoir deux types de réactions, selon que l'on est en haut ou en bas de l'échelle. Les premiers vont tout mettre en œuvre pour renforcer ou conforter leur pouvoir, et donc utiliser des moyens de dépendance ou de cooptation qui leur assurent la présence de subordonnées fidèles. Les seconds vont chercher à développer des manœuvres leur permettant d'accéder au niveau supérieur, en ayant recours à des phénomènes de coalition ou d'alliance avec d'autres membres de l'organisation (collègues ou supérieurs). Ceci a pour effet de créer un système de relations basé non plus sur la compétence ou le mérite mais sur la défense des intérêts particuliers d'un groupe donné au détriment d'un autre. Ce penchant naturel est encore plus marqué lorsque l'organisation s'appuie sur un système hiérarchique, peu ouvert sur l'extérieur et organisé autour de privilèges. Cette compétition entre individus est d'autant plus forte que les ressources dont dispose l'organisation sont par définition limitées et aux mains d'une minorité qui souhaite conserver son pouvoir et ses avantages.

Tableau 2.4 – *Le modèle français*

| | |
|---|---|
| **Système économique et financier** | – Secteur public important<br>– mportance des grandes entreprises<br>– Tissu de PME dynamiques mais fragiles<br>– Spécialisation dans le transport, l'aéronautique, l'armement, les produits pharmaceutiques et l'agroalimentaire.<br>– Développement plus modéré des marchés financiers<br>– Présence forte de l'intermédiation bancaire |
| **Système social** | – Relation salariés-employeurs conflictuelle stabilisée par l'État<br>– Syndicats revendicatifs et divisés<br>– Critique fréquente du patronat<br>– Négociations collectives arbitrées par l'État |
| **Relation avec l'État** | – Tradition d'un État central fort et interventionniste<br>– Bureaucratie d'élite<br>– Régime de redistribution développé (protection sociale étendue et pression fiscale importante) |
| **Pays de référence** | -France |

## 3.2 Le modèle rhénan

Au plan macroéconomique, le modèle rhénan accorde à l'État et aux collectivités publiques un rôle essentiel de redistribution avec notamment une sécurité sociale développée et des systèmes de retraite par répartition (Albert, 1991). Traditionnellement, ce modèle est appliqué en Allemagne, en Suisse et dans les pays du Benelux. Le capitalisme de type rhénan intègre dans ses fondements une intense participation, des règles sociales, une protection des personnes, une répartition des fruits de la croissance entre le plus grand nombre, en éliminant les inégalités les plus criantes (Lestrade, 1997). Au niveau de l'entreprise, le correspondant de ce système est la « cogestion ». Selon ce modèle, dirigeants et actionnaires, salariés et syndicalistes partagent la gestion et recherchent un consensus dans l'intérêt général. Les entreprises sont une véritable communauté d'intérêts entre les détenteurs du capital, la direction et les salariés. Il y a donc une véritable cogestion (Mitbestimmung), qui se met en place à travers trois instances : le directoire, le conseil de surveillance et le conseil d'établissement qui est consulté sur toutes les questions sociales. Le personnel est aussi présent dans le conseil de surveillance. À l'intérieur des entreprises, il y a donc un dialogue social, qui peut apparaître parfois lourd et pesant, mais qui peut également constituer un facteur de compétitivité. Ce modèle d'entreprise est désigné sous le nom de *stakeholder model* (Labelle, Raffournier, 2000) par opposition au *stockholder model*, présent dans l'économie nord-américaine. Le modèle rhénan repose en effet sur la concertation à long terme et se caractérise par un actionnariat stable et des relations professionnelles participatives. Les conséquences réelles de cette organisation sont des rémunérations plus hautes, des écarts des salaires plus faibles qu'ailleurs, une structure de carrières différentes et un système de formation spécifique. En Allemagne, les entreprises privilégient la qualification et l'ancienneté dans le système de promotion. Le modèle dominant est donc dans ce système les trajectoires professionnelles internes à l'entreprise, avec une prédominance pour la carrière maison : la quasi-totalité des dirigeants allemands ont fait leur carrière en entreprise avec un système de sélection multiple et géographique dispersé, où le diplôme ne constitue pas un critère de reproduction systématique des élites (Joly, 1996). La formation y est donc très importante et fondée sur une étroite coopération entre les entreprises et les salariés. Sur le plan organisationnel, le management est basé sur la rigueur, la règle et la compétence (savoir spécialisé) dans le cadre d'échanges professionnels consensuels, où chacun apporte sa contribution. Les entreprises allemandes ont une tradition administrative et légaliste de la gestion du personnel (Ferner et al., 2001). Ce mode d'organisation administratif de type rationnel-légal s'inspire des travaux de Max Weber pour qui l'efficacité des organisations est étroitement associée à un système formel autour d'une définition précise des fonctions et des tâches (division fonctionnelle très marquée), rendue possible par la mise en place d'un système de contrôle de type procédurier (contrôle bureaucratique).

Tableau 2.5 – *Le modèle rhénan*

| | |
|---|---|
| **Système économique et financier** | – Capitalisme familial : importance de l'épargne et faible intérêt pour la spéculation<br>– Des PME puissantes, protégées de la concurrence de la grande industrie<br>– Spécialisation : automobile, chimie, mécanique, matériel électrique<br>– Propriété croisée banque-entreprise<br>– Actionnariat stable et concentré<br>– Logique de cogestion<br>– Poids des banques : contrôle des managers et crédits à long terme |
| **Système social** | – Salaires élevés<br>– Niveau de formation élevé<br>– Inégalités sociales limitées<br>– Syndicats puissants et gestionnaires<br>– Négociations collectives de branche |
| **Relation avec l'État** | – Un État fédéral protecteur<br>– Rôle de l'État dans la correction, le renforcement et le contrôle des marchés<br>– État comme agent au service de l'action collective (stimulateur)<br>– Régime de protection sociale conservateur corporatiste |
| **Pays de référence** | Allemagne |

## 3.3 Vers un modèle européen ?

Que peut-on dire du management européen ? Peut-on parler dans ce domaine d'une culture européenne ? La réponse à cette question est loin d'être évidente car face à la diversité des cultures propres à chacun des pays membres (Mendras, 1997), il paraît bien difficile d'identifier un nombre suffisant de traits communs. L'Europe se distingue donc sur ce plan. Elle apparaît comme un bloc multiculturel que l'on peut décomposer de la manière suivante (Calori, De Woot, 1994). À un premier niveau de segmentation, on trouve le Royaume-Uni qui fait figure d'exception, tant le management de ses entreprises se rapproche de celui des États-Unis (vision libérale des affaires, orientation à court terme, pragmatisme). À un deuxième niveau de segmentation, la séparation entre le Nord et le Sud de l'Europe permet de différencier deux groupes de pays sur quatre principales dimensions. Le Nord se présente comme un ensemble de pays peu interventionistes, ouverts aux thèses libérales, et s'appuyant sur un management social faiblement hiérarchisé et organisé (degré de formalisation relativement élevé). À l'inverse, les pays de l'Europe du Sud se caractérisent par l'influence de l'État, une attitude plus protectionniste, des relations hiérarchiques et un management plus intuitif. En approfondissant la segmentation, il est possible de distinguer au sein du groupe des pays du Nord, les pays scandinaves et les pays germaniques (Allemagne, Autriche, Suisse) : les pays scandinaves se révèlent en effet plus sensibles à la qualité de vie au travail et accordent plus d'importance au bien-être de ses salariés que les pays germaniques. De même, il convient de différencier la France des autres pays latins, en raison de sa position intermédiaire entre un management intuitif et un management bureaucratique. La France se singularise aussi par son système de formation (Grandes Écoles) et l'existence de liens solides entre les entreprises et l'État. Un dernier niveau de segmentation concerne les petits pays tels que les Pays-Bas, la Belgique ou le Luxembourg qui, par leur petite taille et leur histoire, se sont ouverts très tôt aux influences internationales. Mais en dépit de ses nombreuses différences, l'Europe, vue surtout de l'extérieur, peut aussi apparaître comme un bloc homogène, à l'instar des modèles nord-américain et asiatique. Elle a d'ailleurs développé plusieurs caractéristiques managériales qui la différencient du management des autres zones géographiques. En particulier, les entreprises européennes semblent se positionner à mi-chemin des influences nord-américaines et asiatiques : l'entreprise européenne se présente comme une organisation dont la finalité est la croissance et le profit mais qui accorde une place importance au développement des personnes.

Le défi du management européen est par conséquent de favoriser la croissance des entreprises, en veillant à l'inscrire dans une démarche sociale (Calori, Dufour, 1995). La culture européenne apparaît également marquée par le rôle du politique dans l'économie et l'importance du dialogue social, même si celui-ci apparaît plus naturel en Scandinavie et en Allemagne qu'en France ou en Italie (où le conflit précède souvent les négociations). Les Européens se montrent en effet, dans leur grande majorité, ouverts (et réceptifs) au débat, à la confrontation des idées et au respect des diversités qu'ils considèrent comme un élément de spécificité et de richesse. Les entreprises européennes, après plusieurs années d'hégémonie américaine et d'essais de construction d'une Europe unie, ont par conséquent les moyens aujourd'hui d'affirmer une identité propre marquée par un management entre deux extrêmes et le respect de ses diversités.

**REPÈRES : Les PECOS aujourd'hui : quel modèle ?**

Le modèle économique des PECO se rapproche par son histoire avec le capitalisme étatique des pays du sud de l'Europe occidentale (France, Italie, Espagne). La raison principale tient à l'importance historique de l'intervention de l'État dans l'activité économique en Europe de l'Est, susceptible de marquer durablement l'évolution des économies en transition. En effet, l'État reste le principal régulateur de l'activité économique en Europe centrale et ses interventions dans la sphère productive sont multiples. De plus, ces pays ont connu, depuis 1989, un développement rapide des petites et moyennes entreprises privées, qui tend à rapprocher ces économies des modèles français et italien. Enfin, les valeurs auxquelles sont traditionnellement attachés ces pays entrent en résonance avec celles qui sont mises en avant dans le capitalisme étatique : solidarité et égalité.

Néanmoins, si l'héritage historique du socialisme peut orienter les pays en voie de transition vers le capitalisme étatique, d'autres forces tendent au contraire à l'en éloigner. Les forces qui s'opposent à ces évolutions semblent encourager, par là même, un rapprochement avec le capitalisme anglo-saxon. Cette orientation s'explique en raison d'une part de la libéralisation accrue des marchés des biens et services et du travail, mais aussi par l'attraction exercée par le modèle nord-américain (société de consommation, réussite et liberté individuelles, faible chômage...).

Une troisième force peut également être recherchée dans le processus d'adhésion de ces pays à l'Union Européenne, où leur entrée peut conduire au développement d'un capitalisme hybride à mi-chemin entre le capitalisme étatique et le capitalisme anglo-saxon.

D'après Chavance *et al.* (1999).

## 4 Le modèle africain

Le management africain est fondé sur une conception familiale de l'entreprise et résulte de relations sociales de type patriarcal (Etounga Manguelle, 1991). Il se caractérise par une orientation communautaire, avec une forte distance hiérarchique et un fort contrôle d'incertitude. Ce système managérial est particulièrement présent dans les pays, où la famille, la tradition et la religion passent avant la performance économique. Dans ce type de configuration, les relations sont structurées et organisées autour du chef de famille ou du clan, qui contrôle les positions clés de l'entreprise et centralise les décisions (Henry, 1991). Ce modèle d'organisation repose par conséquent sur des liens hiérarchiques forts marqués par des comportements de type paternaliste et protecteur à l'égard des collaborateurs de l'entreprise (Hernandez, 2000). Ce modèle d'entreprise tend par conséquent à favoriser la cohésion et à donner à ses membres une impression de sécurité et de force. L'utilisation des croyances, des mythes et histoires de l'organisation, des symboles et des rites collectifs sont d'ailleurs au centre de ce type de management. Il s'agit en effet de créer et perpétuer un imaginaire idéalisé dans lequel les membres ont un sentiment de toute puissance et de fierté exacerbée. Les dimensions associées à ce système managérial sont notamment le respect de la tradition, la loyauté à l'égard du chef, l'esprit de solidarité (Hernandez, 1997 ; Davidson, 1971). Le risque de ce type d'organisation réside dans le culte du chef (subjectivité) et des relations de dépendance trop fortes qui empêchent l'épanouissement individuel, l'initiative et la régénération des activités. Un autre écueil réside dans la tentation au repli sur soi, l'intolérance à l'égard de l'autre (centration sur ses valeurs culturelles) et une difficulté à se remettre en question compte tenu de l'emprise culturelle sur laquelle se fonde ce type d'organisation (Balandier, 1962). Il est d'ailleurs difficile pour un individu de s'extraire aisément de ces entreprises (familiales ou claniques), en raison des pressions psychologiques et de la dépendance relationnelle qui entoure ce type d'organisation.

**REPÈRES : L'entreprise africaine et le modèle de la cité domestique**

D'après différents travaux, il est possible d'établir un lien entre l'entreprise africaine et le modèle de la cité domestique (Favereau, 1995). Dans le monde domestique, l'unité sociale de référence est la famille en tant qu'unité de production, réseau de solidarité et de protection. La famille se construit ainsi à travers l'évolution des sociétés africaines jusqu'à former des liens complexes de solidarité sociale. Le système horizontal de parenté permet d'étendre le rôle du père à ses frères et à ses cousins. Le lignage apparaît avec l'extension verticale de la parenté qui fait remonter la généalogie jusqu'à un ancêtre mythique auquel est rendu un culte. Le lignage constitue ainsi une société clanique qui coopère avec les autres lignages par le partage des ressources et la participation des anciens à l'assemblée des patriarches détenant l'autorité. La hiérarchie domestique repose par conséquent sur des liens de subordination fondés sur la position occupée dans la lignée, les relations interpersonnelles et le respect de la tradition (et non sur la gestion des compétences). En effet, dans les communautés africaines, le statut et la position d'autorité du chef (chef tribal ou suprême) et des chefs subalternes (tribus, groupes de familles) reposent sur des bases héréditaires imposées par un système d'âge et de hiérarchie très développé. La position de dirigeant est continue (non interchangeable), elle s'exerce au sein des structures socio-politiques et des communautés et dure normalement toute la vie. Le statut de dirigeant et la haute estime dans laquelle il est tenu sont encore renforcés par les croyances religieuses selon lesquelles les chefs représentent les chefs disparus. Ce modèle reste très présent dans les entreprises africaines. En effet, dans l'entreprise africaine, une attention particulière est donnée aux relations personnelles et affectives entre responsables et employés. Le responsable cherche moins à imposer qu'à rechercher un échange équilibré et consensuel. L'argumentation passe essentiellement par des rappels de sagesse ancienne, des proverbes imagés et des discours de personnalités importantes. L'entreprise est considérée avant tout comme une entité au service de la collectivité qui doit contribuer au développement et au bien être de ses employés, en fournissant une aide dans les domaines du logement, de la formation ou de la protection sociale. Comme le soulignent Boltanski et Thévenot (1991), ce modèle d'organisation contribue à ramener à l'intérieur de l'entreprise la communauté qui sert d'assise à la cité domestique.

## Synthèse : vers une nouvelle lecture de l'interculturel

La question du management interculturel a été et demeure au centre des préoccupations des dirigeants d'entreprises désireux de se développer à l'international. Néanmoins, la nature et l'ampleur du problème conduisent à poser différemment la question de l'interculturel. Historiquement, cette question a été posée au regard des différences nationales, dans un contexte où l'État nation gardait toute sa souveraineté et où les frontières entre pays étaient clairement définies. Dès lors, poser la question de l'interculturel, aujourd'hui, revient dans bien des cas, à dépasser comme unité d'analyse la dimension « pays », pour être davantage en accord avec les évolutions politiques, économiques et sociales qui, en l'espace de dix ans, ont considérablement modifié la donne des échanges internationaux. La construction de l'Union Européenne, la constitution d'un marché asiatique, la création d'une zone économique renforcée entre les États-Unis, le Canada et le Mexique, les liens entre certains pays arabes ou africains sont autant d'éléments qui viennent renforcer l'idée que les principales comparaisons interculturelles doivent aujourd'hui se poser en termes de grands blocs ou de grands ensembles économiques (et politiques) dans lesquels les membres entretiennent déjà depuis longtemps des relations particulières (notamment par le fait des invasions, des guerres ou d'alliances antérieures) qui ont contribué à créer des références communes plus ou moins fortes.

Pourtant à côté de ces grands ensembles, on assiste de plus en plus au réveil des cultures régionales transfrontalières qui viennent recréer des pôles historiques et culturels, où se mêlent l'histoire, une langue particulière et des traditions ancestrales. Il semble par conséquent pertinent, dans le cadre de cette nouvelle donne mondiale, d'aborder la question culturelle sous deux angles : sous un angle macroéconomique en mettant en lumière de nouvelles formations qui deviennent progressivement les acteurs économiques et politiques de ce monde en pleine reconstruction, et sous un angle plus régional en tenant compte de zones à forte identité régionale comme la Bretagne, l'Alsace, le Pays Basque… ou de l'existence de sous-groupes culturels au sein d'un même ensemble. Ainsi par exemple, Vadhanasindhu et Van de Bergue (1998) distinguent-ils au sein de l'ASEAN, deux profils culturels spécifiques, avec d'un côté Singapour, Malaisie, Indonésie, Vietnam et de l'autre, la Thaïlande et les Philippines, compte tenu des différences politiques, économiques, sociales qui existent entre ces pays. De même, on peut raisonnablement considérer qu'au sein de la Grande Europe, perdurent des distinctions culturelles entre d'une part, l'Italie, l'Espagne, le Portugal (et dans une moindre mesure la Grèce), et d'autre part les pays à dominante germanique (Allemagne, Autriche, Suisse), la France ayant dans ce domaine une position un peu particulière liée à son histoire (Calori, De Woot, 1994).

Tableau 2.6

| | **Lecture traditionnelle de l'interculturel** | **Lecture renouvelée de l'interculturel** |
|---|---|---|
| **Unité d'analyse** | Le pays | Les grands blocs régionaux économiques et politiques<br>Les spécificités locales |
| **Postulat** | Le pays est considéré comme un État souverain, avec des frontières claires et présentant des spécificités culturelles liées à l'histoire et aux traditions nationales. | La mondialisation des échanges et les rapprochements inter États et interentreprises imposent d'aborder la question de l'interculturel au niveau de la formation de grands blocs régionaux, tout en prenant en compte certaines spécificités nationales ou locales. |
| **Champ d'études** | Comparaison inter-pays (France-Allemagne, EU-japon…)<br><br>a) analyse de l'influence de l'État et des modèles économiques nationaux.<br><br>b) étude des styles et systèmes de management nationaux (caractéristiques et spécificités) | Comparaison entre grands blocs (Amérique du Nord, Asie, Europe…). Étude ciblée sur certains particularismes locaux.<br><br>a) réflexion sur la construction de modèles économiques transnationaux<br><br>b) étude des styles et systèmes de management par grande zone géographique : les éléments de convergence et points de divergence. |

On peut de ce fait admettre l'idée que le monde de demain sera formé de grands blocs économiques et politiques (qui remplaceront progressivement les États nations) avec leurs propres règles et procédures (homogénéité) au sein desquels continueront d'exister des réalités culturelles locales fortes (diversité).

Le management interculturel devra par conséquent s'opérer à deux niveaux, pour avoir une vision fine et précise des comportements et pratiques des structures et populations.

## L'essentiel

À l'instar du modèle fondateur d'Hofstede, plusieurs travaux (dimensions de F. Trompenaars, nature des contextes selon E.T. Hall, valeurs d'orientation de Kluckhorn-Strodtbeck...) attestent de l'impact des cultures nationales sur la gestion et le style de management des entreprises. L'objectif de ces travaux est de décrire les principales dimensions culturelles qui différencient les groupes humains, et de montrer les conséquences qui en découlent dans les domaines du management des hommes, c'est-à-dire essentiellement dans la manière de les diriger, de les motiver et d'organiser leurs activités.

En dépit de leurs pertinences, ces approches « nationales » en matière de styles de management semblent devoir être enrichies et complétées par d'autres modèles d'analyses qui tiennent compte des évolutions des marchés et de l'ouverture des frontières. En effet, nombre d'entreprises sont amenées aujourd'hui à sortir du cadre national pour assurer le développement de leurs activités. Différents facteurs, en particulier technologiques, économiques et politiques peuvent expliquer cette évolution. Ceci conduit à poser la question de l'émergence de nouveaux modèles culturels associant vision mondiale et adaptation locale et à aborder la question culturelle sous l'angle de grandes régions transnationales. On peut dans ce domaine identifier quatre principaux modèles de management : le modèle nord-américain, le modèle asiatique, le modèle européen et le modèle africain. Dans les pays européens, la gestion des entreprises est basée sur la capacité d'adaptation, la volonté de négocier en interne, la responsabilité sociale et le respect des personnes. Le management anglo-saxon est orienté vers la compétition, le professionnalisme, l'individualisme et le profit. Concernant le management asiatique, il se distingue des deux autres modèles par la recherche du consensus et sa vision à long terme de l'entreprise. Le management africain tient quant à lui une place à part et se caractérise par un système tribal fondé sur un paternalisme protecteur.

# 3 LA DIVERSITÉ CULTURELLE DANS LES ENTREPRISES

La mondialisation de l'économie et le développement des entreprises internationales posent la question de la gestion des différences culturelles au sein des organisations, qu'il s'agisse de projets internes (équipes multiculturelles) ou de relations issues de fusions, acquisitions ou alliances stratégiques (relation intergroupes). Il y a donc la nécessité d'insérer cette diversité culturelle dans un cadre cohérent et structuré qui permette une convergence des actions. Le management interculturel se présente dès lors comme un acte essentiel pour reconnaître et valoriser les avantages de la diversité. Tel est le défi à relever par les dirigeants et les entreprises.



## Section 1 LES ORIGINES DE LA DIVERSITÉ DANS LES ENTREPRISES

Les entreprises sont conduites à aborder leurs activités sous un angle essentiellement économique. L'univers des différences culturelles leur est dans bien des cas déroutant et insaisissable. Mais face à la logique économique de la globalisation, des différences culturelles se manifestent de manière plus ou moins larvée, par les problèmes d'adaptation que rencontrent les cadres expatriés, par la difficulté de contrôler et de gérer certaines filiales lointaines, par le choc des cultures issu de rapprochements aves des entreprises d'autres pays. L'impact des différences culturelles sur la gestion internationale des entreprises est donc réel. Encore faut-il en prendre conscience et le « vivre ». Il est proposé de développer certaines situations d'entreprises dans lesquelles cette réalité interculturelle prend tout son sens et peut parfois devenir un réel problème pour la direction des entreprises internationales.

# 1 L'internationalisation des activités

Considéré il y a encore quelques années comme un phénomène marginal, l'internationalisation des firmes est devenue une condition presque vitale pour rester compétitif sur certains marchés (Andreff, 2003). En effet, nombre d'entreprises sont obligées de sortir du cadre national pour assurer le développement de leurs activités. Cette internationalisation des firmes s'explique par différents facteurs (Mucchielli, 1998). Elle est, tout d'abord, une réponse au risque de dépendance vis-à-vis de marchés nationaux devenus exigus et souvent en voie de saturation (risques de surcapacités). Elle donne par conséquent la possibilité d'étendre ses activités à d'autres zones géographiques, en recherchant dans la formation de grands ensembles économiques intégrés (Union Européenne, ALENA[1]) ou l'émergence de nouveaux marchés (PECO, Amérique latine, PVD[2]), la croissance en volume qui fait défaut dans les pays d'origine. Elle permet aussi aux entreprises de diversifier les risques géographiques, en s'attachant à s'implanter sur des marchés qui ne varient pas à la hausse ou à la baisse (instabilité politique, récession, crise financière) en même temps et surtout dans les même proportions.

Face à cette internationalisation (contrainte ou souhaitée), peu d'entreprises peuvent parvenir à maintenir seules leur position. Si les sociétés peuvent s'agrandir en créant de nouvelles filiales à l'étranger, elles doivent très souvent s'aassocier à d'autres firmes ou se regrouper dans le cadre de fusions-acquisitions. La mondialisation de l'économie et les évolutions technologiques rendent nécessaire la recherche de regroupement ou de coopération fondés sur un partage des ressources et le développement de compétences et savoir faire différents. Le développement des

1. L'accord de Libre Échange Nord Américain (ALENA) est entré en vigueur le 1er janvier 1994. Il est inspiré de l'Accord de libre-échange entre le Canada et les États-Unis mais compte désormais un membre de plus, avec l'adhésion du Mexique. Il vise à intensifier le commerce et à multiplier les investissements netre les partenaires. Il renferme un échéancier ambitieux en vue de la suppression de la plupart des tarifs et d'une réduction des barrières non tarifaires, de même que des dispositions globales sur la conduite des affaires dns la zone de libre-échange.
2. PECO : Pays d'Europe Centrale et Orientale ; PVD : pays en voie de développement.

fusions-acquisitions et alliances internationales est une des manifestations de cette prise de conscience qui conduit les entreprises à rechercher des avantages concurrentiels globaux, pour conserver une position significative sur les marchés (OCDE, 2001). L'un des buts recherchés par ces regroupements est de prendre rapidement position sur des marchés nouveaux ou d'étendre les activités à de nouvelles zones géographiques, en essayant si possible de devancer la concurrence. La deuxième motivation est généralement l'exploitation des complémentarités en matière d'implantations géographiques (couverture globale du marché), de ressources technologiques (accés à des compétences maîtrisées), de produits et d'images avec une valorisation des points forts de chaque partenaire. Un autre motif d'association est la possibilité de réaliser des synergies de coûts liées au effets de volume (rendements dimensionnels) ou au partage de ressources (regroupement des réseaux de distribution, optimisation des sites de production, meilleure répartition des effectifs...).

### Exemple

Le nombre de fusions-acquisitions[1] purement nationales, où la cible et l'acquéreur appartiennent au même pays, a fortement diminué au cours de ces dernières années au profit d'opérations transnationales. Le nombre d'opérations transnationales, impliquant une société américaine, représente 23 % de l'ensemble des opérations américaines en 1999 contre seulement 6 % en 1985. Dans le même temps, le nombre de transactions impliquant au moins une entreprise européenne est passé de 11 % du total mondial en 1985 à près de 47 % en 1999. De même, l'Asie est passée de 1 % de l'activité mondiale en 1985 à près de 6 % en 1999.

1. Voir B. Black, 2000.

**REPÈRES : Fusions-acquisitions et alliances transnationales dans le secteur de l'automobile**[1]

Le constructeur automobile allemand, Daimler a, en 1997, créé une vague de fusions-acquisitions et alliances au sein du secteur, en se regroupant avec l'américain Chrysler, puis a poursuivi sa politique d'internationalisation, en entrant en 2000 dans le capital du japonais Mitsubishi. Cette stratégie d'internationalisation lui a ainsi permis de devenir le troisième constructeur mondial, après GM et Ford (mais devant Toyota), alors qu'il n'était qu'au quinzième rang, trois ans plus tôt. De même, Renault, en prenant le contrôle du japonais Nissan, puis en rachetant Dacia et Samsung, est passé de la onzième place à la cinquième place mondiale. Quant au japonais Toyota, il a décidé d'intégrer dans son groupe Daihatsu, en augmentant sa participation dans le capital à hauteur de 51 % en 1999 et il a renforcé ses liens avec Hini Motors. Concernant General Motors, qui contrôlait Isuzu et s'était emparé de Saab (Suède) au début des années quatre-vingt-dix, il vient de s'allier à Fiat (Italie). Ford a, quant à lui, finalement pris les commandes de Mazda et racheté Volvo Cars et Land Rover. Volkswagen, qui avait absorbé successivement Audi, Seat et Skoda, a également élargi sa politique d'offre aux poids lourds en rachetant un tiers des actions de Scania. Enfin, Hyundaï a repris le troisième constructeur coréen, Kia, qui était en faillite, et recherche lui-même une alliance avec un grand groupe automobile, pour se sortir d'une situation difficile.

Le paysage économique mondial s'est donc profondément transformé au cours des dix dernières années. Le développement des investissements étrangers, les progrès réalisés en matière de communication et d'information, conjugués aux stratégies de croissance des entreprises opérées à l'échelle mondiale (fusions-acquisitions, prises de participations, stratégies d'alliances), a eu pour effet de modifier durablement l'organisation des firmes et leur identité. Les entreprises sont progressivement devenues des groupes multiculturels et multilingues, où s'expriment les caractéristiques sociales et culturelles des diverses nationalités qui composent l'entreprise. On constate en effet que de plus en plus de groupes emploient désormais des employés provenant de nombreux pays et de cultures différentes. L'entreprise doit par conséquent composer avec des cultures nationales différentes, amenées à cohabiter (et collaborer) au sein d'un même espace et dans la même direction. Dans le cadre des principes directeurs de l'entreprise, la diversité des nationalités devient donc une norme qu'il convient de prendre en compte et de gérer au niveau de la conduite des activités.[1]

---

1. Adapté de Boyer R., Freyssenet M., « Les uns fusionnent, les autres pas. La variété des stratégies de profit et des modèles productifs à l'ère de la mondialisation », Lung, Y. (éd.). Actes de la Neuvième rencontre internationale du GERPISA, *Les reconfigurations de l'industrie automobile : alliances, cessions, fusions-acquisitions, partenariats, scission*, 7-9 juin 2001.

**Exemple**

Un exemple parmi beaucoup d'autres est celui du Groupe Danone qui a accéléré depuis 1997 l'internationalisation de ses activités autour de trois Directions générales Métiers (Produits laitiers, Biscuits et Snacks Céréaliers, Boissons) et la valorisation de ses trois marques mondiales leaders (Danone, Evian, LU) dans 120 pays. Pour assurer son développement, le groupe s'appuie sur une géographie équilibrée de ses ventes, avec 31 % des ventes réalisées dans les pays émergents. Longtemps considérée comme l'une des entreprises les plus françaises, en raison de son histoire et de sa culture familiale, Danone a ouvert son capital à des investissements étrangers, pour financer sa croissance. Elle emploie aujourd'hui 74 % de ses effectifs globaux en dehors de l'Europe Occidentale, dans plusieurs dizaines de pays répartis en Asie du Sud-Est, en Europe et sur le continent américain. L'entreprise a également élargi son staff à des responsables de nationalités et de cultures diverses (1/3 de culture française, 40 % de nationalités européennes – hors France, 16 % d'Américains – Nord et Sud, et 11 % d'Asiatiques).

Avec l'internationalisation des firmes et la réduction des distances physiques (réseaux de communication), l'entreprise doit donc faire face à l'importance des distances culturelles qui ont pendant longtemps été ignorées par le management. Jusqu'au début des années quatre-vingt, ces différences n'ont pas posé de réels problèmes aux entreprises car les acteurs de l'organisation (pour leur grande majorité) ne les vivaient pas au quotidien. En effet, l'importance des frontières physiques alliée au coût des interactions (transport, logistique, communication) a limité fortement les relations à grande échelle entre les cultures. Avec la mondialisation, le monde tel qu'il est, devient plus visible, y compris dans ses différences de valeurs et de représentations. La diversité culturelle devient par conséquent un axe fondamental de la gestion des entreprises qui renouvèle les logiques managériales. Du choix de l'organisation aux pratiques managériales, en passant par la gestion des équipes de travail, ce nouvel enjeu traverse toutes les problématiques opérationnelles de l'entreprise et pousse à rechercher de nouvelles façons de travailler.

## 2 La constitution d'équipes multiculturelles

Avec la création de filiales à l'étranger et le développement des acquisitions et alliances, les frontières à l'intérieur et à l'extérieur des entreprises s'estompent, sous la pression de la concurrence et de la mondialisation des transactions. Cette nouvelle réalité des échanges et de l'organisation du travail crée de nouvelles logiques en matière d'intégration et de développement. Les progrès rapides en matière d'information et de communication favorisent la redéfinition du travail au sein des équipes et viennent élargir le champ des possibilités. Le développement des nouvelles technologies de l'information permet en particulier de réunir en temps réel des individus d'origine et de nationalités différentes autour d'un même projet.

## 2.1 Nature et composition des équipes de travail

Cette situation a pour conséquence de modifier considérablement la structure et la composition des équipes de travail au sein des entreprises. On entend ici par équipes de travail, toute forme de collaboration entre des acteurs internes ou externes à l'entreprise, en vue de réaliser un objectif commun. Les équipes de travail peuvent par exemple réunir des collaborateurs de l'entreprise, occupant des fonctions diverses, dans différentes unités (R&D, Production, logistique...) et à des niveaux différents de l'organisation (siège/filiales). Elles contribuent de ce fait à favoriser les relations intra-entreprises, en créant des réseaux latéraux qui permettent d'améliorer les flux des échanges entre les différentes composantes de l'organisation (filiales ou unités commerciales et fonctionnelles). Mais les équipes ne se composent pas uniquement des salariés de l'entreprise. Elles peuvent également intégrer des clients, fournisseurs et autres partenaires de l'entreprise. Elles peuvent de ce fait constituer un lien entre l'organisation et l'environnement, en permettant d'élaborer des stratégies d'actions et d'améliorer le suivi sur le terrain. La formation de ces équipes peut donc répondre à des objectifs divers (prise de décision, coordination, contrôle, développement des activités) et avoir un caractère ponctuel (management d'interface, équipe-projet, groupe de travail) ou permanent (conseil d'administration, commission, comité de pilotage...).

Si l'organisation de ces équipes a été depuis plusieurs années fortement encouragée par les entreprises, ***le fait le plus marquant en termes de changement concerne le brassage de nationalités différentes*** (Earley, Gibson 2001 ; Petit, 1999). En effet, il y a encore quelques années, on parlait avant tout d'*équipes pluridisciplinaires* qui regroupaient des individus généralement de même nationalité mais ayant par leur fonction (métier) un savoir et un regard différent sur les problèmes posés. Or il ne s'agit plus ici simplement de regrouper des acteurs qui se distinguent par leurs compétences professionnelles. Les *équipes multiculturelles* demandent une collaboration étroite entre des individus de croyances, de valeurs et de comportements très différents (Chevrier, 2000). ***Ces équipes multiculturelles posent donc d'autres problèmes aux managers, en plaçant les différences dans un registre plus subjectif et sujet à des tensions plus graves.***

## 2.2 Pluridisciplinaire vs multiculturel : quelles différences ?

### ➤ *Les équipes pluridisciplinaires*

Dans le cas d'équipes pluridisciplinaires, même si des divergences peuvent exister (cf. relation entre la production et le marketing), les différences sont étroitement dépendantes des fonctions (métiers) de l'entreprise et de leur adaptation aux contraintes de l'environnement. La différenciation, au sein des équipes de travail, est donc de type fonctionnel, au sens de Lawrence et Lorsch (1967). Elle résulte avant tout d'un fractionnement du travail en différentes fonctions (ou compétences), en vue de répondre efficacement à des problèmes complexes et évolutifs. Chaque membre du groupe entretient donc, par sa fonction ou son métier, des relations particulières avec un domaine particulier de l'environnement (spécialisation). L'équipe se voit dès lors confrontée à un processus de différenciation, à partir duquel chaque individu en tant que représentant d'un métier ou d'une fonction, apporte son expérience professionnelle, en vue de répondre efficacement à la complexité de l'environnement. L'équipe pluridisciplinaire prend ainsi en charge une partie du sujet dans ses aspects techniques, selon la formation reçue et dans une logique de complémentarité. Chaque membre de l'équipe conserve donc au sein du collectif sa différence disciplinaire et professionnelle. Différence qui permet l'existence de référentiels théoriques et pratiques complémentaires, et qui demande de la part des responsables d'équipe un travail de coordination, pour gérer les risques de compétition interne et de fractionnement du sujet.

Ce type de différenciation n'est naturellement pas sans poser des problèmes. Les participants doivent notamment gérer activement les tâches et les processus, afin de ne pas perdre trop de temps et de ressources, pour se concentrer sur la recherche de solutions communes. Mais la recherche d'un objectif commun, la reconnaissance des spécialités de chacun, l'existence de liens professionnels (complémentarité) concourent à établir des modes d'interactions et d'échanges entre les membres de l'équipe. Dès lors, si la différenciation fonctionnelle peut créer des rivalités, elle remet rarement en question les objectifs et enjeux de la relation. Car la différenciation résulte d'un processus objectif fondé sur une démarche rationnelle (sélection des participants) et souhaitée par l'entreprise. La diversité est en effet initiée par l'organisation qui entend bénéficier de l'analyse et des qualités professionnelles des différents acteurs du groupe, pour traiter efficacement les problèmes de l'entreprise.

### ➤ *Les équipes multiculturelles*

Dans les équipes multiculturelles, la question de la différenciation se pose à un autre niveau. Elle vient s'ajouter aux problèmes posés par la gestion d'équipes pluridisciplinaires. La différenciation est ici abordée au sens de Tajfel (1981), à savoir comme la rencontre entre des cultures déjà établies qui vont réagir en fonction de leurs propres systèmes de références. La dimension culturelle est donc au centre de la relation : l'intangible, le sensuel, l'affectif y tiennent donc une place essentielle. La difficulté pour l'équipe s'accroît donc, dans la mesure où les différences ne relèvent pas simplement d'une dimension technique ou professionnelle. Elles font appel à d'autres dimensions, comme la croyance, les valeurs ou les normes des individus. Autant d'éléments qui viennent accroître les difficultés du travail collectif, avec l'intégration de membres dont les hypothèses culturelles ne sont pas forcément identiques en matière de conception et d'organisation du travail.

**Exemple**

> Par exemple, le sens donné aux mots contrôle, responsabilité ou performance diffèrent en fonction des cultures. Elles peuvent selon les cas revêtir une connotation positive ou négative et prendre une dimension individuelle ou collective. De même, les problèmes de management et d'autorité (hiérarchie, coordination, formalisation, communication) se posent différemment en fonction des nationalités en présence. Autant dire que la coopération entre nationalités différentes ne se produit pas spontanément.

La richesse de cette diversité peut donc fortement compliquer la dynamique du groupe car elle peut engendrer des problèmes de relations et d'incompréhensions de premier ordre entre les partenaires. Une mauvaise interprétation d'un message ou d'une attitude peut ainsi provoquer des tensions entre les membres de l'équipe et créer un clivage en fonction des origines culturelles de chacun. Le départ de certains membres, pour cause de désaccord ou de démotivation, est d'ailleurs assez fréquent et montre la fragilité de ces organisations par rapport à des équipes mono-culturelles. La question multiculturelle au sein des équipes de travail doit par conséquent être traitée comme une question à part dans le management des entreprises. Car sa nature et ses fondements diffèrent de ceux jusqu'à présent pratiqués par les entreprises. Naturellement, comme toute gestion de la diversité, de telles différences peuvent favoriser la créativité et l'innovation. Néanmoins, ce changement d'une autre ampleur ne peut être résolu par les mêmes méthodes et comportements.

## REPÈRES : Gérer des équipes multiculturelles : le cas EADS

Le groupe EADS est né le 10 juillet 2000 de la fusion entre la société française Aerospatiale-Matra, la société allemande DASA et le Groupe espagnol CASA. Compte tenu du poids des sociétés Aérospatatiale-Matra et DASA, la fusion a été essentiellement construite sur une parité actionnariale entre la France et l'Allemagne. Dans les secteurs de la défense et de l'aéronautique. les intérêts nationaux jouent un rôle primordial. L'historique des firmes, la forte implication de l'État ainsi que le poids des politiques nationales ont donc une influence prépondérante sur la structure des entreprises. La préparation du rapprochement a été particulièrement difficile à réaliser. D'un point de vue géographique, le regroupement a mis en lumière le problème de la localisation des centres de décisions, compte tenu de la position respective des partenaires. Cette question s'est révélée primordiale, dans la mesure où la qualité et le niveau de communication entre les sociétés dépendent fortement de la localisation géographique des activités. Il a ainsi été décidé de localiser le siège officiel sur un territoire neutre (à Amsterdam), afin de maintenir un certain équilibre entre les acteurs concernés. EADS est une société de droit néerlandais. Mais parallèlement à ce choix, le nouvel ensemble a dû se résoudre à faire appel aux centres de décisions situés à Paris (par exemple, direction de la stratégie et du marketing) et à Munich (par exemple, direction de la finance et de la communication). Cette contrainte a naturellement freiné la communication directe entre les parties. Les contacts professionnels et les relations interpersonnelles ont dû être multipliés par contacts directs ou visio-conférences. À cela s'ajoute l'existence de nombreux lieux de production et d'assemblage qui n'ont pas facilité la coopération et engendré une complexité logistique et organisationnelle. Sur le plan politique, afin de préserver la parité au niveau de l'équipe managériale, deux présidents exécutifs ont été nommés, un français et un allemand, assistés dans leurs fonctions par un comité exécutif, composé d'équipes pluriculturelles (France, Allemagne, Espagne). Le respect de l'équilibre des nationalités et des compétences a donc entraîné d'importants mouvements de personnel. Des projets fédérateurs ont également été mis en place pour favoriser les échanges intra-entreprise. De même, pour faciliter le transfert de personnes(une centaine de salariés était concernée), l'entreprise a mis en place des conditions de déplacement spécifiques. Mais cette politique demeure délicate à orchestrer, compte tenu de l'attachement du personnel à leur entreprise d'origine. D'autres questions ont dû également être réglées comme le problème de la mobilité fonctionnelle, des rémunérations et des structures sociales.

Confronté à des structures organisationnelles et des cultures d'entreprises différentes, le groupe EADS a mis en œuvre une politique de ressources humaines performante qui vise à favoriser l'émergence d'une culture européenne. Comme le souligne Jacques Massot, Senior Vice-President, DRH France, la création d'une culture commune passe par la recherche d'une troisième voie : « *Dans le cadre de chantiers d'intégration, il ne faut jamais adopter le système de l'autre. On doit trouver une autre solution. Cela demande certes un effort créatif mais de cette façon chaque partie a l'impression d'avoir fait un bout du chemin* ». Pour cela, une quinzaine de chantiers ont été mis en place pour créer une culture commune. Au total, environ 80 personnes ont travaillé sur l'harmonisation de la gestion des ressources humaines : « *il s'agissait de travailler par petit groupe de 5-6 personnes issues des trois nationalités sur différents projets* ». Ainsi, par exemple, le plan ESOP visait à offrir aux salariés de devenir actionnaires du Groupe, en vue de les fédérer autour du nouvel ensemble. Cette démarche fut cependant difficile à mettre en œuvre du fait des systèmes fiscaux français, allemand et espagnol dans une recherche d'équité. « *Le concept de société européenne est encore à construire. En faisant EADS, nous avons contribué à notre manière à faire l'Europe* ». La création d'un comité européen, innovant et original, en devançant la législation, a été aussi un élément d'insertion sociale. Son rôle consiste à préparer les négociations avec les organisations syndicales. De plus, l'adoption de l'anglais comme langue de travail a permis de faciliter le processus de collaboration entre les entités. Des crédits ont d'ailleurs été débloqués pour l'apprentissage de l'anglais. L'embauche de nouveaux arrivants a également contribué à favoriser l'émergence d'une culture EADS. Le groupe a mis en place un dispositif de formation qui s'est traduit par la création d'une université d'entreprise « *Corporate Business Academy* » qui doit contribuer à rapprocher les différents styles de management.

*Source :* Barabel, Le Boulch, Meier (2003), « Multicultural team management in the fields of civil and military aircraft, space, defence systems and services », working paper, University of Paris dauphine.

## 3 L'accélération de la mobilité géographique des cadres

S'il est important de former des cadres locaux et de leur permettre d'accéder à des postes de décision, l'expatriation[1] reste une des options choisies par l'entreprise pour superviser le transfert de savoir faire vers les unités locales (Cerdin, 2001). Le cadre expatrié est généralement une personne désignée par l'entreprise, pour occuper un poste dans une unité d'affaires ou une filiale à l'étranger. Traditionnellement, les cadres internationaux proviennent du même pays que le siège social de l'entreprise. Néanmoins, il peut arriver qu'ils soient également recrutés dans un pays tiers, pour occuper un poste dans une des filiales de la maison mère.

**REPÈRES : Expatriation et détachement – quelles différences ?**

Il existe différentes situations possibles pour un salarié appelé à travailler à l'étranger. En particulier, deux notions se complètent, celle du salarié détaché et celle du salarié expatrié. Ces deux notions sont souvent confondues dans le langage commun, même si elles ont une signification précise et distinctive, notamment si l'on se réfère au droit de la sécurité sociale et au statut juridique. On entend par détachement, l'envoi d'un salarié d'une entreprise ayant son siège dans son pays, qui se voit affecté à l'étranger pour une durée déterminée (en moyenne trois ans) et qui continue d'être rémunéré par son employeur. En droit social, le salarié détaché reste par conséquent sous contrat avec sa société d'origine et garde avec un elle un lien de subordination juridique. Une entreprise de nationalité française doit ainsi verser l'intégralité des cotisations salariales au régime de la sécurité sociale française. Le salarié détaché est de ce fait domicilié en France au même titre que son lieu de travail. À l'inverse, on parle d'expatriation quand un collaborateur est envoyé en poste fixe à l'étranger ou lorsque la durée de la mission excède les limites autorisées dans le cadre des procédures de détachement. En termes de protection sociale, le salarié expatrié relève du régime local et paie ses cotisations dans le pays où il travaille. Il est à noter qu'il existe d'autres formes de mobilité géographique comme le contrat local (embauche sur place par une société étrangère) qui peut parfois s'avérer pour les entreprises plus pratique et moins onéreux.

L'expatriation permet de transférer des compétences vers la filiale, de garder le contrôle des activités et d'aider à la formation des équipes locales. Les cadres expatriés, en partageant les valeurs, les connaissances et plus largement la culture du pays d'origine constituent un relais utile pour la résolution des problèmes que rencontrera la filiale (Barzantny, 1999). L'expatriation est également une façon pour l'entreprise d'offrir aux cadres expérimentés ou talentueux des perspectives de carrières intéressantes, en développant leurs aptitudes à manager des opérations internationales (ouverture culturelle, adaptation locale, gestion des risques).

1. Pour une analyse plus approfondie de ces questions, se reporter au chapitre 5 (section 3).

La décision d'expatriation demeure une mesure coûteuse pour l'entreprise qui est amplifiée en cas d'échec du cadre dans son affectation (Cerdin, Peretti, 2000). Elle est par conséquent réservée à quelques salariés confirmés ou à haut potentiel, et appliquée dans des circonstances précises (implantation, internationalisation des équipes, acquisition de nouvelles sociétés...). Elle repose avant tout sur un contrat moral et psychologique entre le groupe international et ses managers. D'un côté, l'entreprise s'engage à accompagner l'expatrié dans sa gestion de carrière internationale (formation, tutorat, coaching, assistance technique[1]) en veillant à réduire le choc culturel et à compenser les risques par divers avantages (rémunération, logement, gestion professionnelle du conjoint(e), plan de carrière). Le cadre à l'international accepte, quant à lui, les risques encourus et prend part au développement de l'entreprise, en faisant valoir sa culture et son savoir faire.

Notons que dans ce domaine, la France apparaît en retard par rapport à certains pays – hors États-Unis, comme en témoigne le rapport du Conseil Économique et Social (CES) établi en 1999.

| **Pays** | **Proportion de ressortissants à l'étranger (nbre de ressortissants/population totale)** |
|---|---|
| France | 2,9 % |
| Allemagne | 5,5 % |
| Grande Bretagne | 6 % |
| Italie | 11 % |
| Japon | 8 % |
| Suisse | 12 % |

*Source* : Expatriation : les Français établis hors de France. Rapports du CES, 1999.

Néanmoins, les cadres français sont de plus en plus nombreux à passer le cap, selon les estimations de la Maison des Français à l'Étranger (MFE) : 300 000 chaque année et 15 % de plus sur les cinq dernières années (Pauly-Maillat, 2003). Mais si l'expatriation constitue une pratique dans de nombreuses entreprises, quelques précautions s'imposent. En effet, Si l'expatriation apparaît comme un moyen d'internationaliser les cadres à haut potentiel, cette expérience à l'international est un révélateur puissant des différences culturelles vécues au quotidien. Tout cadre d'entreprise et sa famille vivant dans un pays étranger n'évite donc pas l'épreuve du choc des cultures (Solomon, 1994 ; Briody, Chrisman, 1991).

1. D'après Brewer (1988) et Nancy et Ghadar (1990), les programmes de « pré-départ » aux futurs expatriés demeurent relativement limités au sein des entreprises américaines. Ils concernent principalement des formations à la culture du pays d'accueil mais ne comprennent pas forcément des cours de langue. Les multinationales européennes proposent, quant à elles, plus de préparation sous la forme de cours traditionnels, de mise en situation ou de visites dans les pays où sont envoyés les expatriés. Il convient cependant de noter que la plupart des firmes modifient le contenu de leurs programmes de préparation à l'expatriation afin de les rendre plus en rapport avec l'environnement et les tâches à réaliser.

# Section 2 LES AVANTAGES DE LA DIVERSITÉ POUR LES ENTREPRISES

Dans ce contexte de mondialisation, la diversité culturelle s'impose comme un élément central du management. Pour les entreprises, cette réalité se révèle très difficile à aborder. Il convient donc d'en comprendre les avantages potentiels et les problèmes qu'elle pose aux entreprises. La diversité culturelle ne doit pas uniquement se voir comme une contrainte ni comme une simple conséquence de la nécessaire adaptation aux évolutions du marché. La diversité des cultures peut constituer, pour les entreprises, un véritable avantage concurrentiel (Hoecklin, 1994 ; Adler, 1980).

## 1 S'adapter aux contextes locaux

La diversité culturelle apporte un éclairage nouveau et ciblé sur les préférences des consommateurs, en fonction du pays et des évolutions de la société. Elle permet ainsi à une entreprise multiculturelle d'avoir une meilleure connaissance et compréhension de ses marchés, en ayant une pratique des habitudes et usages des populations concernées. D'ailleurs, la composition d'équipes culturelles mixtes ne se limite pas à une ouverture sur l'autre (sensibilité culturelle), elle permet également à l'entreprise de présenter un visage local à la clientèle, en se positionnant de manière ciblée sur ses différents marchés. En effet, il apparaît bien souvent essentiel pour pénétrer durablement un marché étranger que l'entreprise ait en son sein des équipes parlant la langue du pays et ayant une parfaite maîtrise des traditions et règles, afin de pouvoir dialoguer efficacement avec les différents partenaires locaux (clients, fournisseurs, autorités locales, partenaires).

La prise en compte des facteurs culturels d'un pays permet donc d'avoir une meilleure connaissance du marché visé, de mieux se faire comprendre mais aussi d'adapter sa politique commerciale (nom de la marque, produit, communication) en fonction des valeurs et attentes de la culture du pays. Une telle démarche peut ainsi permettre de se démarquer de ses concurrents, en créant en amont de la relation un climat de confiance avec ses futurs clients et partenaires.

## 2 Innover par la confrontation de points de vue

D'après les travaux de Batlett (1989), l'innovation constitue un des objectifs prioritaires, dont les entreprises multiculturelles peuvent bénéficier en raison des avantages liés à l'exploitation des différences. Les différences entre cultures sont en effet considérées comme un moyen d'élargir la base de connaissance d'un groupe, en lui permettant d'accéder à d'autres croyances, valeurs et normes de conduite. Or la création de nouvelles connaissances constitue aujourd'hui une ressource stratégique sur laquelle l'entreprise peut bâtir des avantages concurrentiels distinctifs et améliorer sa compétitivité. En particulier, la confrontation à des environnements différents, l'échange et le partage d'expériences, la rotation de postes au sein des filiales et entre le siège et ses unités, contribuent à influencer les modes de pensées et d'actions des individus (Ingham, 2002). Ils permettent notamment de mettre à l'épreuve de la réalité les éléments de certitude qui empêchent bien souvent l'individu de progresser par ignorance ou absence de contradictions. La réalité interculturelle offre par conséquent l'occasion d'une confrontation des idées et des analyses, en faisant émerger de nouvelles hypothèses fondées sur des connaissances spécifiques issues de contextes culturels différents. Elle permet de réduire les risques d'enfermement lié au faux sentiment de sécurité que procure un mode de pensée unique. La diversité culturelle offre aux responsables un ensemble plus large de solutions (alternatives) pour résoudre des problèmes complexes, en explorant des voies nouvelles. Elle constitue par conséquent une aide précieuse dans la résolution de situations délicates, en stimulant l'innovation et la créativité des acteurs (Cox, Blake, 1991).

Il convient néanmoins d'éviter que ces mécanismes d'adaptation et d'innovation se limitent à certaines composantes de la firme (apprentissage local) et puissent être diffusés à l'ensemble de l'organisation. Ceci implique très souvent un engagement fort de la direction de l'entreprise et la mise en place de programmes d'actions spécifiques en dehors des structures classiques existantes. Le cas Aventis issu de la fusion entre Hoescht et Rhône-Poulenc montre l'importance d'une telle démarche pour que puissent se réaliser de véritables synergies culturelles entre les équipes.

**Exemple**

Né de la fusion en 1999 entre les entreprises française et allemande Hoescht et Rhône-Poulenc, le Groupe Aventis a engagé une véritable politique d'intégration culturelle post-fusion. Au-delà des motivations stratégiques (effet de taille, pouvoir de marché, synergies), ce type de rapprochement présentait en effet des risques potentiels d'un point de vue culturel. Il mettait en relation deux entreprises leaders dans l'industrie des "sciences de la vie" œuvrant sur les mêmes marchés et de nationalités différentes (France et Allemagne) et ayant valeur d'exemple dans leur pays respectif. De plus, la répartition « quasi-égalitaire » des deux partenaires rendait la redistribution des cartes de pouvoir au sein du nouveau groupe délicate à gérer. Mal gérée, l'annonce d'une telle opération pouvait par conséquent engendrer des conflits internes entre les membres des deux entreprises concernées et le départ des meilleurs potentiels. La direction du nouvel ensemble s'est par conséquent engagée dans un processus destiné à valoriser les différences culturelles dans les domaines de l'innovation et de la performance, en s'attachant à favoriser une meilleure compréhension entre les cultures du groupe. 280 groupes de travail ont ainsi été constitués pour renouveler les pratiques managériales et répondre aux inquiétudes concernant la répartition des postes clés entre Français et Allemands. Près de 3 400 personnes ont été associées aux réflexions sur l'organisation et les métiers de l'entreprise ainsi que sur les questions de mixité culturelle au sein de la nouvelle organisation. Par ce travail de fond, le groupe a ainsi pu mettre en place des fondements solides pour son organisation (limitant fortement les résistances culturelles et humaines) et créer ainsi une culture commune, source de cohésion, fondée sur les qualités et les spécificités des différents membres de l'entreprise.

## 3 Attirer des cadres à haut potentiel

La diversité culturelle peut servir les intérêts de l'entreprise en matière de gestion des ressources humaines. Elle peut en particulier permettre d'attirer les cadres les plus talentueux, en leur offrant des perspectives intéressantes d'évolution de carrière. Sur de nombreux marchés, la concurrence à l'embauche de personnel de talent est intense. La solution qui consiste à proposer des salaires plus élevés n'est donc pas toujours suffisante car les employés, dont le niveau de salaire est la seule motivation, n'hésiteront pas à quitter l'entreprise pour un salaire plus élevé.

**Exemple**

Le Groupe Danone a fait de la diversité culturelle un des axes stratégiques de sa politique de ressources humaines, en mettant l'accent sur l'internationalisation des équipes La politique du Groupe est en effet orientée sur le développement des managers internationaux à haut potentiel L'entreprise entend ainsi attirer des cadres à haut potentiel ayant une expérience ou des ambitions à l'international.

Des entreprises multiculturelles peuvent par conséquent constituer un atout dans le choix final des salariés les plus compétents, en favorisant le développement et la promotion des plus talentueux, quel que soit leur pays d'origine. Dans un environnement où les changements sont rapides et inévitables, avoir la possibilité de vivre des situations relationnelles nouvelles et complexes peut en effet devenir un avantage dans la gestion d'une carrière professionnelle. En s'insérant dans différents univers et en apprenant à s'adapter rapidement à un environnement nouveau, les employés apprennent à gérer l'incertitude et la complexité. Cette expérience peut leur permettre de faire face à des situations inhabituelles présentant des risques élevés et révéler ainsi leurs qualités personnelles (tolérance, ouverture, adaptation) et professionnelles (initiative, ténacité, engagement).

De plus, travailler dans un environnement interculturel permet d'acquérir une culture générale et d'apprendre sur les autres mais aussi sur soi. En particulier, les relations interculturelles permettent aux individus d'avoir une vision élargie de leurs métiers et de leur environnement, en fonction du contexte et des situations. Enfin, travailler dans une entreprise multiculturelle favorise la pratique des langues étrangères et permet de mieux comprendre les usages et pratiques de ses différents interlocuteurs lors de relations professionnelles.

# 4 Répondre à la complexité de l'environnement

De nombreuses entreprises restent encore largement attachées au modèle hiérarchique pour coordonner et gérer leurs différentes activités : Ce modèle est généralement adapté aux situations stables et prévisibles. Il est basé sur l'autorité (statut) et non forcement sur la compétence, et s'appuie sur un système d'information simple (de type descendant) et une structure lourde avec différents échelons à fonctionnalités compartimentées Il peut occasionner des goulots d'étranglement au sommet et provoquer des conflits entre la base et le sommet, lors des ajustements. En termes d'évolution, ce mode d'organisation peut également constituer un frein aux changements (innovations) au profit du statut quo, et montrer rapidement ses limites, lorsqu'il s'agit de répondre à la complexité de l'environnement.

La diversité culturelle peut constituer une réponse à ces insuffisances, si elle est bien mise en valeur. Le développement d'équipes interculturelles se présente en effet comme une réponse organisationnelle à un environnement exigeant (Jackson et al., 1991), en insufflant de la souplesse dans les entreprises qui pratiquent ce modèle d'organisation. Elle peut en particulier assouplir certains principes d'organisation, tels que la coordination hiérarchique ou l'unité de commandement qui constituent (très souvent) un frein dans le cas de changements fréquents et rapides. La diversité culturelle permet également d'améliorer la manière de fonctionner de l'entreprise, en favorisant des systèmes d'apprentissage appropriés. La complexité des organisations mondiales impose en effet aux responsables de repenser leur mode de fonctionnement, notamment en matière de responsabilités et de gestion de projets. Ceci suppose une analyse renouvelée du fonctionnement des organisations (logique contributive, approche transversale, gestion de projets) et une politique d'adaptation des cadres à ce nouveau contexte de travail. La diversité culturelle, en instaurant comme critère d'efficacité, la pluralité et l'hétérogénéité, contribue fortement à changer les mentalités et à créer des conditions nouvelles dans la manière de gérer les équipes et d'organiser le travail des salariés.

**Exemple**

Confronté à une modification de son périmètre d'activités, le Groupe Renault, depuis son rapprochement avec Nissan et l'acquisition de nouvelles marques (RSM et Dacia) avec les difficultés qui en résultent en matière de fabrication et de commercialisation, a dû repenser son mode d'organisation et de fonctionnement. Ceci l'a notamment conduit à revoir son mode d'animation et de formation de ses équipes autour d'une logique de management de projet axée sur la décentralisation des responsabilités et un mode de fonctionnement transversal. L'entreprise a par conséquent tiré partie de ses nouvelles contraintes pour trouver de nouveaux leviers d'actions à son développement, en particulier en matière d'innovation et de flexibilité.

## Synthèse

La diversité culturelle peut ainsi constituer, pour les entreprises internationales, une source d'avantages concurrentiels. Les bénéfices de la diversité ne se limitent pas à un domaine spécifique. Ils peuvent être recherchés dans des domaines aussi différents que la politique commerciale de la firme, le management des ressources humaines ou la gestion du changement. Le tableau ci-après résume les différents apports d'une gestion efficace de la diversité.

Tableau 3.1 – *Apports de la diversité culturelle*

| Domaines concernés | Bénéfices attendus |
|---|---|
| **Marketing et Commerce** | Capacité de répondre rapidement et directement aux attentes et préférences des marchés locaux. |
| **Gestion des Ressources Humaines** | Capacité d'enrichir personnellement les salariés de l'entreprise et de développer chez eux de nouvelles aptitudes et sensibilités.<br>Capacité de recruter et fidéliser des personnes de cultures et d'horizons différents. |
| **Gestion et Organisation** | Capacité de réduire les coûts et d'augmenter la flexibilité de l'organisation par une meilleure allocation des ressources et une plus grande réactivité face à des besoins variés et aux évolutions de l'environnement. |
| **Prise de décisions** | Capacité accrue de résoudre des problèmes complexes, grâce à la diversité des compétences au sein des équipes. |
| **Analyse et réflexions** | Capacité de minimiser les risques de conformité et d'inertie, grâce à la confrontation des points de vues au sein des équipes. |

*Source* : adaptation de T.H. Cox et S. Blake (1991), Managing cultural diversity for organizational competitiveness, Academy of Management Executive, Vol.3, n° 5, p. 45-56.

## Section 3 LES RISQUES DE LA DIVERSITÉ POUR LES ENTREPRISES

Dans la pratique, il est beaucoup plus difficile d'exploiter les avantages de la diversité, en particulier au sein des grandes entreprises, et ce pour deux raisons : la première tient au nombre considérable de domaines dans lesquels les différences se manifestent, et la seconde à la nécessité de préserver la cohésion de l'entreprise en même temps que sa diversité. Un certain nombre d'études (Jehn *et al* ; 1999 ;

Thomas et Ely, 1996) montrent d'ailleurs que la diversité peut affecter négativement les processus organisationnels et la performance des entreprises.

## 1 Susciter des incompréhensions

Lorsque les membres d'un groupe partagent la même culture nationale, les solutions apportées ont des chances d'être plus rapides et naturelles et de demander moins d'efforts. À l'inverse, la diversité des équipes peut ralentir le processus de réalisation, en suscitant des incompréhensions. Elle peut en effet limiter les flux de communication (entre les membres), en raison de la difficulté à comprendre une langue étrangère. Mais les différences culturelles peuvent également concerner le comportement des acteurs qui peut en fonction de la culture, analyser différemment une situation et agir ainsi de façon spécifique. Ces écarts culturels peuvent dès lors rendre intelligibles certains comportements (ou actions) et créer des malentendus au sein des équipes de travail.

**Exemple**

Aux États-Unis, il est d'usage pour un employé de présenter clairement ses ambitions, ses qualités et réalisations, en vue de se positionner rapidement auprès de son environnement professionnel. Ceci s'explique par la réalité économique de ce pays qui tend à développer chez l'individu des logiques de survie face à la concurrence et à l'insécurité de l'emploi. Ceci impose à tout futur salarié de se montrer sous le meilleur du jour, afin de s'imposer auprès des autres membres de l'organisation. Faire état de ses talents, de son expérience passée et de ses réussites sont donc considérés Outre Atlantique comme un acte normal qui révèle un désir d'intégration. Afficher un tel comportement peut en revanche être perçu négativement par des responsables français. En effet, dans une équipe française, il est préférable que les qualités du nouvel arrivé soient connues de façon indirecte, soit par réputation (notoriété professionnelle), soit par l'entremise d'autres acteurs de l'organisation. L'attitude américaine en France sera par conséquent interprétée comme une preuve d'arrogance et de vantardise. À l'inverse, l'américain qui attend de son homologue français une attitude franche et directe, considérera la position française comme un manque d'assurance et une absence de motivation.

## 2 Accentuer les dysfonctionnements

Des échanges interculturels fréquents peuvent poser de réels problèmes d'organisation, en raison de la difficulté à comprendre le système de références de personnes de nationalités différentes. En effet, lorsqu'une personne coopère avec une autre, elle n'agit pas seulement en tant qu'individu. Elle va également se comporter et réagir en fonction de son histoire, de sa culture, c'est-à-dire comme membre d'une communauté donnée avec ses spécificités linguistiques, juridiques, sociales, ethniques et religieuses (Amado, Faucheux et Laurent, 1990). Les différences de nationalités sein d'une entreprise donnée peuvent par conséquent entraîner des oppositions au niveau du style et du système de management, compte tenu des valeurs privilégiées par chaque culture (Kluckhohn, Strodtbeck, 1961). Ces choix en fonction du pays peuvent alors conduire à des différences marquées au niveau des principes d'organisation et des pratiques managériales (mécanismes de décision, gestion du risque, attitude à l'égard de la hiérarchie, l'approche du travail en équipe...). Autant d'éléments qui peuvent freiner la productivité et l'efficacité des entreprises.

**Exemple**

Les valeurs fondamentales peuvent varier d'un pays à l'autre, comme le montre l'exemple de la France, des États-Unis et des Pays-Bas, dans le domaine des pratiques de gestion et d'organisation. En France, où il faut avant tout tenir son rang, les attentes des salariés portent principalement sur la logique de l'honneur. Aux Pays-Bas, la position recherchée prioritairement est l'instauration d'un consensus entre les parties. Aux États-Unis, la valeur prédominante est l'établissement de relations contractuelles. Une même action engagée sur plusieurs filiales d'une même entreprise peut par conséquent donner lieu à des réactions et des interprétations différentes car l'importance des actions peut varier avec les cultures. Ceci montre que les méthodes de gestion ne sont pas toujours transférables d'une culture à une autre et demandent souvent des adaptations et ajustements.

## 3 Accélérer le taux de rotation du personnel

La stabilisation du personnel dépend de la capacité de l'entreprise à créer les conditions de sécurité et de stabilité dans le cadre de son organisation du travail. Ceci implique notamment la possibilité d'assurer un cadre d'action précis et clair, et d'inscrire l'action de l'individu dans la durée. Cela suppose également de créer des relations entre les collaborateurs de l'entreprise, en favorisant les rencontres, la continuité des contacts et la mise en place d'équipes de travail soudée et solidaire. C'est en effet de cette manière que l'entreprise peut progressivement créer une stabilité au sein de son organisation, en favorisant l'esprit d'équipe et le sentiment d'intérêt général. Pour ce faire, l'entreprise a besoin de fédérer des acteurs autour de projets ou d'actions, leur faisant prendre conscience que leurs ressemblances sont supérieures à leurs différences. Dès lors, l'arrivée de nouveaux arrivants de cultures très différentes en nombre important (dans le cadre de recrutement massif ou de politique de fusions-acquisitions) peut venir rapidement endiguer ce processus de construction collective, en créant des tensions et des rivalités entre les nouveaux et les anciens salariés. L'existence d'un vécu particulier, l'adhésion à des valeurs et des normes distinctives, la mise en avant de compétences spécifiques sont en effet à même de provoquer une compétition entre les groupes culturels. Une telle situation a naturellement des conséquences sur la performance des équipes, le climat social et la stratégie personnelle des acteurs (redistribution des cartes de pouvoirs et de légitimités). Il y a donc un réel risque d'assister au départ de personnes clés de l'organisation (anciennes ou récemment recrutés), selon l'évolution des positions de chacun au sein de la structure et l'intensité des conflits interpersonnels. Une diversité non comprise par les acteurs et mal gérée peut de ce fait accélérer la rotation du personnel et créer une instabilité interne. Les effets d'un turnover fréquent sont principalement un affaiblissement de la culture d'origine, une perte de motivation, l'absence d'engagement et une dégradation de la performance de l'entreprise. Naturellement, la question du turnover peut aussi présenter un intérêt pour l'entreprise, en particulier dans le cadre de politiques de changements ou d'innovation. Mais ces politiques ne peuvent constituer une démarche permanente. Il est donc nécessaire de bien veiller à ce que la diversité ne crée pas les conditions d'un mouvement chaotique continuel, où l'instabilité et le désordre deviennent les nouvelles règles de l'entreprise.

## 4 Limiter les gains liés à la standardisation des tâches

Dans un souci d'accroissement de la productivité et d'efficience, la standardisation des tâches fait figure de politique essentielle pour améliorer l'efficacité des équipes et accélérer le rythme de travail. De façon générale, l'organisation du travail fondée sur la standardisation des tâches repose principalement sur la division du travail, à savoir un découpage de la production en opérations élémentaires simples et sur une rationalisation des modes opératoires permettant d'élever la vitesse de réalisation. Par la standardisation, les collaborateurs de l'entreprise disposent d'un cadre rationnel et prévisible qui permet de respecter une cadence de production plus rapide et d'obtenir des performances élevées par des économies de coûts et une réduction des temps opératoires. Dans ce type de modèle, il y a une séparation claire entre le travail opérationnel et le travail fonctionnel qui prépare, coordonne et contrôle. Selon cette vision, l'organisation est essentiellement composée d'acteurs ayant des profils, des attitudes et des attentes semblables qui agissent de façon logique et impersonnelle. Chaque acteur se voit confier une fonction précise, où le rendement est étroitement lié à l'absence d'effort mental, ce qui permet d'exécuter la tâche rapidement et de réduire ainsi le cycle de travail. La standardisation des tâches est par conséquent un système qui trouve son efficacité dans la formation d'équipes homogènes (unité du personnel, ordre, discipline) et dans la recherche d'une plus grande harmonisation des pratiques (stabilité, homogénéité, cohérence). Ce mode d'organisation présente aussi l'avantage de réduire l'importance du management (supervision, contrôle, coordination) compte tenu de la simplification du travail et de l'absence d'initiative personnelle. Dans ce modèle d'organisation, la question des différences ne se pose donc et le management se limite à des considérations essentiellement techniques.

Dès lors, une entreprise s'appuyant sur un personnel diversifié, ayant un vécu, des attentes et des revendications spécifiques, risque de mettre à mal une telle conception de l'organisation du travail. La diversité culturelle peut en effet limiter les gains liés à la standardisation des tâches (Miliken et Martins, 1996), en introduisant dans l'organisation des sous-cultures susceptibles de renforcer les différences au sein des équipes de travail et donc les comparaisons interculturelles. La diversité est en effet propice au développement d'équipes hétérogènes et peut faire perdre à l'organisation une partie de sa cohérence et sa cohésion interne. Elle peut notamment créer des conflits de rationalités au sein des groupes de travail, à travers le poids accordé à certaines minorités et le développement de revendications à forte dominante identitaire. Elle peut aussi perturber le processus d'organisation et de fonctionnement de l'entreprise (perte de temps) et augmenter les coûts de coordination et de contrôle. L'existence d'équipes plurielles risque par conséquent de provoquer une situation d'instabilité et de désordre, en créant de nouvelles logiques organisationnelles qui peuvent amener à modifier la nature des rapports interpersonnels et les relations entre les acteurs et l'entreprise.

## 5 Générer des conflits

La réalité de la diversité peut se révéler particulièrement délicate à gérer, en raison de facteurs de compétition interne et externe (critères de performance, recherche de solutions ou de gains) et de la dispersion géographique qui caractérise les équipes ou organisations internationales. L'exigence de résultats, la pression temporelle, l'absence de liens de proximité entre les équipes peuvent en effet accentuer les différences culturelles et créer des conflits destructeurs de valeur pour l'entreprise, comme le montre le rapprochement entre Daimler Benz et Chrysler.

**Exemple**

Le rapprochement entre Daimler Benz et Chrysler dans le domaine de l'automobile témoigne du danger de ces différences et leur impact sur la performance. La relation entre les deux constructeurs a en effet rapidement mis en lumière des oppositions fortes en matière d'organisation, de management des hommes (politique de rémunération et relation avec les syndicats) et de gestion commerciale (appréhension différente du marché). Ceci a eu notamment pour conséquence de créer de fortes tensions au sein des équipes interculturelles et de retarder un certain nombre d'actions au niveau commercial. Ainsi, le rapprochement de Daimler et de Chrysler qui était présenté comme une « fusion entre égaux » a très vite évolué vers une domination du constructeur allemand, avec des départs massifs, volontaires ou forcés de hauts responsables de Chrysler. Ne pas prendre en compte l'impact culturel dans le management d'une fusion-acquisition internationale peut dès lors créer d'importantes désillusions.

# Synthèse

Il importe que le management puisse être en mesure de gérer la réalité plurielle des organisations, si l'on veut éviter des problèmes de susceptibilités et plus généralement des conflits entre cultures. Ainsi, si la différence entre cultures peut alimenter la créativité et l'innovation au sein des équipes, elle ne va pas de soi. Les organisations multiculturelles ne se constituent pas naturellement. Elles demandent de la part des dirigeants de l'attention et des efforts, afin de créer une véritable dynamique de groupe. La multiplicité des domaines dans lesquels s'exprime la diversité pose donc un problème très compliqué aux entreprises. Devant cette complexité, il n'est guère surprenant que de nombreuses entreprises se déclarent favorables à la diversité – en termes assez généraux – sans pour autant prendre de mesures concrètes dans ce sens. Il est présenté ci-après les principaux risques posés par la diversité culturelle.

Tableau 3.2 – *Dangers de la diversité*

| Domaines concernés | Risques potentiels |
|---|---|
| **Marketing et Commerce** | Risques de concurrence interne<br>Risques de cannibalisation des offres |
| **Gestion des Ressources Humaines** | Relations conflictuelles<br>Problèmes de susceptibilités<br>Logique de clivage eux-nous<br>Dégradation générale du climat social |
| **Gestion et Organisation** | Constitution de « baronnies » (logique de clans)<br>Risques de perturbation<br>Absence de synergie – coopération limitée |
| **Prise de décisions** | Conflits d'objectifs et d'intérêts<br>Lenteur du processus de décision |

## L'essentiel

Le développement international des entreprises vient considérablement accélérer et modifier l'organisation et la gestion des relations entre firmes. Le rôle des organisations internationales et des équipes multiculturelles deviennent dès lors des enjeux essentiels du management moderne, ouvrant la voie à de nouvelles contraintes mais aussi à de nouvelles opportunités de croissance. Le management de la diversité peut en effet permettre d'avoir un éclairage nouveau et ciblé sur les préférences culturelles et sociales des marchés, en fonction du pays et des évolutions sociétales. Il permet aussi d'éviter les logiques de conformité par rapport à une norme donnée, en introduisant dans les réflexions des approches différentes. Elle peut également renforcer la flexibilité et l'efficacité interne des organisations, en l'obligeant à s'adapter et à innover. Enfin, la diversité culturelle peut servir les intérêts de l'entreprise en matière de gestion des ressources humaines, en lui permettant d'attirer et de retenir les cadres les plus talentueux intéressés par des perspectives d'évolution de carrières.

Mais ce management de la diversité n'est pas sans risque. Il pose notamment le problème de la gestion des différences au sein des équipes, qu'il s'agisse de projets internes ou de relations issues de fusions, acquisitions ou alliances stratégiques. Il y a donc la nécessité d'insérer cette diversité culturelle dans un cadre cohérent et structuré qui permette une convergence des actions.

# 4 LES CONFLITS CULTURELS AU SEIN DES ORGANISATIONS

Au-delà des différences, les relations interculturelles à l'intérieur et à l'extérieur des entreprises ne sont pas simples à gérer, en raison de processus cognitifs, affectifs et comportementaux qui sont de nature à engendrer des tensions entre les groupes. Les perceptions sélectives, la peur de la différence, les préjugés, la tendance à la schématisation constituent des filtres et des écrans qui font obstacle à une ouverture sur l'autre et à la reconnaissance des diversités. La relation entre groupes culturels distincts présente par conséquent des risques qui peuvent évoluer vers la domination ou des conflits graves en cas de résistance active des autres groupes culturels.





## Section 1 LES MÉCANISMES DES CONFLITS CULTURELS

Cette section étudie la nature des relations entre des groupes d'individus et le choc culturel qui en résulte. En effet, les situations de frictions interculturelles ne manquent pas au sein des équipes composées d'acteurs de nationalités différentes. De même, les relations entre entreprises de cultures différentes sont propices à des divergences de valeurs et de comportements qui peuvent nuire au développement de la firme. La culture devient dès lors un outil d'analyse à travers lequel nous regardons et jugeons l'autre. La tendance naturelle de tout individu consiste généralement à appréhender l'autre par rapport à sa propre culture, en instaurant une forme de hiérarchisation entre les cultures. Cette hiérarchie n'est autre que le fruit d'une comparaison interculturelle qui tend à renforcer la distance culturelle entre les groupes. Il est intéressant de noter que cette opposition peut se révéler très souvent supérieure à la réalité des écarts observés. Le danger réside par conséquent dans la menace des stéréotypes et autres généralisations négatives à l'encontre des autres cultures.

## 1 La catégorisation culturelle

La notion de catégorisation relève du principe d'économie cognitive. La plupart des recherches en psychologie cognitive s'accordent sur le fait que face à un nombre élevé d'informations, les individus ont recours à des catégories, afin de simplifier la réalité. Par conséquent, un individu ne peut se concentrer sur les caractéristiques individuelles (attributs) de chaque personne qu'il rencontre. Un tel exercice lui serait impossible et trop coûteux en termes de temps. Dans sa relation à l'autre, l'individu va dès lors chercher à le catégoriser, c'est-à-dire le classer dans différentes classes (groupes), en le jugeant sur un nombre limité de variables qu'il juge distinctives (Tajfel, 1981). Selon le principe de catégorisation cognitive, l'information sur le groupe va dès lors primer sur l'analyse approfondie des spécificités de chaque personne. Cette logique de catégorisation va ainsi permettre à l'individu de mettre de l'ordre dans ce qui l'entoure (Biernat, Vescio, 1993), en lui permettant de s'orienter et d'agir. Il fera ainsi appel à ces connaissances et à ces préférences concernant ces différents groupes, afin de déterminer avec quelle personne du groupe il souhaite communiquer et coopérer. La catégorisation est nécessaire à l'ajustement social d'un individu (McGarty, Turner, 1992). Elle permet d'aborder l'autre, non pas en tant que personne prise dans sa spécificité mais comme un membre d'une catégorie sociale donnée. Les conséquences cognitives de la catégorisation sociale sont nombreuses. Elles conduisent à percevoir les différences entre les membres de catégories ou groupes différents comme étant plus importantes qu'elles ne le sont en réalité. Inversement, elles tendent à exagérer les similarités entre membres d'un même groupe. La catégorisation a donc pour principal effet d'accentuer les similarités intragroupes et les différences intergroupes (Ashforth, Mael, 1989). Ce mécanisme cognitif conduit par conséquent à aborder les relations humaines, selon une perspective de comparaisons entre groupes. Dans la relation à l'autre, l'individu va ainsi analyser ce qui l'entoure, en distinguant le groupe auquel il se rattache (*endogroupe*) des autres formations *(exogroupes)*.

## 2 La comparaison et la hiérarchisation des valeurs

Établir une comparaison entre groupes a une signification précise pour l'individu. L'individu va à cette occasion pouvoir exprimer certaines valeurs, en montrant son adhésion à l'égard du groupe auquel il est rattaché et une distance à l'encontre des autres groupes. Par conséquent, l'existence d'un groupe extérieur (*out-group*) contribue à faire prendre conscience de son appartenance à son groupe culturel d'origine (*in-group*), à travers une logique de comparaison[1]. Cette comparaison interculturelle va notamment consister à analyser les ressemblances et les différences entre groupes, en cherchant à mettre en évidence des traits caractéristiques pour situer l'autre différentiellement (Tajfel et al., 1971). Elle peut avoir pour effet de créer une forme de discrimination (attitude négative) à l'égard des membres de l'autre groupe (Dovidio, Gaertner, 1986). Il est en effet parfois plus simple et naturel de se raccrocher même abusivement aux valeurs culturelles d'un groupe connu que de quitter son système de référence pour se mettre à la place de l'autre. Par conséquent, la tentation de dévaloriser les caractéristiques catégorielles de l'autre groupe, pour mieux faire valoir son propre système de valeurs, constitue une pratique assez fréquente (Schäferhoff, 1992).

## 3 L'exagération des distances culturelles

Certaines situations interculturelles peuvent contribuer à accentuer le processus de discrimination vis-à-vis de groupes exogènes. C'est notamment le cas, lorsque deux groupes culturels sont en compétition. En effet, la compétition entre deux groupes peut occasionner des changements d'attitudes et de comportements (Turner, 1991) et modifier durablement les perceptions. Ceci s'explique par la nature de l'enjeu (obtention d'un gain) et les risques qui y sont associés (perte de la légitimité ou de l'identité de son propre groupe). Face à cette menace, chaque individu va avoir tendance à se rencentrer sur ses propres valeurs et chercher à défendre son groupe culturel d'origine. Le processus de différenciation devient dès lors un enjeu de pouvoir et de domination. Ce type de situation peut dès lors se traduire par la volonté de chacun d'accroître l'autorité de son groupe culturel, en veillant à s'attribuer les réussites et inversement à reporter sur l'autre groupe les situations d'échecs, même lorsque les faits donnent raison à l'autre formation. Pour Sherif (1966), les conséquences pour les deux groupes sont multiples et incluent notamment :

- l'impression d'une menace continue sur les intérêts de son groupe d'appartenance (endogroupe) ;
- le développement de sentiments hostiles à l'égard de l'autre groupe (exogroupe) ;

1. Traduction française : endogroupe et exogroupe.

- le renforcement des liens de solidarité et de loyauté vis-à-vis de son groupe d'origine ;
- la volonté de consolider les frontières intergroupes dans le but de protéger ses intérêts ;
- le développement de stéréotypes négatifs envers l'autre groupe (exogroupe).

Ainsi, la perception de distances culturelles entre groupes (ou sous-groupes) peut être fortement altérée en fonction du contexte dans lequel interagissent les acteurs de l'organisation. En particulier, le renforcement des distances culturelles est d'autant plus fort, lorsque les groupes en question ressentent un risque de perte de pouvoir ou d'indépendance dans leur relation à l'autre. De ce fait, l'existence d'une autorité supérieure ayant valeur d'arbitre, garante des libertés de chacun peut contribuer à réduire les risques de compétition et donc la création d'un clivage entre les différentes formations.

## Section 2 LES ERREURS COURANTES À L'ORIGINE DES CONFLITS CULTURELS

De manière générale, l'existence de conflits entre groupes provient de l'utilisation consciente ou inconsciente d'une simplification de la réalité, au travers de stéréotypes, de préjugés ou de jugements de valeurs. La confrontation à un autre groupe engendre, en effet, des idées préconçues qui permettent à l'individu de réduire la complexité (simplification cognitive), d'augmenter le sentiment de sécurité (refus de sortir de son cadre de référence) et de renforcer son estime de soi par une dévalorisation de l'autre (subjectivité des perceptions).

### 1 Les stéréotypes

Les stéréotypes se fondent sur le principe d'économie cognitive (ressources cognitives limitées) qui conduit l'individu à recourir à établir des *catégories*. Plus précisément, les stéréotypes sont des croyances instantanées que les personnes ou les groupes sociaux portent les uns sur les autres et qui consistent à voir tous les membres sans distinction, à travers des caractéristiques générales (approche prototypique) ou exemplaires (stockées dans la mémoire des individus), simplificatrices, répétitives et donc proches de la caricature (Koomen, Dijker, 1997 ; Bouhris, Leyens, 1994).

Les stéréotypes culturels sont très prégnants notamment dans les relations entre cultures de pays différents. Plus ou moins fondées, ces représentations vont généralement servir de points de repères lors de premiers échanges entre individus de nationalités différentes.

**Exemple**

Les Français sont généralement perçus par les Allemands comme peu travailleurs, débrouillards, désordonnés, râleurs et chauvins. À l'inverse, ces derniers sont jugés par les Français comme rigides, efficaces, disciplinés et stricts. Autre stéréotype culturel fréquent concernant cette fois les Américains qui sont considérés par de nombreux pays comme des gens durs, manquants de subtilité, dominateurs et arrogants.

Le problème principal d'un stéréotype est qu'il donne souvent une image figée et incomplète des individus, fondée sur des généralisations qui ne tiennent pas compte des caractéristiques de chacun des membres du groupe étudié. Le stéréotype, en raison de son caractère simpliste et répétitif, présente donc comme risque majeur d'apparaître comme une vérité universelle, unanimement admise.

## 2 Les préjugés

Le mot préjugé signifie « juger avant », c'est-à-dire parvenir à une conclusion au sujet d'une personne (*juger*) avant même de la connaître (*pré*). Il renvoie donc à une logique de subjectivité, alors même qu'il est souvent ressenti comme une opinion impersonnelle.

Les préjugés doivent par conséquent se voir comme des jugements qui s'appuient sur des évaluations généralisantes, forgées a priori (prématurées), sans fondement empirique (expérience) ou rationnel (approche analytique), amenant les individus à apprécier une personne en fonction de son appartenance catégorielle. Il s'agit bien souvent d'un jugement construit à partir de son environnement personnel (famille, entourage, relations amicales) ou de ses propres impressions et difficilement modifiable(Allport, 1954).

Le préjugé se distingue du stéréotype. Alors que le stéréotype est une croyance qui dispose d'un contenu (affectation de caractéristiques descriptives), le préjugé est avant tout une évaluation dont la valence est à dominante négative. Le préjugé et les stéréotypes sont liés au sens où ils supposent le regroupement d'individus au sein d'une même catégorie, unis par des rapports de similarités qui transcendent les spécificités individuelles (Azzi, Klein, 1998).

**Exemple**

Associer les Allemands à des personnes disciplinées et strictes relève du stéréotype. En revanche, éprouver un rejet envers les Allemands parce qu'ils sont allemands est de l'ordre du préjugé.

## 3 Les jugements de valeurs

Milton Rokeach (1973) définit la valeur comme « une croyance durable[1] selon laquelle un mode de conduite ou un état final d'existence est personnellement ou socialement préférable à un mode conduite ou état d'existence opposé ou contraire ». On considère généralement que les valeurs sont organisées en systèmes ; elles sont ordonnées, hiérarchisées par importance relative (échelle de valeurs). Les valeurs ont une charge affective. L'adhésion n'est pas seulement rationnelle. Elle résulte d'un mélange de raisonnement et d'intuition dans lequel l'affectivité joue un rôle important. L'individu utiliserait cette hiérarchie comme critère lors du jugement et du choix.

On oppose traditionnellement jugements de valeur et jugements de réalité. Dans un jugement de réalité, on se contente de constater la réalité d'un objet ou d'un fait. Il s'agit par conséquent d'un énoncé qui décrit ce qui est. C'est un simple constat qui ne comporte aucune appréciation. Il correspond à un *jugement* de fait, c'est-à-dire un énoncé décrivant ce qui est (était ou sera). Il est susceptible d'observation et de vérification. En principe, il peut être vrai mais il peut aussi être faux. *Un jugement de valeur se* veut plus qu'une simple expression de préférence. Il comporte une appréciation fondée sur les caractéristiques de l'objet ou sur des critères qui peuvent être discutables mais qu'on cherche à rendre universels. Un jugement de valeur est par conséquent un énoncé normatif affirmant ce qui devrait être et non ce qui est, était ou sera. Il n'est ni vrai ni faux. Il est toutefois acceptable ou non-acceptable sur la base de l'argumentation qui le justifie. L'acceptabilité d'un jugement de valeur dépend, entre autres choses, de sa cohérence. Ainsi, dans un jugement de valeur, on précise si l'objet ou le fait considéré mérite ou non d'être désiré. Un jugement de valeur peut porter sur la vérité d'une proposition ou sur l'enchaînement des idées (logique), la moralité d'une action (morale), la beauté d'un objet, d'un être (esthétique) Il renvoie généralement à des termes relatifs au beau ou au laid, au bien ou au mal, au moral ou à l'immoral.

Stéréotypes, préjugés et subjectivité sont inévitables (Devine, 1989) en tant que réponses à la gestion de la complexité. Mais leur aspect destructeur ne vient pas de leur nature mais d'une mauvaise utilisation qui s'avère néanmoins fréquente et dangereuse. Le tableau ci-après détaille les types de biais constatés lors de relations intergroupes, aux plans cognitif, affectif et conatif.

---

1. Une valeur peut néanmoins évoluer avec le temps et l'espace et doit être rapportée à une société et à un contexte donnés (époque). Un changement de valeurs est plus souvent une transformation dans la hiérarchie des valeurs qu'une création de nouvelles valeurs. Avec le temps, la hiérarchie des valeurs peut se modifier, certaines valeurs dominantes étant progressivement remplacées par des valeurs variantes.

Tableau 4.1 – *Type de biais dans les relations intergroupes*

| Niveaux | Manifestations |
|---|---|
| **Cognitifs** | Centration sur son système de valeurs (logique de conformité)<br>Incompréhension/méconnaissance de l'autre<br>Jugement partiel ou tronqué<br>Jugements de valeurs<br>Focalisation sur les forces du groupe et les faiblesses de l'autre<br>Attribution partiale des apports de chacun, selon que les résultats s'avèrent positifs (attribués à son groupe) ou négatifs (associés à l'autre groupe). |
| **Affectifs** | Peur de l'autre<br>Méfiance/réticence/intolérance<br>Refus de communiquer<br>Développement de stéréotypes |
| **Conatifs** | Logiques de rivalité et de concurrence<br>Tentative de domination<br>Attitude et comportement agressifs à l'égard de l'autre<br>Rejet des membres de l'autre cultur<br>Discrimination |

Section 3

## LES CONSÉQUENCES DES CONFLITS CULTURELS

Les relations entre groupes posent le problème des rapports de forces et des risques de domination culturelle. En effet, lors d'une relation entre deux groupes culturels, le groupe en situation de force peut être tenté de montrer la supériorité de ses valeurs et ainsi réduire l'influence culturelle de l'autre groupe.

Ce processus s'avère fréquent lors de relations interculturelles. Très souvent, le groupe à statut supérieur (détention d'un pouvoir, prestige, qualités distinctives) tend à marquer une distance hiérarchique à l'égard de la formation de statut inférieur. La relation conduit dès lors à un processus de conformisation. On entend ici par conformisation, la modification par un groupe de son comportement ou de son attitude afin de le mettre en harmonie avec le comportement ou l'attitude du groupe dominant auquel il est « censé » rendre des comptes [1]. Cette tendance à la conformisation s'explique en raison de la volonté des individus à se comparer aux autres (théorie de la comparaison sociale, Festinger 1954), ou à éviter les sanctions du groupe majoritaire (théorie de l'influence normative, Deutsch et Gerard 1955). Dans cette perspective, les normes, attitudes et pratiques en vigueur dans un groupe sont analysées comme étant le fait d'une majorité initiale. Les majorités sont en effet

1. Voir les travaux de Levine et Pavelchak (1984 : 26).

supposées disposer de meilleures informations et plus à même de dispenser des récompenses ou des sanctions. On les considère par conséquent comme la principale source d'influence.

Mais l'existence entre deux groupes de statuts différents ne conduit pas nécessairement à une logique de conformité. L'entité dominée peut aussi réagir de façon consistante face à la tentative de mise sous tutelle recherchée par le groupe dominant. Dans ce cas, la relation peut déboucher sur une situation de type conflictuel qui peut venir modifier les règles du jeu au sein de la relation par un jeu d'influences réciproques. En effet, selon Moscovici et ses collègues, établir une équivalence entre influence sociale et conformité relève d'une conception réductrice de l'interaction sociale (Moscovici et Faucheux 1972 ; Moscovici 1996) Une telle conception suppose que l'influence sociale est fonction de la dépendance. C'est par conséquent occulter les cas où une minorité disposerait d'une contre-norme et chercherait activement à la faire prévaloir au sein du groupe, constituant par là une source potentielle d'influence. À la vision unilatérale de l'influence sociale qui prévalait jusqu'ici, Moscovici propose donc de substituer une vision dynamique et symétrique : tout membre d'un groupe, quelle que soit sa position, est à la fois source et récepteur potentiel d'influence sociale, et celle-ci peut conduire à l'innovation et au changement. Une minorité ou un individu qui s'efforce d'introduire ou de créer des modes de pensées ou comportements nouveaux, ou de modifier des visions préexistantes, peut donc influencer les autres membres, et ainsi conduire à l'innovation et au changement des pratiques et des normes en vigueur dans un groupe. La détention d'une contre-réponse par la minorité fait ainsi d'elle un partenaire actif dans les rapports sociaux (Doms et Moscovici 1984, p. 57). Elle va permettre de créer un conflit socio-cognitif entre la majorité et la minorité, en faisant valoir la présence de points de vue divergents par rapport au même objet social. Ce conflit peut certes conduire à la rupture, mais, dans la plupart des cas, les individus se sentiront obligés d'éliminer les divergences et de faire des concessions, donnant à l'influence sociale les traits majeurs d'une négociation.

Dans cette perspective, chaque type d'influence correspond à une forme de conflit socio-cognitif et un mode particulier de résolution de celui-ci, ces mécanismes pouvant engendrer la conformité, mais aussi d'autres formes de consensus (Doms et Moscovici, 1984 ; Moscovici et Faucheux, 1972 ; Doise et Moscovici, 1992).

## 1 La conformité à la culture dominante

La logique de domination constitue une tendance naturelle qui intervient notamment lorsque deux groupes culturels doivent s'évaluer réciproquement, au début d'un processus relationnel. La démarche consiste généralement à se positionner par rapport à l'autre, en cherchant à délimiter son territoire. Chaque groupe va ainsi chercher à prendre l'ascendant sur l'autre formation à travers ses qualités culturelles, en n'hésitant pas si nécessaire à recourir à la force (Clémence et al., 1998).

Dans ce cas, la réduction des différences ne passe donc pas par une stratégie de concertation. Pour défendre son identité, le groupe dominant[1] va plutôt établir un rapport de domination pour réduire les différences et ainsi conserver son système de valeurs (Deschamp, 1982). On s'inscrit ici dans une logique de conformité visant à modifier le comportement ou les attitudes de l'autre groupe, en direction des valeurs et des normes de son groupe d'appartenance. Ce rapport de domination culturelle qui rend la rencontre dissymétrique s'explique souvent en raison du contexte historique (situations initiales et relations entre les deux groupes), idéologique (système de valeurs) ou politique (enjeu de la relation) dans lequel elle s'inscrit. Il se produit généralement lorsque l'un des groupes se trouve en situation d'infériorité et n'a pas les moyens pour faire prévaloir son point de vue (Moscovici, Faucheux, 1972). Ainsi, il n'est pas rare d'assister à un abus de domination de la part du groupe « dominant » désireux d'acter le caractère asymétrique de la relation et confirmer (par là même) sa supériorité. Cette attitude a généralement pour effet le développement de réactions de rejet, alors même que certaines caractéristiques spécifiques du groupe dominé pourraient s'avérer utiles aux deux groupes (le dominant et le dominé).

**Exemple**

Cette position de domination culturelle d'un groupe envers un autre se rencontre fréquemment lors de politique d'acquisitions à l'international. Dans ce type de situation, l'acte d'achat est souvent considéré par la direction de l'entreprise acheteuse comme une marque de domination économique sur la firme achetée. Cette situation de domination se traduit souvent par un comportement de supériorité, néfaste au bon déroulement de l'opération. En effet, suite à la fusion-acquisition, les dirigeants de l'entreprise initiatrice peuvent être tentés d'imposer leur système de valeurs aux membres de l'entité acquise. Ainsi, il n'est pas rare d'assister dans de nombreuses manœuvres d'acquisitions, à une arrogance managériale de la part de la Direction de l'entreprise acheteuse, désireuse d'acter son contrôle sur l'entité achetée. Cette situation peut être renforcée lors d'acquisitions internationales, en fonction de la culture de l'entreprise acheteuse. Ainsi, les Américains ont tendance dans le cadre de relations d'affaires, à privilégier l'affrontement à la concertation, en n'hésitant pas à recourir à la force. L'acquisition est dès lors ressentie comme la sanction d'une mauvaise gestion et la reconnaissance publique d'erreurs collectives et individuelles des membres de l'entreprise acquise. Cette arrogance se traduit alors par la non prise en compte des qualités de l'entreprise acquise et la négation du rôle et de la contribution de ses salariés dans le fonctionnement et la valorisation du nouvel ensemble. Une telle situation peut dès lors limiter les processus d'apprentissage collectifs entre les deux entités.

Ainsi, lorsqu'une minorité n'a pas de contre-norme ou les moyens de faire prévaloir son point de vue, elle ne dispose pas de modèle stable de comportement, et apparaîtra donc inconsistante au plan interne. Le conflit créé par l'opposition de la minorité sera alors résolu en attribuant sa différence à ses caractéristiques personnel-

1. On entend par groupe dominante le groupe dont les valeurs et les normes prévalent dans l'ensemble de l'organisation et rallie la majorité des individus.

les et les membres de la majorité n'auront pas de raison de changer d'avis. La minorité sera soit rejetée par le groupe, soit contrainte de se soumettre au point de vue majoritaire. On verra alors un phénomène de *conformité* prendre place : la minorité sera amenée à modifier son comportement ou attitude afin de le mettre en harmonie avec le comportement ou l'attitude du groupe majoritaire, quelles que soient leurs divergences initiales (Moscovici et Faucheux 1972 : 166). Les représentations et pratiques en vigueur dans le groupe social vont ainsi perdurer. Néanmoins il peut arriver que la consistance de la majorité se réduise, par la défection d'un de ses membres en particulier ou un changement. Un tel changement peut dès lors conduire la minorité à se sentir moins obligée d'accepter les positions du groupe majoritaire. Et il est possible alors voir se mettre en place d'autres processus d'influence.

### Exemple

> Il a été observé dans certaines fusions-acquisitions qu'une période de domination culturelle (de l'acquéreur sur l'acquis) ne préfigurait nullement de l'évolution de la relation. En effet, la conformité des membres aux principes et valeurs du groupe dominant n'implique pas nécessairement une obéissance totale et définitive des membres de l'entreprise acquise. Il peut aussi arriver que le nouvel ensemble ait à faire face au réveil des équipes de l'entité acquise qui après une période d'obéissance, contestent le système de pouvoir en place.

## 2 Le consensus ou la recherche du compromis

Le consensus ou la recherche de compromis renvoie à la notion de normalisation comme évitement du conflit. La normalisation est l'interaction entre deux groupes culturels qui aboutit à un compromis et à un nivellement des positions respectives. Il s'agit d'un processus par lequel chaque groupe exerce sur l'autre une pression durant les interactions avec pour but d'aboutir à un accord acceptable par tous (Moscovici, Faucheux, 1972). Cette situation diffère par conséquent de la domination et de son corollaire l'obéissance qui font référence à la pression d'un groupe (dominant) sur un autre groupe (dominé). La normalisation induit ici une influence réciproque qui s'exerce au cours de la relation entre les membres de chaque groupe. La normalisation est susceptible de se produire, lorsque les partenaires sont égaux (pas de compétences ou de statuts spécifiques) et que donc aucun acteur ne peut prétendre légitimement imposer ses vues sur les autres membres. Elle se produit lorsque personne dans un groupe ne dispose d'un point de vue ou d'une position spécifique à défendre sur le problème posé ou ne se sent légitime pour y adhérer de façon rigide. il n'y a alors ni minorité, ni majorité, ni déviation réelle ou potentielle. On a affaire à une pluralité de normes, de jugements et de réponses qui sont toutes considérées comme équivalentes (Moscovici 1996 : 184). L'absence de moyens particuliers pour imposer ses vues, la crainte de la confrontation amènent dès lors les individus à opter pour une stratégie d'évitement du conflit, en éliminant les sources potentielles de désaccord (Deschamp, 1991).

En effet, la motivation essentielle est d'éviter à tout prix le conflit par le recours à une négociation tacite entre les parties. De ce fait, les réponses sont coordonnées et conduisent à des concessions entre les groupes. Cette orientation fait que les jugements vont tendre peu à peu vers un point d'équilibre. Elle aboutit ainsi au développement d'une norme commune, acceptable par les deux groupes en présence. Le consensus final se cristallise autour du plus petit dénominateur commun qui peut exister entre les deux groupes en présence (Moscovici, Doise, 1992).

**Exemple**

> Cette orientation trouve une application directe dans le cas de négociations internationales, en particulier lorsque les parties en présence privilégient une stratégie intégrative. On entend par stratégie intégrative, la prise en compte, dans le cadre de la relation, des caractéristiques culturelles de l'autre (représentations, valeurs, normes). Cette stratégie se retrouve notamment dans la culture asiatique, où il s'agit avant tout de rechercher un résultat satisfaisant pour les deux parties. La recherche d'un compromis équitable est d'ailleurs au centre des préoccupations des négociateurs chinois et japonais. Il s'agit en effet d'éviter la confrontation et le risque que le partenaire perde la face, quitte à abandonner un avantage dans un souci de rééquilibrage.

Un tel processus n'est cependant susceptible de se produire (et de perdurer) qu'à la condition que personne dans l'un des groupes ne soit conduit à un moment donné à défendre une position spécifique. Si une telle situation devait apparaître, la relation entre les groupes risque de suivre une autre orientation, en remettant en question le compromis vers lequel tendaient les deux formations.

## 3 L'innovation minoritaire

Lorsque la majorité des membres ne dispose *a priori* d'aucune approche ou point de vue sur le problème et qu'une minorité défend une position spécifique de façon consistante, l'organisation dans son ensemble innove en adoptant une position initiée par la minorité *(innovation minoritaire)*. Le groupe majoritaire est dit anomique dans la mesure où il ne possède pas d'une norme susceptible de répondre au problème posé. À l'inverse, le groupe minoritaire est considéré comme nomique, en raison de sa capacité à proposer une norme nouvelle (Doms et Moscovici 1984 : 57) qui répond à la situation. Il peut ainsi arriver qu'une minorité puisse exercer une influence sur une majorité, à condition de disposer d'une contre-norme et de s'efforcer activement de la faire connaître par un comportement consistant dans le cadre de sa relation à l'autre (Moscovici 1996). Des expériences[1] ont en effet montré que



1. Voir Moscovici et Faucheux (1972) ; Moscovici, Lage et Naffrechoux (1969) ; Moscovici et Lage (1976), dans le champ des stimulus physiques ; Mugny et Papastamou (1979), dans le champ des opinions et attitudes.

c'est la consistance dont font preuve les parties les unes par rapport aux autres, et plus largement les formes prises par la négociation pour la résolution des problèmes, qui est la source déterminante de l'influence sociale.

Dans le processus de résolution du conflit, il faut ainsi considérer la consistance dont font preuve les parties en présence relativement les unes par rapport aux autres. Lorsqu'une majorité anomique fait face à une minorité nomique, cette dernière va avoir tendance à bloquer la convergence des réponses vers une position moyenne (réaction naturelle), pour proposer une solution en accord avec ses valeurs. Si cette position est défendue par un comportement consistant, elle peut dès lors espérer rallier les membres de la majorité qui n'ont aucun point de vue spécifique à lui opposer (Doms et Moscovici 1984 ; Moscovici 1996).

Ainsi, une minorité nomique et consistante dans un groupe majoritairement anomique empêche les autres membres de s'accorder sur une position de compromis, en même temps qu'elle constitue un pôle d'attraction pour les autres membres du groupe (Moscovici 1996). Alors qu'initialement le groupe majoritaire ne possédait pas de normes bien définies sur le problème à résoudre, la minorité introduit de nouvelles attitudes et/ou pratiques. Contrairement aux configurations précédemment évoquées, le groupe dans son ensemble est donc susceptible d'innover.

Il est à noter que cette situation d'innovation minoritaire ne peut se réaliser qu'à la condition, où la majorité continue à se trouver dépourvu d'une norme ou d'une approche spécifique. Dès que la majorité parvient à produire une réponse à la question qui lui est posée, la présence d'une minorité proposant une autre réponse est alors susceptible de conduire au conflit.

## 4 Le changement dans la polarisation

Lorsque minorité et majorité défendent des positions différentes sur le problème posé mais qu'ils partagent un certain nombre de valeurs ou normes communes (valeurs orthodoxes), les acteurs en présence sont susceptibles de découvrir les dimensions et valeurs qu'elles partagent et qui, devenues saillantes, serviront de base à l'élaboration d'une position nouvelle commune (Doise et Moscovici 1992 : 243-248).

Ainsi, si des individus de cultures différentes défendent des approches et points de vue spécifiques, les discussions sont susceptibles de donner lieu à « une réponse spécifique, produite en collaboration entre les membres du groupe » à partir d'une radicalisation des positions (adoption de positions supérieures à la moyenne des réponses individuelles). Dans ce mode de relation, les membres du groupe parviennent, malgré l'hétérogénéité des représentations initiales à de nombreux points d'accords qui émergent durant les échanges. Les points d'accords se cristallisent, en règle générale sur une réponse collective fondée sur des croyances nouvelles et proches des valeurs partagées par l'ensemble des membres. Les phénomènes de conformité à une majorité ou d'influence minoritaire sont donc marginaux. Contrairement au compromis, ce phénomène n'a pas pour fonction le maintien d'un statu quo (permettant aux membres d'un groupe de gérer leurs affaires sans pour autant rapprocher leurs opinions et croyances), mais suggère "une méthode pour changer les règles et les normes de la vie collective" (Doise et Moscovici 1992 : 30). Le groupe innove donc en modifiant les représentations et pratiques qui prévalaient initialement dans le groupe. Ce processus aboutit ainsi à un changement dans la polarisation, propice à l'innovation (émergence de nouvelles représentations et pratiques).

## 5 La rupture

Les relations interculturelles ne conduisent pas toujours à un conflit constructif et peuvent parfois entraîner de réels clivages entre les individus. En effet, si l'émergence d'un conflit entre minorité et majorité est nécessaire pour fournir l'énergie au changement, les positions défendues par les parties ne doivent pas reposer sur des valeurs fondamentalement incompatibles. Tout dépend du caractère *orthodoxe* ou au contraire *hétérodoxe* des normes défendues par la minorité qui doit être pris en compte. Si la minorité défend une position hétérodoxe – c'est-à-dire qui va à l'encontre des normes défendues par la majorité du groupe ; contrairement à une position orthodoxe qui renchérit, de façon plus extrême, la norme dominante-, alors les membres du groupe ne parviendront pas à structurer le champ de façon commune. Une telle situation peut alors engendrer un clivage et conduire à une bipolarisation au sein des équipes (Paicheler 1978 ; 1979). Les conflits culturels présentent par conséquent des risques pour l'entreprise, lorsque les différences ne permettent pas de parvenir à un minimum de valeurs communes ou complémentaires. Il convient par conséquent, indépendamment des actions entreprises pour favoriser les échanges et la coopération, à bien identifier les zones de compatibilité et d'incompatibilité entre les différentes cultures présentes dans l'organisation.

## Synthèse générale

En conclusion, lorsqu'on parle de domination culturelle, cela ne signifie pas nécessairement que le groupe culturel dominant maîtrise les attitudes et comportements de l'autre entité. De même, le groupe culturel en situation d'infériorité n'est pas forcément une culture aliénée, totalement dépendante de l'autre formation. La domination culturelle n'est donc jamais totalement ni définitivement assurée et acquise. En effet, l'entité dominée peut aussi réagir, de façon déterminée et consistante, face aux actions menées par le groupe culturel dominant. De ce fait, lorsqu'une culture tend à dominer une autre et que cette dernière entend conserver son système de valeurs, la relation peut (dès lors) déboucher sur une situation de type conflictuel. Dans ce cas, il est alors possible d'assister au réveil des membres du groupe en situation d'infériorité qui peut en fonction du contexte et des opportunités, chercher à modifier les rapports établis (Moscovici, 1979). Cette situation conflictuelle peut être un frein au développement de la relation, en apparaissant comme un facteur de dysfonctionnement. Mais ce rôle clé du conflit, comme facteur changement, peut également favoriser des logiques d'innovation, en créant de nouvelles représentations au sein des organisations (Butera, Mugny, 2001 ; Gray *et al.* 1985).

Tableau 4.2 – *Positions relatives défendues par les parties, mode de gestion du conflit et résultat sur les normes et pratiques émergents dans un groupe*

| | | MAJORITÉ | |
| --- | --- | --- | --- |
| | | NOMIQUE | ANOMIQUE |
| MINORITÉ | **Anomique** | Contrôle du conflit<br>→ ***Conformité à la majorité*** | (*)<br>Evitement du conflit<br>→ ***Normalisation et consensus sur une position de compromis*** |
| | **Nomique**<br>**Orthodoxe** | Création d'un conflit<br>→ ***Changement dans la polarisation*** | Blocage du compromis<br>→ ***Innovation par influence minoritaire*** |
| | **Hétérodoxe** | → ***Ou clivage du groupe*** | |

D'après Allard-Poesi et Meier (2000).

## L'essentiel

Au-delà des différences, les relations interculturelles ne sont pas simples à gérer. La confrontation à un autre groupe engendre, en effet, des idées préconçues qui permettent à l'individu de réduire la complexité (simplification cognitive), de renforcer son sentiment de sécurité (refus de sortir de son cadre de référence) et d'augmenter son estime de soi par une dévalorisation de l'autre (subjectivité des perceptions). Ceci s'explique par la difficulté inhérente à tout individu (ou groupe d'individus) d'accepter les différences. Les stéréotypes, les préjugés et jugements de valeurs constituent ainsi des filtres et des écrans qui font obstacle à une ouverture sur l'autre et à la reconnaissance des diversités. La relation entre groupes culturels distincts présente par conséquent des risques qui peuvent évoluer vers la domination, la normalisation ou vers des conflits graves en cas de résistance active des autres groupes culturels. Il convient par conséquent d'identifier et d'analyser attentivement les mécanismes de base d'une relation interculturelle, afin d'avoir une meilleure maîtrise des risques encourus.

DEUXIÈME PARTIE

# LA PRATIQUE DU MANAGEMENT INTERCULTUREL

Depuis des décennies, face aux développements économique, social et technologique, la fonction de management n'a cessé d'évoluer, à la fois dans son rôle, son style et ses activités. Un des principaux facteurs d'évolution consiste aujourd'hui à développer l'entreprise dans un contexte de globalisation des marchés, en s'attachant à gérer et maîtriser la complexité des organisations et la diversité culturelle. Mettre en œuvre une démarche interculturelle est une opération délicate à réaliser. Elle implique de proposer des dispositifs permettant de gérer la diversité culturelle puis d'exploiter ces différences en avantage concurrentiel. Si le management interculturel est difficile à mettre en place en termes de méthodes, de processus, c'est que la connaissance des caractéristiques de chaque culture n'est pas suffisante pour permettre d'établir des liens entre elles. En effet, il est essentiel de pouvoir savoir comment les cultures vont interagir entre elles dans un contexte de travail. C'est en effet dans la réalité des situations professionnelles que les théories trouvent leur fondement et permettent de mieux comprendre comment des équipes multiculturelles peuvent travailler ensemble avec des croyances, des valeurs et des vécus pourtant différents.

L'origine du management interculturel vient du constat qu'il existe des synergies entre les cultures qui peuvent aboutir à des améliorations sensibles et accroître l'efficacité des équipes. Différentes recherches empiriques[1] ont d'ailleurs validé l'hypothèse de « valeur dans la diversité » que celle-ci soit mesurée en termes de valeurs, attitudes, groupes ethniques ou de facteurs géographiques basés sur la

1. Voir travaux d'Ingham (2002) sur la valorisation de la diversité.

nationalité. Ces résultats attestent l'idée que la présence de groupes multiculturels peut être une source de développement dans les organisations et favoriser des phénomènes d'apprentissage et d'innovation.

***D'un point de vue pratique, on peut définir le management interculturel comme un mode de management qui reconnaît et prend en compte les différences culturelles et tente, par des actions organisationnelles et relationnelles, à les insérer dans l'exercice des fonctions de l'entreprise, en vue d'améliorer sa performance économique et sociale.***

Ce type de management exige la possibilité d'échanger et de communiquer entre groupes d'acteurs sur une base de référence commune. De ce fait, il oblige à avancer sur une crête entre deux versants : convaincre chacun qu'il n'a pas à abandonner son modèle culturel et en même temps veiller à ne pas aboutir à une sacralisation de la culture et donc à une logique d'enfermement (d'aveuglement) dans un système de séparation identitaire qui mettrait fin à l'existence de liens interculturels. Le management interculturel a donc un rôle essentiel, celui d'empêcher les crispations identitaires, en favorisant des perspectives de changement, sans (pour autant) donner l'impression de « trahir » ses origines et ses racines culturelles. Ceci revient à admettre que les cultures sont une richesse pour les entreprises et les individus mais n'ont pas prétention à rester immuables. Le management interculturel doit ainsi aboutir à la prise de conscience que les cultures ont changé et changeront encore et que leur rapprochement peut améliorer l'efficacité des entreprises et des individus qui la composent.

On abordera la réalité des pratiques actuelles du management interculturel au travers de quatre thématiques clés pour les entreprises. Le chapitre 5 présente les conséquences de la prise en compte de la donne interculturelle dans l'organisation des entreprises, au niveau des structures et procédures de management. Le chapitre 6 expose comment une entreprise doit adapter ses stratégies de développement à la donne interculturelle. Le chapitre 7 aborde la question du management quotidien des équipes multiculturelles. Enfin, le chapitre 8 traite de la communication interculturelle, tant au plan interne qu'externe.

# 5 L'ADAPTATION DE L'ORGANISATION ET DE SES STRUCTURES

La croissance des entreprises passe généralement par un développement hors des frontières nationales qui peut être décomposé en différentes étapes, selon le degré d'internationalisation de l'entreprise. La section 1 explicite les différentes phases du processus, en évoquant les enjeux et contraintes propres à chacune des phases. La section 2 étudie la structure des organisations en fonction de leur orientation culturelle. Il s'agit en particulier de prendre en compte le rôle accordé aux cultures locales dans la gestion des entreprises. Une telle approche doit ainsi permettre de mieux comprendre la nature des relations entre le(s) centre(s) de décision et les différentes unités locales. La section 3 traite de la question de la diversité comme une réalité des organisations qu'il convient d'intégrer, en analysant de quelle manière elle peut constituer un facteur déterminant de la performance des entreprises.

# Section 1 LES DIFFÉRENTS STADES D'INTERNATIONALISATION DES ACTIVITÉS

De nombreux travaux se sont intéressés au lien entre la stratégie des firmes et sa dimension managériale, en étudiant les relations entre la stratégie et la structure des organisations. Ainsi, Chandler (1962) a fortement insisté sur l'adaptation des structures des organisations aux types d'activités de l'entreprise. Ansoff (1965), au niveau de l'élaboration de la politique d'une entreprise, introduit, quant à lui, l'idée de performance dans l'étude des relations entre la stratégie et la structure d'une organisation. Cet élément sera affiné et développé par Rumelt (1974) qui établira un lien entre le type de diversification (liée ou non liée), les structures des organisations et la performance économique de la firme. Ces écrits ont été par la suite enrichis par d'autres recherches centrées sur l'internationalisation des firmes et ses effets sur le fonctionnement des organisations et l'exploitation des synergies, en fonction de l'origine culturelle des entreprises (Welge, 1994 ; Chandler 1990, 1991 ; Bartlett et Goshal, 1989).

## 1 Le processus d'internationalisation des firmes

L'internationalisation d'une entreprise revêt de multiples aspects. Elle peut être analysée comme un processus temporel et dynamique qui vise pour une firme à s'introduire sur des territoires culturellement, économiquement et juridiquement différents de ceux de son marché national. Ce processus d'internationalisation comporte plusieurs phases.

En règle générale, le premier stade de développement à l'international correspond aux politiques d'exportation. Dans ce type de stratégie, l'entreprise exportatrice fabrique ses produits sur le marché intérieur et les diffuse vers des marchés étrangers sans qu'il y ait une modification du processus de production. Elle peut exporter selon trois méthodes : l'exportation directe qui évite le recours à des intermédiaires (participation à des salons professionnels à l'étranger, force de vente à l'étranger via des agents commerciaux ou des représentants salariés...), l'exportation indirecte par le recours à des courtiers ou des sociétés de commerce internationale, l'exportation par partenariat (groupement d'exportateurs, portage d'exportation). Le second stade concerne le développement de réseaux de distribution à l'étranger, l'approvisionnement et la production étant toujours effectués dans le pays d'origine. La constitution de ces réseaux peut prendre différentes formes, allant de la franchise internationale, aux licences étrangères jusqu'à la création de succursales ou de filiales de distribution (dans ces deux derniers cas, les capitaux sont fournis par l'entreprise d'origine). Mais le mouvement d'investissement à l'étranger prend toute sa signification, lorsque les filiales de production dans plusieurs pays viennent compléter les filiales de distribution. Il correspond au troisième stade de développement des entreprises à l'international, avec l'apparition des firmes multinationales.

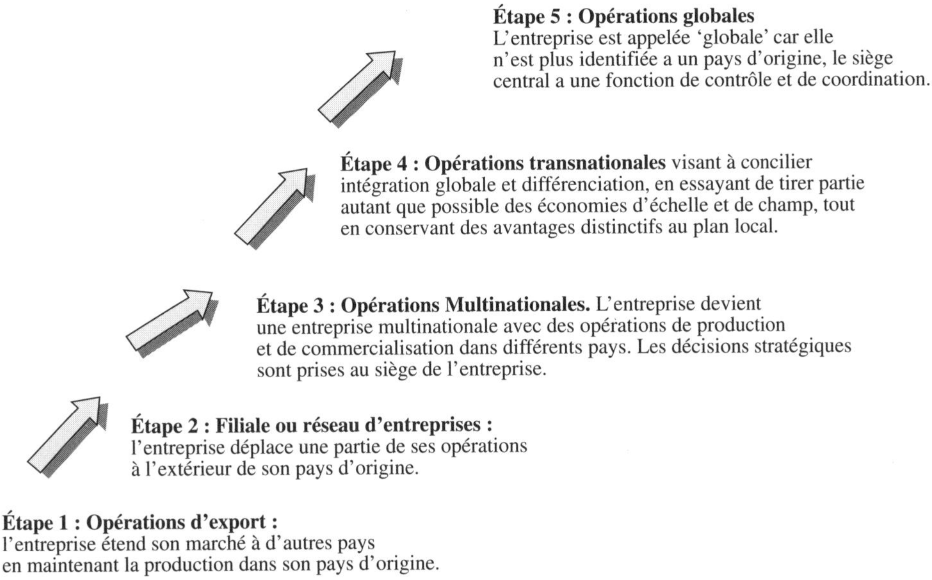


Figure 5.1 – *Les étapes du développement international des entreprises*

L'entreprise multinationale produit et vend dans différents pays sans qu'il existe pour autant de véritables liens économiques, industriels et commerciaux entre les filiales de chacun des pays (stratégie multi-domestique). Lorsque le développement de l'entreprise conduit à progressivement rationaliser les structures nationales et les ressources des filiales étrangères au profit d'une meilleure coordination des activités, on assiste alors au quatrième stade de développement, avec l'avènement des firmes transnationales.

Aujourd'hui, l'influence de la mondialisation et la tendance aux regroupements régionaux des États (UE, ALENA, MERCOSUR, etc.), des entreprises (grands groupes, centrales d'achats, etc.) et des associations (syndicats, consommateurs, mouvements écologiques...) conduisent les études à porter leur attention sur le stade ultime du développement international, avec les stratégies de globalisation. La question centrale porte ici sur la prise en compte de la globalisation et sa traduction sur le plan économique et organisationnel, pour parvenir à créer des avantages concurrentiels durables. L'idée qui prévaut dans ce type de débat est qu'une centralisation des décisions (intégration globale des activités et des tâches) favorise une plus grande synchronisation des étapes de la chaîne de valeur, permet de réduire les coûts de production et de transaction, et facilite la circulation de l'information entre les unités à l'étranger et au niveau des relations avec le siège.

L'organisation globale orientée vers un marché mondial vise à bâtir les avantages concurrentiels de la firme par une homogénéisation des pratiques managériales et par le développement d'offres standardisées (développement de marques mondiales). Les conditions favorables à une globalisation des activités sont l'homogénéisation des marchés, la préférence des consommateurs pour le prix et la réalisation d'économies d'échelle ou de champs. Néanmoins, la réussite d'une stratégie globale peut également nécessiter une politique de différenciation, afin de mieux répondre aux demandes et usages des populations concernées, grâce à une connaissance plus fine du marché. En effet, le positionnement « prix bas » n'est pas toujours suffisant et il existe des marchés moins sensibles au facteur prix et qui demande une politique produit plus élaborée. Dans ce cas, la différenciation est adoptée pour renforcer le marketing et la commercialisation des produits (ou services) à l'échelle locale. Une telle démarche vise essentiellement à tirer partie de la capacité de l'entreprise à se distinguer, en proposant dans un délai raisonnable des produits adaptés aux spécificités locales. Elle est également provoquée par l'existence dans les pays cibles de réglementations et de normes spécifiques pour les prestations proposées. Le code du travail tout autant que l'attachement à certaines pratiques culturelles imposent parfois des modes de servuction spécifiques et des adaptations plus ou moins étendues de la politique produit.

L'arbitrage est donc de savoir si l'évolution va vers une convergence des pratiques et des besoins, ou au contraire marque le réveil des identités nationales et régionales. Beaucoup d'entreprises ont opté pour une approche intermédiaire. Elle vise à admettre un facteur de convergence qui implique une coordination générale des activités, sans pour autant refuser l'existence d'activités spécifiques, où l'environnement concurrentiel demande des programmes d'actions localisées et souples, en raison des difficultés de transport, du comportement des populations, des impératifs d'adaptation locale ou de l'importance des pouvoirs publics dans la conduite des affaires (barrières non tarifaires, commandes publiques, subventions). Cette forme de stratégie hybride suppose dès lors une gestion de portefeuille global de couples produits/marchés qui tienne compte des règles de segmentation régionale (groupe de pays) ou comportementale (attentes ou contraintes spécifiques) D'ailleurs, la plupart des entreprises globales ne peuvent généralement faire abstraction des différences de cultures entre certains pays ou groupes de pays, où la religion, les habitudes alimentaires et vestimentaires, l'organisation sociale constituent des données indispensables à la bonne marche des affaires.

**REPÈRES : Les facteurs à prendre en compte dans les choix d'un développement international**

1. Degré de risque accepté en matière de développement international (incertitude, complexité, diversité)
2. Degré d'engagement financier
3. Degré d'interdépendances stratégiques recherché entre l'entreprise d'origine et les unités locales
4. Niveau de contrôle et de coordination attendu et exercé sur les différentes entités du groupe
5. Degré de sensibilité culturelle et d'ouverture sur l'autre
6. Nature et caractéristiques du secteur et des marchés (degré d'homogénéité des marchés, effets de synergies, degré de rapidité des évolutions, fréquence des innovations, profil des concurrents…)
7. Poids et rôle des politiques industrielle et de Recherche & Développement dans la stratégie du groupe (mission, métiers, objectifs)
8. Expérience des dirigeants et managers en matière de relations internationales et de management interculturel
9. Compétences et savoir disponibles
10. Degré de résistance et de tolérance à la complexité organisationnelle

## 2 L'entreprise internationale

L'entreprise internationale est une organisation dont le centre de décision et le système de production et de commercialisation se trouvent dans le pays d'origine et qui entend étendre ses activités à d'autres pays. Dans ce type d'organisation, les connaissances et compétences sont développées dans le pays d'origine et transférées aux unités à l'étranger. Il s'agit donc avant tout de s'appuyer sur les ressources (techniques, humaines, organisationnelles) de la société mère, en les valorisant et adaptant aux différents marchés visés. Ce type de configuration est adapté aux entreprises souhaitant limiter leur développement à quelques pays clés et voulant limiter les coûts de structure et de coordination. Elle concerne le premier stade de développement de la firme en dehors de ses frontières nationales et peut donc concerner en priorité des entreprises récentes ou des sociétés de taille modeste (PME-PMI, TPE) désireuses de réduire leurs risques à l'international. Les facteurs clés de succès dans ce type d'organisation portent principalement sur la gestion des négociations commerciales avec des entreprises d'autres pays. ***Dans l'entreprise internationale, la connaissance de l'interculturel se limite donc principalement à la sphère commerciale et vise à comprendre les valeurs et comportements de ses interlocuteurs dans le cadre de relations entre un acheteur et un vendeur.***

## 3 L'entreprise multinationale

L'entreprise multinationale est une organisation dont les opérations de production et de commercialisation sont situées dans différents pays. Elle utilise l'investissement direct pour implanter des unités de production locale ou développer des contrats de transfert de technologie avec des partenaires étrangers. Les décisions stratégiques sont prises au siège de l'entreprise mais la gestion des activités courantes est confiée aux unités locales. Dans ce type d'organisation, l'entreprise entend développer des stratégies multidomestiques en fonction des attentes et besoins des marchés locaux. Le rôle des opérations à l'étranger va ainsi dans le sens de l'exploitation des opportunités locales. Ce type de configuration a donc pour but de favoriser la différenciation (au détriment de la standardisation) des produits et services, en vue de répondre au mieux aux spécificités de chaque marché national. L'entreprise multinationale vise en règle générale des marchés de taille importante ou à forte croissance et d'intensité concurrentielle moyenne ou faible. Les facteurs clés de succès sont étroitement associés à la gestion des relations entre le siège et ses filiales (gestion du couple autonomie-contrôle), au management des mutations internationales (gestion des impatriés/expatriés) et au positionnement et à l'image des différentes filiales au sein de leur pays d'accueil respectif. ***Les questions relatives au mode de fonctionnement des filiales, à la gestion des ressources humaines et aux politiques de communication sont donc au centre du management interculturel des entreprises multinationales.***

## 4 L'entreprise transnationale

L'entreprise transnationale est une organisation qui perd peu à peu son identité nationale au profit d'une mixité entre les cultures. Elle constitue une étape avancée dans le processus d'internationalisation des firmes, en cherchant à concilier les forces de l'intégration globale avec les exigences d'adaptation à certains marchés ou pays. Ce type de configuration a donc pour objectif de bénéficier des avantages de coûts liés à la coordination générale des activités, tout en veillant à conserver une réactivité et une flexibilité lorsque des avantages spécifiques peuvent être identifiés et exploités au plan local. Dans la réalité, l'entreprise transnationale est au service d'une stratégie quasi globale, dans la mesure où les firmes sont souvent contraintes à mener une politique à l'échelle mondiale pour développer un avantage concurrentiel durable et défendable. Les facteurs clés de succès sont fondés sur la capacité de l'entreprise à maintenir les exigences d'intégration et de différenciation, en transformant ces contradictions en une réalité opérationnelle. ***Ceci implique de la part des entreprises transnationales d'identifier les zones possibles d'harmonisation (au niveau des marchés et de l'organisation) et les domaines où au contraire les dimensions culturelle et relationnelle demeurent essentielles.***

## 5 L'entreprise mondiale ou globale

L'entreprise globale est une organisation qui adopte sur une stratégie à vocation mondiale autour d'une politique de standardisation et d'optimisation des ressources. Les stratégies globales s'appuient sur différents facteurs (Yip, 1989). Elles reposent sur une présence commerciale et industrielle de l'entreprise à l'échelle mondiale avec la recherche d'offres standardisées (marketing indifférencié), une coordination centralisée des activités et l'exploitation d'interdépendances stratégiques. Les sources d'avantages concurrentiels dans le cas de stratégies de globalisation sont principalement la réalisation d'économies d'échelle, le partage des coûts, la coordination des flux et l'intégration de la recherche au plan mondial. Dans le cadre de configurations globales, les facteurs de succès sont liés à la capacité des entreprises à créer une véritable identité (en dépassant le stade des différences culturelles) et à gérer au plan mondial l'intégration des équipes et le développement des activités. ***Dans la réalité pratique, ce type d'organisation reste extrêmement minoritaire en raison de la difficulté d'appliquer à l'échelle mondiale un système de croissance universel*** fondé sur des critères essentiellement technico-économiques.

**POINT DE VUE : Globalisation : une vision trop réductrice de la réalité des affaires**

Selon Anne-Marie Schlosser, spécialiste de marketing international, « la globalisation ne concerne vraiment que quelques secteurs (aéronautique, informatique, marchés financiers). La situation est différente pour les produits de grande consommation, en particulier l'alimentaire ». Plusieurs études montrent d'ailleurs que le concept de globalisation n'entraîne pas la disparition des produits locaux qui résistent aux marques mondiales, en innovant, se repositionnant ou en s'alliant avec d'autres firmes.

(*Extrait de l'Expansion – Dossier spécial sur la Mondialisation, 2001*)

## Section 2 L'ORIENTATION CULTURELLE DES ORGANISATIONS

Face au développement des échanges internationaux et à la mondialisation de l'économie, l'un des enjeux des entreprises consiste à gérer les relations entre le siège social et les filiales à l'étranger selon des principes à définir qui peuvent varier en fonction des choix et de la culture des entreprises. En effet, le fait de se situer au niveau international complexifie le rôle du siège et sa relation avec ses filiales étrangères, notamment dans les domaines du management, du contrôle et de la communication. L'entreprise doit notamment faire face à des lieux et des temps différents et surtout répondre à la dimension interculturelle de ses équipes et de son organisation, afin de faire face à la diversité des attentes et besoins des marchés locaux et aux caractéristiques de la population locale. Pour répondre à ce type de difficultés, l'entreprise peut opter pour différents modes de relations avec ses filiales à l'étranger (Perlmutter, 1979). Les implications de cette représentation de l'entreprise internationale et de ses relations avec ses filiales étrangères tournent autour de la question de l'intégration mondiale et des exigences en matière de différenciation[1]. Elle débouche en particulier sur l'importance à accorder aux éléments de centralisation/décentralisation ainsi que l'intérêt stratégique de recourir à la standardisation et la formalisation des procédures et politiques.

## 1 Le modèle ethnocentrique

Comme son nom l'indique, le modèle ethnocentrique est centré sur la culture d'origine de l'entreprise (siège) qui détient l'autorité principale (centre des décisions) et diffuse ses valeurs à l'ensemble des filiales du Groupe. En effet, dans ce modèle, les décisions stratégiques de l'entreprise sont établies à partir des objectifs et intérêts de la société mère. L'entreprise cherche avant tout à appliquer les mêmes systèmes de gestion à l'ensemble des filiales, en prenant comme base de référence les standards du pays d'origine.

Le modèle de référence à suivre est donc celui de la société mère qui exerce un contrôle permanent sur les filiales qui disposent d'une faible autonomie. D'ailleurs, les postes clés sont tenus essentiellement par le personnel de la maison mère dans le pays d'origine et dans les filiales à l'étranger. Le nombre de postes d'encadrement accordés à des cadres locaux est donc réduit. L'expatriation se fait du siège vers les filiales. Elle constitue un moyen de transférer les valeurs et attentes du Groupe aux entités locales. Ce modèle entend par conséquent privilégier la conformité aux dépens de la diversité, en fédérant l'ensemble des acteurs autour de la culture d'origine de l'entreprise. Il permet ainsi à l'entreprise d'instaurer un système d'autorité unique, clairement identifiable et de donner une image globale cohérente. Ce système est donc particulièrement efficace, lorsque l'entreprise a à faire à un environnement simple et peu évolutif. Dans ce cas, l'entreprise peut en effet s'appuyer sur l'expérience et les compétences du siège et les étendre aux autres marchés visés. En revanche, ce modèle atteint ses limites, dès que l'entreprise se positionne sur des marchés très différents qui impliquent des réponses locales spéci-

1. D'après Atamer et Calori (1999),les facteurs influençant le degré d'autonomie d'une filiale (faible/forte) au sein des groupes mondiaux sont le degré de turbulence de l'environnement, l'importance des ressources locales de la filiale, les degrés de similitudes et de proximités des activités, et le niveau des différences culturelles entre les entités.

fiques. Il est également peu pertinent dans des contextes de changements fréquents, où les solutions sont à construire et ne peuvent être définies ex ante, compte tenu de la complexité des problèmes.

**Exemple**

Pendant très longtemps, le concept suédois IKEA a été reproduit avec une faible adaptation sur les différents marchés visés, y compris dans les domaines commerciaux. Un élément essentiel de la réussite d'IKEA résidait en effet dans l'intérêt universel des clients pour ses produits et pour l'aménagement de ses magasins. La stratégie du Groupe a par conséquent essentiellement reposé sur une globalisation des politiques et des méthodes, en limitant au strict nécessaire les stratégies de différenciation locale. Dotés d'une culture forte, les postes clés d'IKEA ont eu tendance à être monopolisés par des Scandinaves et les standards du pays d'origine ont été appliqués à l'ensemble du personnel. De même, les principales décisions stratégiques étaient prises au siège puis transmises aux différentes filiales (communication verticale). Cela permettait d'imposer les critères fondamentaux de réussite de l'enseigne à l'ensemble des pays et pour chaque format de magasin. Ce modèle de développement demeure la marque de fabrique de l'enseigne. Néanmoins, le développement de nouveaux marchés (États-Unis, PECO, Asie) a fait apparaître des différences en termes d'habitudes de consommation. IKEA a dû par conséquent se résoudre à comprendre les comportements d'achats de ces pays. Ceci a conduit l'enseigne à adapter quelque peu son modèle de croissance pour faire face à ses nouvelles contraintes des marchés.

Tableau 5.1 – *Modèle ethnocentrique*

| Attitude siège-filiales | Caractéristiques |
|---|---|
| Leadership organisationnel<br>Prise de décision<br>Contrôle<br>Coordination | Le siège comme centre de l'autorité et des décisions.<br>Contrôle exercé sur les filiales.<br>Développement de la culture commune de la maison mère. |
| Communication et flux d'information | Du siège vers les filiales. |
| Gestion des ressources humaines | Cadres de la maison mère aux postes clés (centralisation). |
| Politique marketing et action commerciale | Stratégie de développement à partir des standards du pays d'origine. |

Il est à noter que ce modèle a été fortement utilisé par les entreprises occidentales durant les années soixante-dix-quatre-vingt, en particulier auprès des filiales de pays voisins ou en voie de développement. L'application de ce modèle auprès de filiales de pays proches s'explique en raison de la facilité du siège à imposer sa vision et sa culture auprès des entreprises positionnées sur ces marchés. Quant aux filiales implantées dans des pays en voie de développement, la recherche de marchés de masse alliée au manque de personnel bien formé dans les entreprises locales ont largement contribué au développement de ce modèle.

## 2 Le modèle polycentrique

Dans l'approche polycentrique, les décisions stratégiques de l'entreprise sont définies en fonction des cultures des différents pays, afin d'être au plus près de la réalité locale. Le modèle polycentrique met par conséquent l'accent sur l'autonomie organisationnelle et culturelle des filiales. Chaque filiale est considérée comme une entreprise nationale distincte et dispose d'une réelle influence dans les prises de décisions. Ce sont donc les cadres locaux qui sont chargés d'assumer la responsabilité des activités. Le contrôle du siège y est limité. L'entreprise considère en effet que les valeurs et pratiques du pays d'accueil sont difficiles à comprendre et ne permettent pas d'agir de manière efficace.

**Exemple**

Le distributeur hollandais Ahold peut être considéré comme une entreprise dont la philosophie est polycentrique. Cette dernière entend en effet élaborer sa stratégie autour de la préservation des cultures, en accordant une forte autonomie de décision et d'action à ses filiales étrangères. Le groupe ne cherche donc pas à imposer son système de valeurs aux entreprises qu'il rachète et d'ailleurs laisse le plus souvent en place leur management. On peut également citer comme firme ayant fait le choix du polycentrisme, les entreprises Ericsson et Matsushita.

Si ce type d'organisation favorise l'initiative et l'adaptation, elle présente comme inconvénient de limiter les synergies et rend plus difficile le sentiment d'appartenance à un même groupe. Le manque de cohésion et l'absence de cohérence interne constituent de ce point de vue les principaux risques associés à ce modèle.

Tableau 5.2 – *Modèle polycentrique*

| Attitude siège-filiales | Caractéristiques |
|---|---|
| Leadership organisationnel<br>Prise de décision<br>Contrôle<br>Coordination | Forte autonomie de décision accordée aux filiales.<br>Préservation des cultures organisationnelles et nationales des entités. |
| Communication et flux d'information | Flux limité entre le siège et ses filiales. |
| Gestion des ressources humaine | Cadres locaux aux postes clés (délégation). |
| Politique marketing et action commerciale | Adaptation de la politique marketing et commerciale aux spécificités locales. |

## 3 Le modèle régiocentrique

Le régiocentrisme est un modèle qui vient modifier la maille d'analyse généralement utilisée dans la gestion des entreprises, en se positionnant entre la vision mondiale et la vision locale. Il entend répondre à l'émergence d'espaces relativement homogènes (ou qu'il convient d'organiser comme tels) pour bénéficier des économies d'échelle, sans pour autant négliger la réalité des cultures. Selon ce modèle, on ne peut ignorer le fait culturel ; en revanche, il est possible de rapprocher au sein du même espace des cultures de pays proches en termes de caractéristiques (histoire et références communes, valeurs et normes partagées...). L'approche régiocentrique vise donc à diviser le monde en blocs régionaux plus ou moins constitués (Europe, Amérique du Nord, Asie du Sud-Est), en regroupant des pays de cultures proches et en organisant et gérant l'activité économique autour de cette base régionale. Lasserre et Schütte (1996) plaident par exemple pour une telle organisation dans le cas de l'Asie-Pacifique.

**Exemple**

Ce modèle d'organisation est pratiqué par le groupe Pinault-Printemps-Redoute (PPR), afin de concilier des logiques d'économies d'échelle et les opportunités stratégiques de grandes régions économiques comme l'Europe. Le groupe entend en effet gérer les relations entre le siège et ses filiales à l'intérieur de zones géographiques délimitées. Cette organisation du management sur une base régionale constitue en effet un relais majeur dans la politique du Groupe qui cherche à la fois à maîtriser ses coûts d'organisation, tout en étant ouvert aux particularités locales et culturelles de ces différentes régions.

Dans le modèle régiocentrique, la direction des entreprises est par conséquent gérée au niveau régional (sièges régionaux). Ainsi, les responsables et cadres des entreprises font principalement l'objet d'une mobilité à l'intérieur de la région qui devient leur marché de référence. Le transfert dans d'autres régions est de ce fait plutôt rare, l'entreprise entendant favoriser une culture de proximité entre pays voisins, en recherchant dans ces grandes zones régionales la réalisation de synergies sur le plan économique, géographique et culturel.

Tableau 5.3 – *Modèle régiocentrique*

| Attitude siège-filiales | Caractéristiques |
|---|---|
| Leadership organisationnel<br>Prise de décision<br>Contrôle<br>Coordination | Fort pouvoir des sièges régionaux, avec incitation pour contribution aux performances économiques de la région. |
| Communication et flux d'information | Flux généralement issus des sièges régionaux ou des pays concernés. |
| Gestion des ressources humaines | Cadres de la région aux postes clés. |
| Politique marketing et action commerciale | Stratégie de développement à partir des synergies entre pays de la même zone géographique. |

Le modèle régiocentrique présente par conséquent plusieurs avantages : il permet de disposer de firmes supranationales, tout en respectant les différences de cultures entre certains groupes de pays. Il donne également la possibilité à des responsables talentueux de pouvoir gérer de vastes marchés avec un minimum de cohérence dans les actions engagées. La principale difficulté de ce modèle réside dans la délimitation des frontières régionales et la sous-estimation de certaines différences culturelles entre pays qui peuvent conduire à des erreurs d'analyse. Par exemple, associer trop rapidement des pays comme le Vietnam et le Japon peut être préjudiciable dans une politique marketing et commerciale.

## 4 Le modèle géocentrique

Le modèle géocentrique entend positionner l'entreprise sur un marché désormais mondial, tout en veillant à insérer l'ensemble des acteurs du Groupe (siège et filiales) aux processus de décisions et de mise en œuvre. En effet, dans le modèle géocentrique, les décisions stratégiques de l'entreprise sont intégrées dans un système global de prise de décision. Le modèle géocentrique est par conséquent construit autour d'une logique en réseau de filiales internationales, dans le siège n'est qu'une unité parmi d'autres. Les relations de coopération inter-firmes l'emportent de ce fait sur la logique hiérarchique.

**Exemple**

Des groupes comme Accor, Axa ou Danone sont représentatifs d'une culture géocentrique marquée par un mode de communication en réseau dans lequel le siège n'est qu'un élément du processus (approche transversale). Dans ce type de structures, le siège et les filiales collaborent et cherchent à développer des indicateurs à la fois mondiaux et locaux. Ces entreprises se trouvent souvent dans un double processus, alliant intégration mondiale (coordination et harmonisation des activités) et différenciation locale (réponse aux exigences locales).

Le géocentrisme est l'un des modèles dominants des entreprises du CAC 40 (Rojot *et al.*, 2003) au niveau de l'organisation des relations entre le siège et ses filiales. Il est présenté ci-après les principales caractéristiques du modèle géocentrique.

Tableau 5.4 – *Modèle géocentrique*

| Attitude siège-filiales | Caractéristiques |
| --- | --- |
| Leadership organisationnel<br>Prise de décision<br>Contrôle<br>Coordination | Système global de prise de décisions avec collaboration étroite entre siège et filiales.<br>Mise en place d'indicateurs à la fois globaux et locaux.<br>Développement d'une « culture Groupe » au plan mondial. |

Tableau 5.4 – *Modèle géocentrique*

| Attitude siège-filiales | Caractéristiques |
|---|---|
| Communication et flux d'information | Flux bidirectionnels entre le siège et ses filiales. |
| Gestion des ressources humaines | Cadres recrutés en fonction de leur expérience et compétence, sans prise en compte de la nationalité. |
| Politique marketing et action commerciale | Stratégie de développement au niveau mondial, avec création d'interdépendances fortes entre le siège et ses filiales. |

Le modèle géocentrique correspond généralement à un stade avancé du développement des entreprises à l'international (organisations transnationales). Dans ce type d'organisation, la nationalité n'est plus un critère déterminant en matière de recrutement et d'affectation des cadres aux postes de direction. Les responsabilités sont accordées au regard de l'expérience et de la compétence, sans prise en compte de l'origine culturelle des postulants. L'expatriation, dans cette perspective, ne se fait plus en sens unique, de la maison mère vers les filiales, mais aussi entre filiales, et des filiales vers la maison mère le cas échéant.

**REPÈRES : Danone : vers une entreprise mondiale de proximité**

« Mais le modèle de croissance de Danone repose aussi très fortement sur la capacité de ce Groupe et de ses hommes et femmes à être proches des marchés locaux et à s'y adapter. Si nous réussissons aujourd'hui en Asie... c'est justement par cette faculté de ne pas systématiquement imposer de modèle rigide ou plaqué. Avec cette manière différente, et peut-être unique, d'internationaliser notre présence, où nous construisons ce que j'appelle une *entreprise mondiale de proximité* ». Je suis convaincu que c'est un atout majeur pour les années à venir. »

Franck Riboud

Président-directeur général

Groupe Danone

(*Extrait du Message du Président – rapport annuel 2002*)

## Synthèse des différentes approches

Il est proposé une synthèse comparative des relations siège-filiales à partir de l'approche développée par Perlmutter. La comparaison est réalisée autour de trois principaux critères représentatifs des différences d'approches en matière d'organisation (degré de complexité, autorité et prise de décision, évaluation et contrôle) et de relations intra-firmes (orientation culturelle, degré d'interdépendance et d'autonomie, origine des flux).

Tableau 5.5

| Typologie / Critères | *Ethno-centrisme* | *Polycentrisme* | *Régio-centrisme* | *Géocentrisme* |
|---|---|---|---|---|
| ***Identité organisationnelle*** | Entreprise à forte culture nationale avec un pouvoir central fort | Organisation multi-domestique autour de la ationalité des pays d'accueil (pouvoir central limité) | Organisation multipolaire autour de grandes zones géographiques homogènes (sièges régionaux) | Entreprise mondiale de proximité (collaboration siège-filiales) |
| ***Gestion des relations siège-filiales*** | Communication descendante avec fortes directives en provenance du siège central. | Fort degré 'autonomie au niveau des filiales. Diversité des situations et faible communication entre les entités. | Interdépendance stratégique au plan régional avec flux de communication élevé entre sièges régionaux et filiales | Interdépendance stratégique au plan mondial avec flux de communication importants entre filiales et au niveau des relations siège-filiales |
| ***Systèmes Évaluation Contrôle*** | Indicateurs de performance et de contrôle fixés par le siège du pays d'origine. Contrôle des activités exercé par les cadres et responsables de la maison mère. | Indicateurs déterminés localement, en fonction des besoins et des particularismes locaux. Contrôle des activités exercé par les cadres de chaque pays. | Indicateurs définis régionalement par grandes zones géographiques. Contrôle des activités exercé par des responsables régionaux. | Indicateurs globaux élaborés à partir des contraintes nationales et transnationales. Contrôle des activités exercé en fonction des exigences requises, hors considération des origines nationales |

Section 3

# LE MANAGEMENT DE LA DIVERSITÉ CULTURELLE

## 1 Les enjeux d'un management de la diversité

La diversité culturelle au sein des organisations tend à profondément modifier l'influence et le rôle de la culture dans la sélection, le recrutement et la gestion des carrières. En effet, chaque modèle d'organisation possède son propre système de pensée fondé sur un ensemble d'attentes et de suggestions pour obtenir les meilleurs résultats. Lorsqu'une entreprise s'appuie sur une population de salariés homogène en termes de profils (culturels), le système tend à se perpétuer. La culture peut donc être difficile à modifier dans la mesure où les organisations vont rechercher un candidat pour un poste en fonction de son adéquation avec la proximité culturelle de la majorité des membres de l'entreprise : au niveau du style, des valeurs et des convictions (Schein, 1985). Dès lors, le candidat retenu sera celui qui pour une compétence donnée, est le mieux à même de représenter et de défendre les valeurs de l'entreprise. C'est ce que confirment plusieurs recherches empiriques (Brewer, 1979 ; Tajfel, 1982) qui montrent l'existence de préférences culturelles en matière de recrutement et de développement de carrières. Les références de base de l'entreprise se voient ainsi renforcer, par l'affectation à des postes clés, de représentants de la culture dominante et la mise en place d'une politique RH en accord avec ses principes (définition des critères de récompenses, sanction, promotion et d'exclusion en fonction de la culture de l'entreprise).

**Exemple**

Pour comprendre comment deux modèles culturels ont une incidence sur le management et la gestion des ressources humaines, il est proposé de comparer le modèle latin (et notamment français) avec le modèle anglo-saxon dans le domaine de la gestion de carrières. Le modèle latin se fonde sur le recrutement d'élites provenant d'écoles réputées (Grandes Écoles, PhD, MBA) pour la rigueur de leur sélection et leur capacité à préparer de futurs dirigeants. Il repose également sur la capacité des candidats à s'insérer dans différents réseaux relationnels (jeu politique) À l'inverse, le modèle anglo-saxon est fondé principalement sur la compétence (recherche de candidats à haut potentiel) et la preuve de résultats tangibles (recherche d'un investissement rentable à court terme). Dès lors, un recruteur français portera une attention plus grande aux critères de formation ou de positionnement socioprofessionnel alors que son collègue américain insistera davantage sur les facteurs de performance et de valeur personnelle.

Ainsi, une évolution culturelle liée à des rapprochements, alliances ou recrutements massifs de nouveaux salariés (en particulier étrangers) peut avoir comme effet d'accélérer les changements au sein de l'organisation, en remettant en cause certains principes ou critères initialement établis. La formation de groupes culturels hétérogènes et ses conséquences (culture transnationale) vont faire émerger de nouveaux principes, dont certains peuvent être en contradiction (ou en opposition) avec ceux d'un autre groupe. Si cette dynamique peut aboutir à des résultats positifs (changement/innovation), elle peut aussi conduire à des conflits de valeurs, d'intérêts ou d'objectifs, si les parties en présence ne parviennent pas à s'entendre. La diversité culturelle peut ainsi favoriser des relations affectives non maîtrisées (affinités, sensibilité, attrait) avec le développement de stratégies de coalitions et d'interactions spécifiques (Tsui *et al* ; 1992), à partir du moment où les décisions font appel au facteur humain, à l'instar des procédures de recrutement, de promotion ou de développement de carrières (Dolan *et al.*, 2002). De telles hypothèses peuvent dès lors créer un éclatement de l'organisation en groupes culturels distincts et concurrents, et réduire ainsi les échanges intergroupes à des luttes d'influences et de pouvoir au niveau de la gestion du personnel.

Ces changements doivent donc être pris en compte dans une politique des ressources humaines, même si les études sur le sujet montrent la possibilité de transformer ces risques en effets positifs pour l'entreprise, grâce à un management approprié (Williams et O'Reilly, 1998). En effet, quand les entreprises deviennent multiculturelles, il y a une tendance à un recentrage de l'organisation sur certaines *valeurs fondamentales* comme l'ouverture internationale, la tolérance, la recherche de synergies qui permettent aux nouveaux arrivants de s'identifier à des caractéristiques positives, distinctives et durables. Ce mécanisme d'identification n'est donc pas à négliger et permet aux nouveaux employés de s'insérer dans l'organisation, en montrant une loyauté et de la fierté (Ashforth et Mael, 1989). De plus, Elsass et Graves (1997) soulignent que des directives de l'entreprise visant à créer des normes d'équité sociale (systèmes de rémunération et de promotion identiques, transparence des informations...) entre les membres de l'organisation contribuent à réduire les différences culturelles. Selon ces auteurs, les conflits interculturels proviennent essentiellement du fait que l'un des groupes culturels présents a le sentiment d'être désavantagé. Par exemple, constater que son savoir faire est moins reconnu que celui des autres, se rendre compte qu'on dispose de ressources (budget, effectif, équipements) moins importantes sont autant de facteurs qui contribuent à renforcer les tensions et les jalousies au sein des groupes de travail. Ces distorsions sont particulièrement fréquentes lorsque les écarts concernent la rémunération, l'affectation des responsabilités (répartition des positions et des compétences) et la transmission des informations (origine et orientation des flux).

La mise en place de principes généraux soutenus par des critères (indicateurs) objectifs est par conséquent en mesure de rationaliser les conflits culturels et de faire converger les acteurs dans la même direction. Il en va de même en ce qui concerne certains programmes de management de la diversité (séminaire de formation, campagne de sensibilisation, système de quotas, établissement de règles d'équité, rémunération, système d'information, mobilité internationale...). Naturellement, les effets positifs d'une telle politique prennent du temps et demandent souvent des efforts d'explication et de communication, et l'acceptation de certaines erreurs durant le processus.

## 2 La gestion des cadres expatriés et *impatriés*

Nous présentons les principaux rôles des expatriés et impatriés dans les organisations internationales, avant d'analyser les enjeux et risques de ce type de politiques dans le développement et la gestion des entreprises.

## 2.1 Les rôles des expatriés et des *impatriés*

Les expatriés et les impatriés constituent, pour l'entreprise, des ressources stratégiques au service de son développement et de son organisation. Ils sont souvent un apport en termes d'élargissement de compétences et de fonctions au sein de leur entreprise d'accueil et favorisent le développement des relations entre le siège et ses filiales.

Les principales fonctions confiées aux cadres expatriés dans le cadre de leurs missions consistent généralement à :

- contrôler et coordonner les activités de la filiale étrangère (mise en place d'indicateurs de performance compatibles avec les valeurs du groupe) dans un souci de cohérence et d'harmonisation.
- transférer le savoir faire (technique et managérial) de la société mère vers la nouvelle filiale.
- aider au développement organisationnel des unités d'affaires par un soutien financier, logistique et technique.
- soutenir le développement de nouveaux marchés grâce à l'expérience internationale de ses cadres expatriés et l'organisation de synergies entre les firmes.
- assurer une interface entre la société mère et les différentes unités d'affaires, en créant un lien continu entre les entités.
- transférer la culture organisationnelle du siège (croyances, valeurs, normes) vers les unités locales.

Les impatriés sont également appelés à jouer des rôles spécifiques au sein de l'entreprise d'origine. Ils permettent en particulier aux directions centrales de :

- améliorer de la communication (et la collaboration) entre le siège et ses filiales.
- apprendre à connaître les marchés locaux dans lesquels l'entreprise intervient et souhaite se développer.
- sensibiliser le groupe aux pratiques commerciales et aux règles en vigueur dans certains pays cibles qui présentent des caractéristiques distinctives.
- prendre conscience de la réalité multiculturelle de l'entreprise par le contact avec des collaborateurs de profils différents et parlant pour la plupart une langue étrangère.
- Avoir une expérience concrète de la façon de se comporter et de réagir face à des acteurs de cultures différentes.

Expatriés et impatriés sont par conséquent des *agents de liaison*, dont l'intégration au sein d'une nouvelle entité (siège ou filiale) contribue à améliorer les relations entre les différentes composantes du groupe. Ils permettent de rendre compte de la complexité des entreprises multinationales et mondiales, et d'améliorer les interdépendances stratégiques entre le(s) siège(s) et les différentes unités d'affaires.

## REPÈRES : La politique de mobilité internationale chez Alcatel

**Type de mobilité internationale**

**Affectation « internationale »**

Durée de 1 à 3 ans, gérée à partir du pays d'origine, généralement suivie du retour à l'unité initiale à la fin de la mission

**Missions de courte durée**

Projets de 3 à 12 mois, indemnité journalière et logement

**Transfert International – sur proposition d'Alcatel**

Commence en tant qu'affectation avec transformation en contrat local avant la fin de la cinquième année

**Transfert International – sur demande de l'employé**

Position proposée selon les conditions locales, aide à la re-localisation

**Expatrié**

Postes traditionnellement basés dans les marchés émergeants, sans limitation de durée, gérée à partir du pays d'origine (sans unité d'affectation) – aujourd'hui l'exception et non plus la règle.

**« Euro Commuter » (Mobilité Européenne)**

Pays d'origine européen, travaillant régulièrement dans un autre pays européen, rôle international. Voyage d'affaires (frais de transport, logement, imposable dans le pays d'origine)

**Programmes d'échange**

Expérience internationale de 6 à 24 mois, proposée aux employés à fort potentiel, échange de salariés sur postes équivalents

**Rémunérations – Primes à la Mobilité**

**Salaire de base**

Rémunération, fonction de l'évaluation du poste à pourvoir

**Conditions d'expatriation**

Analyse des écarts – coût de vie (par remboursements, bilans)

**Motivations**

Primes à la mobilité, dans certains pays – primes « d'endurance »

**Intéressement**

Traitement d'égalité entre tous types d'expatriation

**Acceptabilité**

Accord préalable de l'employé sur l'ensemble des termes et conditions.

*Source : Kiernan (2001), « Alcatel et la mobilité internationale », Caree Développent International Mobility – Mars 2001.*

## 2.2 Le processus de gestion des cadres expatriés

### ➤ *Le choix du recours à des cadres expatriés*

Le choix de recourir à des cadres expatriés est une solution alternative à celui de recruter sur place des cadres locaux. Bien que la plupart des entreprises s'accordent à dire qu'il vaut mieux chercher sur place des responsables pour leurs filiales internationales, le recours à des managers expatriés n'est pas prêt de disparaître. À titre d'exemple, de grandes compagnies comme Shell qui disposent pourtant d'un réservoir de cadres locaux important, font énormément appel au personnel expatrié, en ayant envoyé plus de 5 000 responsables dans le monde, situés dans une centaine de pays (Hsieh *et al.*, 2000). L'expatriation est donc un enjeu essentiel pour les firmes qu'il convient de bien comprendre, pour en saisir l'intérêt mais également ses limites. L'expatriation est tout d'abord un moyen pour l'entreprise de marquer sa présence dans les différentes filiales, en diffusant ses valeurs à l'ensemble des unités. La présence de cadres issus du siège permet d'assurer un contrôle étroit du siège sur les activités de l'entreprise.

L'expatriation est aussi un moyen de transférer des compétences et savoir faire du siège vers les filiales, en offrant à chaque unité le même niveau d'expérience et de professionnalisme. Cette politique peut notamment s'avérer utile, quand les compétences locales sont moins qualifiées que celles du siège. De plus, l'expatriation est un moyen de valoriser les ressources humaines de l'entreprise : soit en exprimant la confiance du groupe à l'égard de ses managers expérimentés, soit en favorisant le développement professionnel de cadres à haut potentiel. Dans ce second cas, l'expatriation devient un moyen pour les Direction des Ressources Humaines de promouvoir certains cadres à haut potentiel, en leur permettant d'accéder (rapidement) à des postes à responsabilité.

#### Exemple

À l'instar d'autres grandes entreprises, le groupe pétrolier Total, fusion de Total Fina et d'Elf (en 2000), quatrième producteur mondial d'hydrocarbures et cinquième chimiste a développé un suivi très organisé pour les cadres expatriés à haut potentiel. L'entreprise emploie pour cela des gestionnaires de carrières. Rattachés transversalement à la DRH centrale, ces responsables sont chargés de détecter les hauts potentiels et d'aider les salariés à changer de fonction (mobilité fonctionnelle) ou de pays (mobilité internationale) Cette fonction clé répond à plusieurs préoccupations : faire partager la même culture du métier, harmoniser les pratiques de travail de l'entreprise, former certains employés des filiales locales, renforcer le contrôle des activités à l'étranger. Mais l'entreprise cherche surtout à fidéliser les cadres à haut potentiel pour qu'ils puissent faire carrière au sein du groupe. Le groupe entend ainsi encourager la mobilité internationale de ces cadres, afin de leur offrir des perspectives de carrières prometteuses. L'expatriation est donc un moyen pour des cadres talentueux d'accéder à un niveau d'autonomie et de responsabilités qu'il aurait été difficile d'obtenir à âge et à expérience équivalente dans son propre pays. Cette expérience doit par la suite leur permettre de prendre des responsabilités importantes au sein du Groupe.

En dépit de ses avantages, l'expatriation n'est pas sans poser des problèmes à l'entreprise. Les salaires des expatriés, les indemnités et avantages associés à leur fonction (logement, assurance, formation…) sont très souvent supérieurs à un demi – million de dollars par an (Mckinsey, 1997). Les coûts peuvent parfois atteindre le million de dollars, si on prend en compte le temps et l'investissement passés dans la sélection des candidats, les visites effectuées et la gestion des transferts. Cette option crée également des problèmes d'un point de vue managérial. Elle peut être perçue par les acteurs locaux comme une main mise du groupe sur leur organisation, en réduisant fortement leur autonomie de décision. Ce ressenti peut dès lors se traduire par un manque de loyauté des acteurs locaux à l'égard d'une filiale considérée comme « étrangère » à la culture du pays. Elle peut également entraîner une démotivation des cadres locaux qui voient, dans la décision d'expatrier, l'impossibilité pour eux d'atteindre les postes- clés occupés par les expatriés. Une expatriation mal gérée peut, de ce fait, aboutir à un clivage entre les cadres locaux et étrangers. Sur un autre plan, l'expatriation pose aussi des problèmes personnels pour les cadres expatriés (gestion des risques, incertitude) et leur famille (difficultés à s'adapter aux codes et pratiques du pays), en venant perturber leur style et mode de vie. L'adaptation à un environnement peu familier et parfois hostile peut ainsi conduire certains expatriés à quitter leur fonction.

L'expatriation est donc une décision qui doit être mûrement réfléchie par la direction de l'entreprise, compte tenu des problèmes que pose ce type de politique. Le choix de cette politique doit en effet s'apprécier au regard de ses avantages mais aussi de ses limites. Il est par conséquent proposé de comparer cette option par rapport au choix de recruter des cadres locaux.

Tableau 5.6 – *Analyse des choix du recrutement de ressources humaines locales ou expatriés*

| | **Avantages** | **Inconvénients** |
|---|---|---|
| **Cadres expatriés** | • Transfert des pratiques managériales du siège vers les filiales, rendu plus aisé à cause des liens de proximités entre la direction et ses cadres expatriés.<br>• Contrôle rapproché des activités locales et meilleure harmonisation des pratiques de travail.<br>• Possibilité d'offrir aux cadres de l'entreprise mère une expérience internationale et des perspectives de développement professionnel.<br>• Formation d'une équipe de cadres dotés d'une expérience interculturelle.<br>• Coordination plus efficace des activités pour cause d'harmonisation et d'une communication plus aisée entre les entités du groupe. | • Manque de loyauté du personnel local face à une filiale perçue comme « étrangère ».<br>• Démotivation des cadres locaux incapables d'atteindre les postes- clés occupés par les expatriés.<br>• Coûts de transfert potentiellement élevés.<br>• Coûts élevés à cause des frais d'installation et des indemnités de déplacement.<br>• Problèmes d'adaptation au nouveau contexte environnemental culturel.<br>• Risques de problèmes personnels et familiaux.<br>• Cadres assujettis parfois à des restrictions de la part des autorités locales. |

Tableau 5.6 – *Analyse des choix du recrutement de ressources humaines locales ou expatriés*

| | Avantages | Inconvénients |
| --- | --- | --- |
| **Cadres locaux** | • Coûts réduits de main d'œuvre.<br>• Démonstration la confiance que porte l'entreprise envers ses ressources locales.<br>• Reconnaissance de la filiale en tant qu'un acteur naturel de l'économie locale.<br>• Prises de décision au sein de la filiale fondées sur des facteurs locaux.<br>Insertion de la filiale dans la communauté locale.<br>• Plus grande acceptation de l'organisation par la population du pays d'accueil. | • Difficulté d'arbitrage entre les demandes locales et les priorités du siège.<br>• Problèmes d'harmonisation avec des risques de conflits d'objectifs ou d'intérêts.<br>• Risques d'une forte différenciation culturelle entre les entités.<br>• Report des décisions ayant des conséquences locales ce qui peut freiner le développement de la filiale.<br>• Difficulté de recruter des personnes qualifiées.<br>• Diminution du contrôle exercé par le siège central. |

### ➤ *La sélection des cadres expatriés*

Dans les grands groupes, l'expatriation est traditionnellement réservée aux cadres expérimentés dont les compétences managériales doivent contribuer à exercer un contrôle plus étroit des activités. Le profil recherché est par conséquent des responsables de haut niveau, ayant déjà dirigé des centres de profit et dotés d'une expérience à l'international. Mais la mobilité internationale des cadres peut également concerner des collaborateurs plus jeunes, appelés à un brillant avenir au sein du Groupe. Elle touche, dans ce cas, principalement des personnes à haut potentiel (Bournois, Roussillon, 1998), célibataires de préférence ou mariés sans enfant, qui présentent un esprit tourné vers l'international (ouverture d'esprit, capacités managériales, gestion du stress). Ces jeunes cadres sont généralement envoyés à l'étranger, pour acquérir une première expérience internationale et développer leurs facultés d'adaptation à un environnement nouveau et peu familier. L'expatriation est par conséquent un moyen de révéler des personnes talentueuses et autonomes, capables de se remettre en cause face à des situations nouvelles ou imprévues (Cerdin, 1999). Elle constitue d'ailleurs un passage quasi-obligé pour les personnes souhaitant accéder rapidement à des postes de responsabilités au sein du Groupe (Renaud, 2003[1]). La mobilité internationale intervient en effet à différents stades de la progression de carrières et s'impose donc comme un des facteurs clés de la labélisation du cadre à haut potentiel puis de son évolution vers le statut de cadre dirigeant. Elle est un moyen d'apprécier les qualités de résistance physique, physiologique et professionnelle face à des changements facteurs de stress et d'anxiété. Le choix d'affecter un cadre à l'international est donc rarement le fruit du hasard. Il s'appuie sur des critères de sélection précis et stricts.

1. Propos de Y.Renaud, responsable de recrutements chez Michael Page, relevé par E.Pauly-Maillart dans son article « *S'expatrier pour doper sa carrière ?* », L'Express, n°8, Hors-série, 2003, p. 100-104.

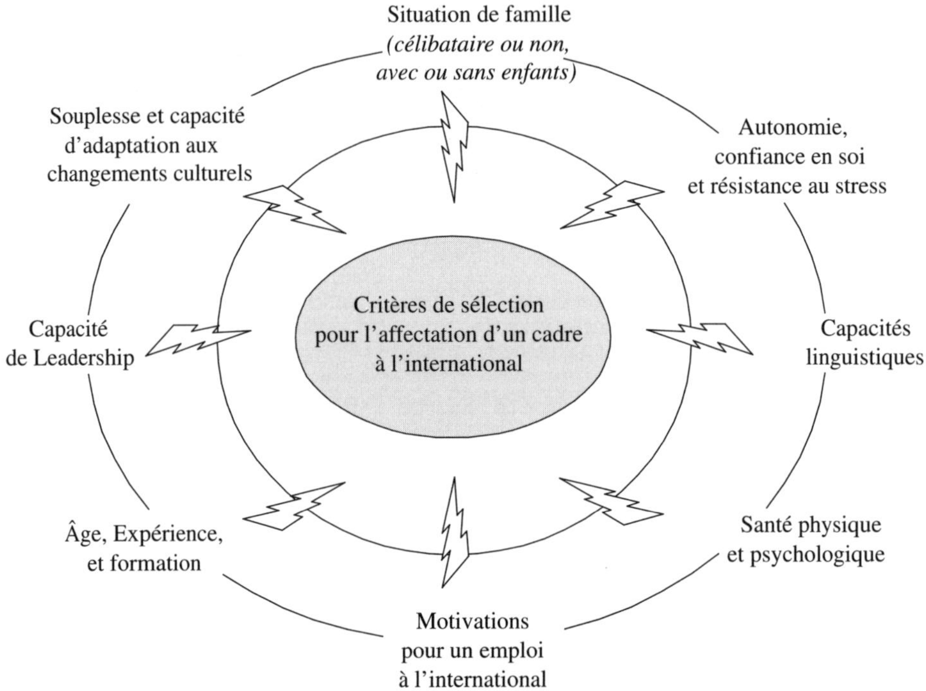


## 2.3 Les risques de l'expatriation et la gestion du rapatriement

La réussite d'une expatriation ne va pas de soi et dépend de la capacité du cadre expatrié à s'adapter à différents environnements de nature différente. Cerdin et Peretti (2000) en distinguent trois principaux. La première dimension concerne l'environnement professionnel et vise à étudier l'attitude et le comportement du cadre expatrié dans le cadre de son nouveau travail. Le second porte sur l'environnement social et culturel et la manière dont le cadre va réussir à s'exprimer et communiquer avec la population locale. La troisième dimension concerne l'environnement général (sociétal) et la façon dont le cadre et sa famille vont s'adapter aux conditions de vie du pays d'accueil.

| Les principaux problèmes d'adaptation | Illustrations |
|---|---|
| **Adaptation au milieu professionnel** | - Nature des nouvelles responsabilités et fonctions au sein de la filiale<br>- Evolution de la répartition des rôles et des tâches entre les acteurs de l'organisation<br>- Niveau de performance attendue de la part du siège<br>- Niveau des attentes et revendications du personnel local<br>- Caractéristiques du climat interne avant et depuis la décision d'expatriation |
| **Adaptation à l'environnement social et culturel du pays d'accueil** | - Degré de sensibilité à la culture du pays<br>- Degré de capacité à comprendre les codes de conduites de la population locale<br>- Niveau d'aisance (relationnelle) et d'ouverture à l'égard des acteurs locaux<br>- Aptitude à gérer l'inconnu et l'incertitude<br>- Degré de capacité à se remettre en cause |
| **Adaptation générale** | Barrières de la langue, nourriture, logement, coût de la vie, climat, coutumes, scolarisation des enfants, situation du conjoint, loisirs, facilités de déplacement… |

### ➤ *Les raisons des échecs des mutations internationales*

Les dernières enquêtes menées sur le sujet sont explicites : entre un tiers et un quart des salariés ayant opté pour des mutations internationales éprouveraient des difficultés à s'adapter à un contexte culturel non familier et quitteraient leur poste avant la fin de leur contrat souvent de trois ans (Adler, 2001 ; Harreau, 2000 ; Bross, Matte, 1997). Des études réalisées aux États-Unis montrent d'ailleurs que le taux d'échec des mutations internationales sans préparation est d'environ 25 % et peut parfois aller jusqu'à 40 % des effectifs transférés (Nancy, Ghandar, 1990). Les taux d'échecs s'avèrent particulièrement élevés pour les entreprises américaines en comparaison à leurs homologues européens, et concernent principalement les expériences menées dans les pays en voie de développement. Les facteurs d'échecs à une mutation internationale sont donc nombreux. (Stone, 1991 ; Tung, 1987 ; Holmes, Piker, 1980).

Les risques qui peuvent naître de mutations internationales, sont d'autant plus difficiles à anticiper et à gérer qu'ils sont précisément le produit de fondement culturels. Ces problèmes peuvent prendre différentes formes :

– *un problème de leadership (ou de positionnement)* au sein de l'entreprise, où l'individu n'arrive pas à s'imposer auprès de ses collègues locaux qui refusent de collaborer « activement » avec lui ;

– *un problème de socialisation* vis-à-vis de la population du pays d'accueil, où l'individu ne parvient à s'insérer dans l'environnement culturel et social du pays et reste pour l'ensemble de ses interlocuteurs, un véritable « étranger », avec un réel risque de marginalisation ;

– *un problème de résistance (*physique, psychologique et culturel) à de nouvelles croyances, valeurs et normes culturelles qui imposent un changement radical dans la façon de gérer l'espace, le temps et ses relations avec les autres.

**Exemple**

Prenons le cas d'une mutation de responsables allemands appartenant à une entreprise de mécanique vers une filiale implantée en Inde, au début des années quatre-vingt-dix. Cette expérience d'expatriation fut un échec principalement pour des raisons d'incompréhension culturelle et d'adaptation à l'environnement local. Elle conduit au développement de préjugés entre les groupes d'acteurs en présence. Les Allemands eurent en effet du mal à se défaire d'une image rigide et dominatrice. Les Indiens furent taxés de manque d'autonomie et de responsabilités dans leur travail. La raison de cet échec provient principalement d'un manque d'adaptation à la culture et aux pratiques du pays d'accueil. On peut dans le cas présent identifier comme principal élément de fracture culturelle qui conduisit au retour (et au remplacement) de près la moitié des responsables allemands en l'espace de deux ans, le problème du rôle, de la position et de la contribution de l'individu dans l'entreprise. Dans le cadre de la gestion des activités, si la notion de fonction et de tâches était naturelle pour les manager allemands, elle est apparue comme un élément dévalorisant pour une majorité des salariés indiens. Alors que pour l'allemand, la réalisation professionnelle (et sa gratification) reposait avant tout sur l'accomplissement de la tâche, les collaborateurs indiens perçurent cette demande comme une marque d'irrespect. Le statut de l'action en Inde est en effet dévalorisé au profit d'une position plus métaphysique (spiritualisme), où la réflexion doit l'emporter sur l'exécution. Selon cette vision de l'organisation qui sépare réflexion et action, aborder le travail sous l'angle des tâches, c'est considérer son interlocuteur comme un exécutant, une personne de position inférieure. C'est également créer un lien entre action et performance que l'Indien traduira comme une position intéressée centrée sur le profit. Or pour l'Indien, l'action doit avant tout s'insérer dans une vision globale et collective au service de la communauté.

Si ces problèmes existent quel que soit le cadre expatrié, les réponses à apporter se révèlent d'autant plus difficiles, lorsque le cadre en question aborde et analyse sa situation de manière erronée. Plusieurs facteurs peuvent en effet contribuer à transformer une situation normale (bien que délicate) en une position inconfortable, source de frictions et de malentendus (cf. tableau) :

### ➤ *La gestion du rapatriement des cadres internationaux*

Au-delà de la capacité des salariés à s'adapter à un nouvel environnement, une autre raison d'échecs en matière de mutation internationale peut venir de la difficulté de la personne à se « réadapter » aux conditions de son entreprise (culture, ambiance, conditions de travail), voire de son pays d'origine (habitudes, comportements, conditions de vie). En effet, les écrits portant sur les politiques de rapatriement font référence à deux types de problèmes vécus par les employés, lorsqu'ils

***Facteurs d'échecs des mutations internationales***

- **Approche opportuniste de la mutation**, sans prise en compte des réelles conséquences de cette décision sur le développement personnel et familial (réactions et adaptation de la famille au fait de rester dans le pays d'origine ou de suivre le salarié dans sa mutation)
- Conscience limitée de la réalité du **choc culturel** (minimisation du facteur culturel et humain) et de ses conséquences en matière de gestion relationnelle et humaine
- **Absence de sensibilité culturelle** et d'ouverture sur l'autre (fort attachement à sa culture d'origine)
- **Priorité accordée aux compétences techniques** au détriment des compétences managériales et interpersonnelles

*Source :* Gomez-Mej a *et al.* (2000)

sont de retour au sein de leur pays d'origine. On distingue d'une part, les problèmes professionnels (relatifs à l'emploi occupé par le cadre à son retour) et d'autre part, les problèmes personnels (liés à la situation familiale du cadre). Le rapatriement ne conduit donc pas nécessairement à une réintégration aisée du personnel expatrié dans son ancienne organisation. Le changement de contextes (réorganisation interne, nouveaux salariés, nouvelles références), les évolutions du marché du travail et de l'emploi, les habitudes prises par l'expatrié et sa famille sont autant d'éléments qui peuvent rendre le retour du salarié expatrié excessivement difficile. Il peut par conséquent arriver que le retour dans le pays d'origine soit vécu comme une désillusion et ne permette pas au salarié de se réinsérer facilement dans son environnement antérieur, tant d'un point de vue professionnel que personnel.

***Principaux problèmes liés au rapatriement***

- **Mauvaise préparation ou anticipation** du retour de l'employé.
- **Réadaptation familiale difficile** pour des raisons psychologiques (envie de rester), matérielles (problème du logement) ou financières.
- **Difficulté à se réhabituer à la culture** du pays et de son entreprise d'origine.
- **Sous-utilisation de l'expérience acquise** à l'étranger.
- **Perte d'une partie de son ancienneté ou de sa position** au sein de son entreprise (redistribution différente des cartes de pouvoir).
- **Modification de la situation de l'emploi** (insécurité, précarité, évolution des compétences) au cours de la période, nécessitant un changement d'orientation professionnelle.

*Source :* adapté de Chua et Saba (1999)

# 3 La sélection et la formation de dirigeants internationaux

Le dirigeant qui doit travailler avec des équipes internationales ou s'installer à l'étranger passe généralement par différentes phases, avant de pouvoir réellement s'adapter à d'autres cultures. L'intensité du choc culturel et le temps nécessaire pour s'habituer à ce nouvel environnement dépendent de la motivation du responsable mais aussi de ses capacités. Nous exposons les compétences personnelles, professionnelles et organisationnelles qui peuvent favoriser l'adaptation culturelle du dirigeant dans le cadre de son activité internationale. Afin de préparer dans de bonnes conditions sa relation à l'autre, le futur manager international peut dans le cadre de son parcours professionnel améliorer son processus d'adaptation culturelle. En particulier, son niveau de formation culturelle et linguistique, sa capacité d'ouverture et le développement d'expériences nouvelles et diversifiées peuvent contribuer à le rendre plus à même de répondre aux problèmes posés par la gestion d'équipes multiculturelles.

## 3.1 Compétences linguistiques et maîtrise des éléments non verbaux

Les compétences linguistiques sont indispensables pour établir des contacts et communiquer. Cependant, maîtriser complètement la langue n'est pas toujours possible. En effet, les temps d'adaptation ne permettent pas aisément de maîtriser une nouvelle langue et d'avoir une parfaite maîtrise des subtilités linguistiques (jeu de mots, humour, références). Au-delà des efforts réalisés dans ce domaine, il est donc essentiel de pouvoir essayer rapidement de comprendre l'autre à partir d'éléments de conversation courante (langage parlé, formules d'usages, expressions idiomatiques[1]). Les efforts pour parler la langue sont donc plus symboliques que vraiment pratiques mais l'impact est de taille car on démontre une volonté de communiquer avec l'autre, ce qui permet d'instaurer un climat de confiance essentiel dans le cadre d'un développement professionnel. L'attitude inverse peut en effet s'avérer désastreuse, puisqu'elle peut être assimilée à du mépris ou à un complexe de supériorité non justifié.

## 3.2 Capacité d'ouverture et empathie

La gestion d'équipes multiculturelles doit conduire à dépasser la connaissance d'une seule culture pour apprendre (autant que possible), les valeurs, normes et attentes de groupe de personnes de profils culturels distincts. Le manager international doit, pour cela, faire preuve d'empathie, en manifestant son désir de connaître les autres et tenir compte de cette connaissance dans le quotidien. Il s'agit notamment de s'intéresser aux pratiques et attitudes des différents individus avec lesquels

1. Expression typique d'un pays, fixée par la tradition et l'histoire, dont le sens est métaphorique et que l'on ne peut pas le plus souvent traduire (mot à mot) dans une autre langue.

**REPÈRES : Les pratiques de formation destinées aux cadres mutés dans des pays étrangers**

**Formation linguistique** : lecture, écriture, langage parlé, expressions locales.

**Formation aux affaires** : enjeux et tactiques des négociations internationales, attitude et comportement à adopter face aux autorités du pays et au personnel local, politique d'implantation à l'international, gestion d'une fusion-acquisition, montage de projets, gestion des partenariats…

**Formation au management** : gestion du stress, organisation du temps, anticipation et gestion des conflits, management de la complexité, animation d'équipes, préparation d'une négociation internationale, maîtrise de l'environnement, développement d'un réseau relationnel, résolution de problèmes, accompagnement du changement…

**Formation interculturelle** : programme de sensibilisation et d'adaptation à la culture du pays (histoire du pays, style de vie, philosophie, codes de conduite, rapport au travail, environnement). Mise en avant des principales différences avec son pays d'origine.

**Formation sur des aspects particuliers** : historique des activités de la filiale, de sa culture et de ses rapports avec la maison mère.

**Formation destinée à la famille** : formation destinée à l'épouse (ou au conjoint) et aux enfants : conditions de vie, nourriture, logement, scolarité, pratiques et codes culturels…

Adapté de Chua et Saba (1998).

le dirigeant va travailler. La difficulté tient ici au caractère immédiat des contacts qui empêchent bien souvent de bâtir la relation de manière séquentielle. Il incombe donc au dirigeant (de par ses fonctions) d'être très rapidement en mesure de créer un contact direct avec ses collaborateurs et de les mobiliser autour de projets fédérateurs. Le dirigeant doit aussi être capable de développer une empathie culturelle : « l'autre » doit se sentir accepté pour ce qu'il est. En effet, le dirigeant doit opérer une décentration par rapport à ses propres valeurs : il doit se donner les moyens de comprendre les hommes et de leur faire exprimer leurs besoins profonds. Ceci est d'autant plus compliqué qu'il doit également veiller à favoriser une coopération entre les acteurs de l'organisation. La mission du dirigeant international est donc double : il lui faut se faire accepter par un groupe hétérogène d'individus et veiller à ce que ces derniers parviennent à travailler ensemble dans l'intérêt de l'entreprise.

## 3.3 Tolérance à l'incertitude et à l'ambiguïté

Confrontés à l'incertitude, les dirigeants ressentent souvent le besoin de réaffirmer le contrôle qu'ils exercent et peuvent donc perdre en souplesse intellectuelle. En effet, lorsque des problèmes se posent, les dirigeants ont tendance à se référer à un cadre d'analyse initial. Très souvent, ce « construit » constitue pour les dirigeants un instrument sécurisant, leur permettant de baliser la complexité de leur environnement. Leur cadre de pensée initial peut ainsi devenir un référent stable sur lequel ils peuvent s'appuyer pour mener à bien leurs actions. Il peut d'ailleurs arriver que cette référence puisse dépasser le stade du référent, pour devenir progressivement un instrument de certitude auquel le décideur s'attache quels que soient les événements (ancrage culturel).

Le dirigeant international doit à tout prix éviter cet écueil, en faisant preuve de flexibilité, d'ouverture, s'il veut gérer avec succès les problèmes posés par la diversité culturelle. Il doit notamment admettre que la gestion d'une organisation est par nature complexe et que plusieurs perspectives peuvent être envisagées dans la résolution d'un problème donné. Il revient ainsi au dirigeant de s'adapter en suivant parfois son instinct et en montrant son aptitude à valoriser des compétences et des connaissances issues de personnes d'horizons différents. Il lui faut par conséquent admettre qu'il peut rencontrer dans le cadre de ses relations avec les autres, une part élevée d'incertitude et d'ambiguïté.

## 3.4 Expériences relationnelles et responsabilités diversifiées

Parallèlement à la formation culturelle et linguistique, certaines expériences passées peuvent permettre au dirigeant d'augmenter son aptitude à gérer des équipes interculturelles. En effet, les dispositions professionnelles pour un management interculturel ne se limitent pas à des politiques de mobilité géographique. Elles peuvent également provenir de la gestion de situations non familières, où le dirigeant a pu montrer sa capacité à raisonner sur plusieurs dimensions, en les articulant de manière cohérente et structurée.

**Exemple**

Au-delà d'expériences précoces à l'international, le dirigeant a la possibilité de puiser dans la gestion d'activités antérieures pour préparer dans de bonnes conditions son rôle d'agent interculturel. En effet, certaines activités ayant nécessité des qualités d'analyse, d'initiatives et des responsabilités de coordination sont propices à renforcer les qualités managériales du dirigeant dans la gestion et la résolution de problèmes incertains et souvent complexes. Par exemple, le fait de devoir gérer un changement d'envergure (réorganisation interne, intégration post-acquisition, insertion de nouvelles équipes) impliquant des résistances culturelles demande des efforts de communication et d'adaptation qui peuvent se révéler particulièrement enrichissants dans le développement professionnel d'un futur dirigeant international. De même, des expériences de management d'équipes comprenant des hommes et des femmes, d'âges et de formations différents, sont de nature à améliorer la capacité d'ouverture et d'écoute du responsable, en le faisant évoluer dans un milieu hétérogène caractérisé par des intérêts et des attentes parfois opposés.

## Repères : Enquête sur les attentes des dirigeants en matière de compétences à l'international

*Issue d'une base de données portant sur 180 dirigeants et responsables de grandes entreprises (Assystem, Beiersdorf, Bouygues Lindt&Sprungli, Publicis, Saint-Gobain 3SuissesInternational, Zodiac...), constituée entre 1995 et 2002. Voir Barabel et Meier, Dossier spécial Métier du Dirigeant, Expansion Management Review, n° 107, 2002, p. 32-41.*

***Thème 1 : Compétences linguistiques et maîtrise des éléments non verbaux***

*« Pour diriger des équipes désormais multiculturelles, il faut apprendre à discuter et travailler avec d'autres langues mais aussi avec d'autres univers (références, comportements, réflexes) ».*

*« Il faut aujourd'hui être capable de communiquer dans la langue de l'autre, ne serait-ce pour éviter les malentendus et gagner du temps dans les discussions ».*

*« Il est important d'être attentif aux comportements et attitudes dans le cadre de négociations avec des partenaires étrangers. Au-delà des mots, il faut être capable de sentir les choses ».*

***Thème 2 : Capacité d'ouverture et empathie***

*« Les qualités d'un manager à l'international ne sont pas toujours évidentes à posséder : il faut éviter de s'enfermer dans des réflexes nationaux et dans nos habitudes et surtout apprendre de l'autre, en resituant ce qu'il dit dans un cadre de pensée cohérent et ouvert ».*

*« C'est en voyageant et en vivant avec des cultures différentes que l'on apprend vraiment à comprendre et diriger la diversité des situations et des hommes ».*

*« Un bon manager doit se montrer ouvert et souple, même s'il doit garder une ligne de conduite claire et cohérente ».*

***Thème 3 : Tolérance à l'incertitude et à l'ambiguïté***

*« Être dirigeant aujourd'hui, c'est avoir la capacité et la volonté d'agir au niveau mondial, régional et national, en développant des capacités d'adaptation et de remise en cause fréquente ».*

*«La mondialisation change la donne. Elle modifie nos repères, nos logiques de pensées. Elle nous oblige à nous comporter différemment et à revoir nos modes de contrôle ».*

*« La gestion des risques (conflits, aléas, complexité...) est le quotidien de tout manager travaillant dans une grande entreprise internationale ».*

*« Les règles du jeu changent en permanence. Il faut être capable de modifier sa politique en fonction des nouvelles hypothèses, quitte parfois à se contredire avec ce qu'on avait au départ envisagé ».*

***Thème 4 : Expériences relationnelles et responsabilités diversifiées***

*« Le dirigeant international ne peut plus se contenter de dresser une vision, de contrôler les opérations. Il doit aussi fédérer et inventer de nouvelles façons de travailler et de mobiliser des acteurs finalement très différents ».*

*« la mondialisation s'impose à tous. Elle nous conduit à créer et gérer des organisations multiculturelles capables d'intégrer les différents talents locaux ».*

*« Il faut être prêt à gérer des situations multiples et variées ».*

*« Gérer la diversité, cela veut dire agir et décider à différents niveaux et dans différents domaines ».*

## L'essentiel

La réalité culturelle des firmes nécessite de tenir compte de la culture historique des organisations, pour comprendre les principes et modes de fonctionnement des entreprises. En effet, chaque entreprise reste plus ou moins attachée à des systèmes de valeurs et des modes d'organisations issus de son histoire et de sa culture d'origine. Ainsi, en fonction de l'influence accordée aux cultures locales dans les processus de décision, on peut identifier différents modes de relations entre le siège et ses filiales. Selon les entreprises, les relations intra-firmes peuvent s'avérer radicalement différentes et changer considérablement les pratiques et modes de management : le modèle ethnocentrique tend par exemple à renforcer les valeurs de la culture d'origine de l'entreprise, tandis qu'un modèle géocentrique devra inventer une nouvelle forme de culture à partir des diverses influences culturelles qui composent l'organisation. Aborder la question de l'interculturel demande par conséquent d'étudier attentivement les cultures originelles et actuelles de l'entreprise. Mais au-delà du repérage des influences culturelles, il importe de gérer et de valoriser les différences dans une optique de performance. Pour ce faire, il convient d'associer la diversité à des types de politiques de développement, en favorisant l'intégration d'un personnel diversifié.

# 6 LA NÉGOCIATION INTERCULTURELLE

La négociation interculturelle constitue une des pratiques dans lesquelles la question des différences culturelles agit pleinement, en raison de l'existence de valeurs et de styles de comportements spécifiques à chacune des parties. La section 1 aborde les points critiques d'une négociation interculturelle. Elle expose les types de comportements à adopter lors d'une discussion avec un interlocuteur étranger durant les différentes phases du processus relationnel. La section 2 présente les différentes situations de négociation entre acteurs de cultures nationales différentes. Elle distingue en particulier la négociation commerciale internationale, la négociation d'affaires, le cas de la création de joint-venture avec un partenaire étranger (filiale commune) et celui de la prise de contrôle internationale (achat d'entreprises étrangères). La section 3 illustre les difficultés de négociation interculturelle à travers l'analyse des styles de négociation entre firmes chinoises et américaines. Elle met notamment en exergue les différences fondamentales entre les stratégies intégrative et distributive.

# Section 1 LES POINTS CLÉS DE LA NÉGOCIATION INTERCULTURELLE

## 1 Connaître les usages et les codes culturels

Dans le cadre de négociations internationales, il importe de bien connaître les usages et les codes culturels de ses interlocuteurs qui peuvent varier d'un pays ou groupe de pays à un autre. En effet, les cultures n'ont pas forcément les mêmes systèmes de références et nécessitent par conséquent du temps pour bien les comprendre et en saisir toutes leurs portées. Il importe donc de reconnaître ces différences avant d'initier des négociations avec un partenaire étranger : le négociateur doit s'attacher à cerner les points sensibles sur lesquels l'autre partie peut réagir avec force. Il faut en particulier éviter des propos et des attitudes qui seront jugés par l'autre comme blessants, offensants et humiliants.

**Exemple**

> Alors que pour les Saoudiens, le fait de regarder droit dans les yeux son partenaire traduit l'instauration d'un contrat direct et continuel, il n'en va de la même façon dans d'autres cultures. Ainsi, si les Anglo-Saxons regardent dans les yeux leurs interlocuteurs, ils peuvent être gênés par l'insistance d'un regard qu'ils jugeront trop intimistes dans le cadre de relations formelles. Inversement, nombre de cultures africaines évitent le contact visuel en guise de respect. Les Américains et canadiens peuvent interpréter ce geste comme un signe de fourberie ou de malhonnêteté.

Dans le cadre d'une relation entre deux groupes culturels distincts, un même fait (mot, geste, attitude) peut donc avoir une signification différente en fonction des personnes en présence et produire par conséquent des résultats inverses de ceux escomptés. De ce fait, on peut, sans le vouloir, par des comportements issus de sa culture d'origine, enfreindre des codes culturels au point que la personne concernée se sente très mal à l'aise et développe des réactions hostiles à l'égard des actions proposées. Il importe donc de bien comprendre les pratiques, comportements et langages (sémantique, gestuelle, rapport au temps et à l'espace) de son interlocuteur, pour éviter les dommages causés par un manque de sensibilité culturelle.

| Codes culturels et usages commerciaux | Questions clés à se poser avant les négociations |
|---|---|
| **Présentation/accueil** | • Comment doit-on se présenter ?<br>• Comment utiliser les cartes de visite ?<br>• Quelle est la durée des présentations ? |
| **Degré de formalisme dans les relations** | • Comment doit-on s'habiller ?<br>• Avec quel niveau de formalisme et selon quel rituel dois-je m'adresser à mon interlocuteur ?<br>• Quelle importance accorder aux mots, gestes, regards et silences dans ma relation à l'autre |
| **Pratique commerciale des échanges de cadeaux et de souvenirs** | • Les cadeaux sont-ils appropriés ?<br>• Doit-on les accepter ? Comment les accepter ?<br>• Y a-t- il certains présents à proscrire ?<br>• Quelle place accorder à la valeur du présent ?<br>• Quelle part accorder à sa portée symbolique ? |
| **Rapport à l'espace** | • Quelle distance physique dois-je avoir avec mon interlocuteur ? |
| **Importance du regard** | • Comment sera interprété un regard direct et continu ?<br>• Comment sera perçu le fait d'éviter le regard de son interlocuteur ? |
| **Comportement interpersonnel** | • Comment dois-je me comporter dans les relations sociales ? |
| **Rapport aux émotions** | • Dois-je manifester mes sentiments ?<br>• Dois-je montrer mes émotions ?<br>• Un (sou)rire est-il considéré comme une marque d'acquiescement, de gêne ou de moquerie ? |
| **Rôle et perception du silence dans les négociations** | • Le silence est-il considéré comme embarrassant ?<br>• L'hésitation, les pauses, les intonations sont-elles perçues comme embarrassantes ou constructives ? |
| **Usages et comportement face aux repas d'affaires** | • Comment se comporter pendant les repas ?<br>• Quel est le cérémonial à respecter ?<br>• De quoi doit-on parler ?<br>• Le repas a-t-il un rôle dans le cadre des négociations ? |
| **Langage non verbal et réaction face à certaines postures du corps** | • Certains gestes sont-ils à proscrire ?<br>• Comment me placer et me positionner par rapport à mon interlocuteur ?<br>• Certains gestes ou mouvements corporels ont-ils un sens précis pour le partenaire ? |
| **Relation aux temps** | • La ponctualité est-elle un critère déterminant ?<br>• Le respect des échéances a-t-il un caractère essentiel ?<br>• Doit-on opter pour une gestion séquentielle ou globale des éléments à traiter ? |

**Exemple**

Dans certains pays scandinaves et en Asie du Sud-Est, il est d'usage d'écouter patiemment son interlocuteur, sans l'interrompre. Ce comportement est considéré dans ces pays comme une marque d'attention et de respect à l'égard de l'autre personne. D'ailleurs, ces cultures accordent de la valeur au silence et aux pauses qui permettent aux individus de mieux comprendre et intégrer les messages. Les codes de communication américains sont de ce point de vue très différents et peuvent entraîner de réelles incompréhensions dans le cadre de réunions internationales. En effet, les négociateurs américains auront tendance à intervenir fréquemment dans la discussion, en cherchant à accélérer le rythme des négociations, créant par là même un sentiment de frustration et de rancœur chez l'autre partie.

## 2 Cerner les styles de comportement

Les négociations commerciales internationales créent une situation de confrontation entre deux ou plusieurs parties qui vont au cours de la relation exprimer leurs points de vue, avis et sensibilités culturelles. On peut dans ce domaine distinguer différents types de systèmes de collecte et de traitement des informations, révélateurs de fondements culturels distinctifs (Jung, 1986) et qui orientent la perception et le jugement des acteurs :

- *les négociateurs de type sensation* : ces négociateurs ont avant tout besoin de faits et aiment s'appuyer sur des procédures ou pratiques existantes. Ils valorisent l'efficacité pratique et apprécient l'action et l'obtention de résultats rapides ;
- *les négociateurs de type intuition* : ces professionnels sont attachés à la formulation d'hypothèses, n'aiment pas les démarches trop rigoureuses et précises, et éprouvent de l'intérêt à formaliser des approches nouvelles originales ;
- *les négociateurs de type « pensée »* : ce profil de négociateurs agit à partir de principes et procédures impersonnels, en ayant recours à des démarches standards et précises. Ce sont donc des personnes organisées et structurées qui préfèrent examiner soigneusement les différents points à traiter avant de donner leur accord ;
- *les négociateurs de type sentiment* : ces négociateurs tiennent compte du contexte et des relations avec les autres. Ils recherchent donc en premier lieu l'harmonie, la recherche de conciliation, en accordant une importance particulière aux facteurs émotionnels.

Dans le cadre de négociations interculturelles, le profil des négociateurs et le mode d'interactions entre les parties peuvent fortement varier en fonction des cultures en présence qui peuvent orienter certaines logiques de comportements.

Tableau 6.1

| Caractéristiques du style | Type sensation | Type intuition | Type pensée | Type sentiment |
|---|---|---|---|---|
| **Accent mis sur** | L'action, la réalisation, les résultats | Les idées, les concepts, les théories | La logique, l'analyse systématique | Les relations, les sentiments, les émotions |
| **Orientation vers** | Le passé, le présent, le futur | L'avenir | Le passé, le présent, le futur | Le passé |
| **Sources de satisfaction** | Rapidité des résultats | La réflexion et la créativité | Application stricte et organisée des actions menées | Le climat social et le contact |
| **Points forts** | Pragmatisme<br>Compétitivité<br>Efficacité | Innovation<br>Originalité<br>Imagination | Rationalité<br>Précision<br>Rigueur | Spontanéité<br>Compréhension<br>Tradition |
| **Points faibles** | Domination<br>Arrogance<br>Agressivité | Irréalisme<br>Dogmatique<br>théorique | Prudence<br>Froideur<br>classicisme | Impulsivité<br>Subjectivité<br>culpabilité |
| **Orientation culturelle proche de** | États-Unis/Canada | France | Pays germanophones | Brésil<br>Argentine |

Ainsi, des négociateurs nord-américains vont plutôt opter pour une démarche de type « sensation », en recherchant des résultats rapides et concrets, alors que des négociateurs de type « intuition » – à l'image de la position française – auront tendance à privilégier la réflexion et le développement de solutions originales. De telles différences peuvent dès lors conduire à des oppositions culturelles marquées dans le cadre de négociations internationales, notamment au niveau de la définition des objectifs et de la gestion du temps. Il en va de même en ce qui concerne les différences entre des négociateurs de type « pensée » et des négociateurs de type « sentiment ». Le premier profil correspond généralement à la vision allemande et s'inscrit dans une démarche rationnelle avec une maîtrise stricte et organisée des actions à réaliser. À l'inverse, les négociateurs de type « sentiment » se retrouvent généralement dans les pays d'Amérique Latine et accordent une place importante aux émotions et aux relations interpersonnelles. Des négociations entre ces deux profils de négociateurs peuvent dès lors générer des incompréhensions, notamment en ce qui concerne le degré d'implication des acteurs et leur niveau d'exigences professionnelles.

Sur un plan général, chacun de ces profils culturels présente des caractéristiques distinctives. On peut néanmoins considérer que les différences les plus fortes sont à rechercher dans les relations entre d'une part les comportements de type « sensation » et « intuition », et d'autre part, les styles type « pensée » et « sentiment » en raison de paradigmes fondamentalement opposés.

# 3 Décomposer le processus en différentes phases

Cengale (1985) identifie trois grandes phases dans le processus global d'une négociation : la prénégociation (préparation), la négociation proprement dite et la post-négociation. Chacune de ces phases répond à des enjeux (et des risques) spécifiques qu'il s'agit d'avoir à l'esprit lorsque l'on s'engage dans une relation contractuelle avec un partenaire étranger.

**Phases clés d'une négociation**

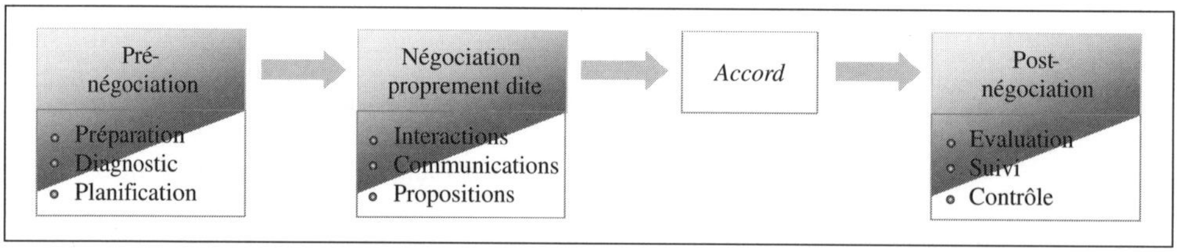


## 3.1 La préparation des négociations

La première phase concerne la préparation des négociations. Cette phase est essentielle car elle va permettre au négociateur de préciser ses objectifs (priorités), d'apprécier les positions en présence, de réfléchir aux arguments et contre-arguments, d'affiner sa politique de concessions et de se fixer une ligne de conduite dans le cadre des négociations (état d'esprit, attitudes et comportements).

***La préparation des négociations : les questions clés***

– Quels sont les objectifs attendus ?
– Quelles sont nos priorités ?
– Quelles sont les informations à disposition ? Sont-elles suffisantes ?
– Quels sont les domaines potentiels de litiges ou de conflits ?
– Quels sont les problèmes à résoudre ?
– Existe-t-il des actions (approches) alternatives pour atteindre nos objectifs ?
– Qui sont nos interlocuteurs (représentation, statut, caractéristiques) ?
– Quels sont les rapports de force en présence ?
– Quelle est la trame générale de notre argumentation ?
– Dans quel état d'esprit souhaitons nous inscrire la relation ?
– Quelles sont les échéances et les contraintes de temps et de coûts à prendre en compte ?

Au niveau international, la préparation prend une importance particulière, compte tenu des différences dans la façon dont chaque culture va aborder sa relation à l'autre, définir ses objectifs (finalités) et gérer le calendrier (échéances). Il est donc essentiel, pour chaque groupe de négociateurs, de bien connaître et comprendre la façon dont l'interlocuteur va agir et réagir à ses propres exigences et contraintes. Pour ce faire, il importe d'anticiper le mode de pensée (demande/attentes) de l'autre partie, d'identifier les zones potentielles d'incompatibilités (conflits d'objectifs et d'intérêts potentiels) et la manière dont on peut les surmonter sans modifier (fondamentalement) sa ligne de conduite.

## 3.2 La négociation proprement dite

La phase de négociation est naturellement au cœur de la relation entre les deux parties et doit permettre, suite à l'identification des points de convergences et de divergences, de parvenir à un accord acceptable par tous. Cette phase présente comme caractéristique de mettre en relation chaque partie dans le cadre d'une dynamique collective fondée sur des jeux d'influences et de pouvoirs réciproques.

***La négociation : les points clés***

- Comment démarrer les négociations ?
- Comment se positionner par rapport à ses interlocuteurs ?
- Quels sont les rôles et les statuts des interlocuteurs ?
- Comment se faire comprendre ?
- Comment rendre les discussions constructives ?
- Comment apprécier l'implication et les intentions des autres acteurs par rapport au projet ?
- Quels sont les points de résistance et de rupture éventuels ?
- Quelle communication développer pour limiter les conflits ?
- Quels sont les points sur lesquels on peut (et on ne peut pas) céder ?
- Comment poser les problèmes pour éviter tout malentendu ?
- Comment anticiper les conflits ?
- Comment gérer et résoudre les conflits ?
- Comment décrypter les enjeux cachés de nos partenaires ?
- Comment concilier les intérêts de chacun ?
- Comment conclure les négociations ?

Dans un contexte interculturel, la gestion des négociations demande, de la part des deux parties, d'étudier avec précision l'attitude et le comportement de l'autre, en évitant tous risques d'incompréhension ou de malentendus (par manque de communication ou absence d'interprétation). En particulier, il s'agira de porter une attention à l'utilisation par les partenaires du temps et de l'espace (degré de proximité), aux discours formulés (prises de paroles, déclarations...), aux comportements et attitudes, ainsi qu'au type de relation recherchée par l'autre partie (conciliation, affrontement, évitement...).

## 3.3 L'après négociation

La phase de post-négociation porte sur l'après négociation et met l'accent sur la gestion et le suivi des points d'accord identifiés dans le cadre des négociations. Cette phase correspond donc à la concrétisation des éléments de l'accord final et vise à vérifier sa faisabilité et son applicabilité dans le temps. Cette phase entend également veiller au maintien des avantages réciproques obtenus par les deux parties, en mesurant le niveau de satisfaction des négociateurs.

***L'après négociation : les éléments clés***

- Quelles sont les avancées obtenues suite à l'accord ?
- Quels sont les points d'amélioration à apporter ?
- Existe-t-il certains problèmes non résolus ?
- Quel est le degré de faisabilité de l'accord ?
- Quel est le degré de satisfaction des différentes parties ?
- Quelles sont les conséquences de cet accord sur l'organisation et le développement de notre entreprise ?

Dans le cadre de relations avec des partenaires étrangers, la question culturelle se pose également de façon prégnante une fois les négociations terminées, compte tenu des différences possibles de perceptions au niveau des résultats obtenus par les parties en présence. Ainsi, par exemple, il n'est pas rare que pour des négociateurs occidentaux la fin des négociations se traduise par la réalisation d'un accord officiel (et ferme) entre les deux parties. À l'inverse, dans d'autres cultures, la négociation s'inscrit dans un processus long et ne débouche pas nécessairement sur un accord. L'enjeu essentiel des négociations est en effet de parvenir à instaurer un climat de confiance entre les parties, pour réussir à construire une relation de coopération dans la durée. L'après négociation doit par conséquent être suivie attentivement par les responsables, s'ils ne veulent pas connaître des désillusions importantes.

# 4 Identifier les styles de négociations

La négociation est déterminante dans l'étude des différences qui peuvent exister entre certains pays. Les discours utilisés, les approches retenues, les relations recherchées et le comportement social constituent des points importants de différenciation culturelle. On a souvent coutume de distinguer deux types de négociations :

– le style de négociation distributif

– le style de négociation intégratif

***Le style de négociation distributif*** correspond à un jeu à somme nulle de type gagnant/perdant, fondé sur un rapport de forces permanent entre les parties présentes. Selon ce schéma de négociation, l'objectif de la relation est de parvenir à prendre l'ascendant le plus rapidement possible sur l'autre, en essayant de prendre le maximum de ressources au partenaire. Le partenaire est donc considéré dans ce modèle comme un concurrent qu'il faut dominer et contrer, si l'on souhaite obtenir des résultats concrets et rapides. Le style de négociation distribution, appelé également conflictuel, est par conséquent fondé sur une logique de compétition et de rivalités, dont la seule issue est la soumission de l'acteur le plus faible. Cette approche agressive (et parfois dure) de la relation peut dès lors conduire le négociateur à recourir à des actions de menace, de déstabilisation ou de force. Ce type de démarche trouve donc une efficacité optimale, lorsque l'autre partie dispose de moyens limités (en termes de pouvoir, crédibilité, persuasion) et que le négociateur distributif parvient à conclure rapidement le processus des négociations. La lenteur du processus peut en effet réduire l'efficacité de cette approche, en créant une situation d'enlisement et d'inertie dans laquelle un style distributif peut perdre de son impact et de sa force.

***Le style de négociation intégratif*** consiste, au contraire, à favoriser un jeu à somme non nulle de type gagnant/gagnant, fondé sur la recherche de relations de coopération et d'échanges entre les acteurs concernés. Dans cette approche, les acteurs acceptent une certaine forme de consultation et tiennent compte des remarques et avis de leur interlocuteur pour parvenir à un accord. L'accord recherché se veut donc le résultat d'une démarche consensuelle et légitime, où la confiance et l'intérêt commun prennent une place essentielle. L'argumentation, les concessions mutuelles, l'empathie sont par conséquent des éléments déterminants dans ce type de négociation. Un tel processus peut ainsi déboucher sur de nouvelles représentations, en élargissant le périmètre de la négociation et en permettant aux deux parties de trouver un accord sur un nouveau partage.

# 5 Adapter sa tactique en fonction des contextes

Les négociations peuvent se voir comme un système dynamique dans lequel des groupes d'acteurs initient différentes tactiques possibles pour défendre leurs intérêts, rapprocher leurs points e vues, prendre l'ascendant ou encore parvenir à un accord commun. En fonction de la nature des partenaires, de leur culture, du contexte, les tactiques utilisées seront différentes. Ces tactiques ne sont pas nécessairement exclusives, certains peuvent être complémentaires ou constituer une parade à d'autres tactiques. D'autres, au contraire, se cannibalisent entre elles mais peuvent être utilisées par le même négociateur à différentes phases du processus, en fonction du contexte et de l'évolution des comportements.

Le nombre de combinaisons est par conséquent élevé, ce qui rend nécessaire de regrouper les différentes tactiques en catégories homogènes. Il est proposé de définir plusieurs catégories possibles considérées comme significatives[1], en insérant la démarche dans une perspective interculturelle.

Tableau 6.2

| Exemples de tactiques utilisés dans le cadre de négociations | Objectifs et caractéristiques |
|---|---|
| **La menace** | Faire pression, mettre en garde, insister sur les risques, s'indigner, harceler, augmenter ses revendications, lancer des accusations, |
| **La déstabilisation** | Place son interlocuteur en situation d'infériorité ou de justification, augmenter ses exigences, changer fréquemment d'attitudes et de comportements, donner des informations contradictoires, demander systématiquement des explications… |
| **L'affrontement** | Prendre une position déterminée, afficher son optimisme, profiter des défaillances du partenaire, attaquer l'interlocuteur sur sa cohésion et/ou sa cohérence, argumenter sur ses forces… |
| **Le forcing** | Jouer systématiquement sur le temps pour forcer la décision (donner un délai, donner un ultimatum, utiliser l'urgence). |
| **La coopération** | Rechercher un dénominateur commun, parier sur la confiance, accepter certaines concessions, ouvrir de nouveaux champs d'actions… |
| **L'usure** | Faire durer les négociations, entretenir le flou dans les réponses, ajouter de nouvelles conditions, reporter certaines démarches, temporiser… |
| **La feinte/diversion** | Faire des mouvements ou propositions dans une direction pour détourner l'attention du but ou de l'objet recherché. |

1. L'identification de ces différentes catégories prend appui sur les travaux d'Audebert-Lasrochas (2000). Pour une analyse plus détaillée et complète de ces tactiques, on pourra se reporter aux pages 266-294.

Ces différentes tactiques traduisent des conceptions souvent différentes de la relation à l'autre. Elles mettent notamment en avant des oppositions fortes dans la manière de gérer les relations avec d'autres groupes sociaux. Dans le cadre de négociations interculturelles, il s'agit de savoir quelle tactique adoptée au regard de ses caractéristiques mais aussi de la nature de son interlocuteur : adopter une tactique conforme à son mode de pensée mais présentant des risques de rejet de la part de l'autre partie, doit en effet être mûrement réfléchi car le résultat obtenu n'est pas nécessairement celui attendu.

# Section 2 LES PRINCIPAUX CHAMPS DE LA NÉGOCIATION INTERCULTURELLE

## 1 Le cas de la négociation commerciale internationale

La négociation commerciale est une action qui met en relation deux ou plusieurs acteurs confrontés à la fois à des divergences et des interdépendances. L'optique de la négociation est de rechercher une issue positive, mutuellement acceptable pour les deux parties. Nous étudions ci-après les caractéristiques (et enjeux) d'une relation commerciale et les différentes façons de parvenir à un accord commercial. La section se termine par une identification des facteurs de réussite et d'échec dans un contexte international.

### 1.1 Les caractéristiques

La négociation commerciale est une pratique relationnelle par laquelle une entreprise tente de trouver un accord avec un partenaire extérieur dans le cadre de politiques d'achat et de vente de produits ou de services. Lambin (1998 :622) identifie six éléments structurants intervenant dans une politique de négociation commerciale :

1. *Le face-à-face* : celui-ci peut être direct ou indirect et impliquer des modalités de communication variées (verbales, écrites, formelles…). Le face-à-face fait généralement appel à des échanges, à des rites, à des procédures qui peuvent être très différents selon les pays et les cultures.

2. *La perception d'un avantage réciproque à contracter avec l'autre* : La négociation n'intervient qu'à la condition où chaque acteur voit un avantage à trouver un accord avec l'autre partie.

3. *L'existence d'un conflit d'intérêts entre les parties* : ces divergences sont la cause même d'une négociation commerciale et peuvent être de nature très différente, depuis les simples différences de vues jusqu'aux conflits d'intérêts économiques.

4. *La volonté de parvenir à une solution mutuellement acceptable* : la négociation n'a de sens que si les deux parties souhaitent s'entendre pour mener à bien leur projet respectif.
5. *L'enclenchement d'un processus d'engagement réciproque pour rechercher un arrangement* : En acceptant la négociation, les parties sont liées par une relation de dépendance réciproque au moins temporaire.
6. *La mise en place d'un système d'échanges et de mobilisation de ressources entre les parties* : la négociation implique un mouvement vers l'autre et la réalisation d'importants efforts en termes de temps et de ressources (financière, humaine, technique, logistique) pour parvenir à un accord.

La gestion d'une négociation commerciale repose également sur un certain nombre de points clés sur lesquels vont s'opérer les interactions entre les deux formations (Touzard, 1977). Le contenu de la négociation est au cœur de la relation. Il comprend le thème central de la négociation, les questions prioritaires, les fonctions et métiers concernés, ainsi que les dispositifs associés à l'instauration de la négociation. Dans le cadre des négociations, les acteurs qui agissent peuvent revêtir différents rôles et intervenir en tant que représentants de leur groupe ou de leur organisation, experts, conseillers ou organisateurs des débats. La négociation, qu'elle soit courte ou prolongée, passe par différentes phases, que l'on retrouve invariablement, à savoir : la préparation (reconnaître les positions initiales de chacun), l'amorce de la négociation (préliminaires), l'échange d'informations (questions/réponses) et la transaction.

Il convient également, dans le cadre de négociations commerciales, de prendre en compte les normes et règles tacites d'ordre culturel (attitude, comportement, état d'esprit) qui peuvent avoir une influence déterminante dans le déroulement des négociations. Enfin, les méthodes et approches utilisées dans le cadre des négociations sont rarement universelles et sont souvent fonction des cultures en présence (pratique, rites, usages). Chaque acteur ou partenaire évolue en effet dans un environnement culturel particulier, à l'intérieur duquel les échanges reposent implicitement ou explicitement sur des suppositions et des usages régis par un ensemble complexe de convictions, de valeurs culturelles et d'attitudes. Il est donc essentiel pour les professionnels d'appréhender ces différences culturelles dans le cadre de négociations internationales. L'aspect culturel constitue en effet une donnée essentielle, en permettant au négociateur de décrypter le comportement de ses interlocuteurs étrangers et d'éviter ainsi des erreurs d'interprétation. Or cette réalité interculturelle n'est pas toujours comprise et admise, notamment au niveau des entreprises occidentales.

## 1.2 Les critères de réussite à l'international

En raison de ses particularités, la négociation commerciale internationale met en lumière un certain nombre de points sensibles. La préparation doit être rigoureuse sur le contenu (objectifs, priorités, position affichée), fine et approfondie sur les aspects juridiques, économiques et relationnels. Les relations internationales se trouvent grandement facilitées par une bonne connaissance du milieu et des dossiers, mais encore par le recours à des contacts exploratoires, la construction d'un réseau efficace de relations judicieuses, le bon maniement de l'information, l'établissement d'une réputation favorable et d'une crédibilité solide. Au-delà de la dimension professionnelle – connaître son offre, cerner les enjeux, identifier les risques – la négociation internationale demande, plus que toute autre, des qualités d'écoute et d'empathie, ainsi qu'une réelle expérience des relations interculturelles. Parmi les critères à prendre en compte dans le cadre d'un processus de négociation internationale, on peut également noter :

- connaître les particularités nationales en matière de droit et pratiques commerciales ;
- faire preuve d'ouverture et de patience ;
- s'adapter aux exigences du client en essayant d'objectiver la situation ;
- accepter l'imprévu et l'émergent ;
- s'adapter au comportement et aux valeurs culturelles du client.

## 2 Le cas de la négociation d'affaires

### 2.1 Les caractéristiques

La différence entre la négociation commerciale classique et la négociation d'affaire réside principalement dans le caractère pro actif de l'entreprise qui propose une base de projet susceptible de répondre aux contraintes techniques et économiques de son client. Elle tient également à un positionnement différent, visant à se présenter comme un acteur capable de mobiliser derrière elle plusieurs partenaires et sous-traitants. Les équipes commerciales mettent notamment en avant les notions d'innovation et de flexibilité et entendent inscrire leur démarche dans une vision à long terme, en se présentant comme des acteurs d'interface, capables de répondre dans certains champs aux préoccupations des bureaux d'étude et méthode, en proposant des solutions de compromis avantageuses. La relation envisagée repose désormais sur la capacité des entreprises à coopérer. Ceci implique une aptitude pour les deux parties à réaliser en leur propre sein et entre elles des processus d'apprentissage à la fois technique et relationnel, ouvrant la voie à des modalités nouvelles en termes de répartition des gains et de développement. La relation envisagée tend à rapprocher les processus d'étude et de décision, et inscrire la relation dans un système de coopérations multimétiers qui dépassent les frontières de la firme. Elle repose sur l'intensité des engagements et l'importance des dispositifs de concertation trouvés entre les partenaires au cours du développement.

Ce changement en termes de pratiques modifie par conséquent la relation entre le fournisseur et son client. Le fournisseur ne subit plus la relation, il la construit au travers de ses connaissances non pas (uniquement) techniques mais du marché, et de sa capacité à mobiliser un réseau de compétences compatible avec la nature du projet identifié (sélection de partenaires). L'intérêt pour le client est donc visible, avant même que ne soit initié le cahier des charges. Les éléments apportés en amont vont d'ailleurs servir de base à la formulation d'un éventuel cahier des charges et permettre de mettre en avant des avantages distinctifs, rendant difficiles la réponse des autres concurrents. Il s'agit par le contenu et les exigences de l'appel d'offre de dresser des barrières à l'entrée pour les entreprises concurrentes, en termes de coût d'entrée notamment (ressources limitées, absence de compétences, manque de temps). Dès lors, la logique « affaire » de par ses caractéristiques, limite la mise en concurrence de nombreux fournisseurs et permet à l'entreprise sélectionnée de participer activement à la conception du projet.

## 2.2 Implications au niveau de la politique de négociation

Le basculement opéré au niveau des négociations entraîne de nombreux changements sur la façon de conduire le projet. Il est proposé un repérage des principales différences[1] constatées entre la négociation initiale et la négociation d'affaires. Une première distinction concerne la manière d'aborder l'offre et les enjeux de la relation. Le tableau met en exergue les principaux changements en matière de politique d'offre.

Tableau 6.1

| Dimensions | Négociation commerciale | Négociation d'affaires |
|---|---|---|
| Politique d'offre | Adéquation de l'offre aux attentes et besoins du client (dissociation entre la conception technique établie par l'acheteur et la réponse économique du vendeur). | Force de proposition.<br>Innovation.<br>(intégration des logiques économiques, techniques et organisationnelles). |
| | Adaptation au contexte du client. | Anticipation des événements et évolutions. |
| | Production d'offres conformes au cahier des charges (respect du cahier des charges). | Proposition de solutions innovantes, combinant plusieurs types de compétences (technique, juridique, financière…). |
| Enjeu | Préserver la régularité des contacts<br>Satisfaction du client . | Élargir son champ d'action/<br>Prolonger la relation/<br>Favoriser la capitalisation commune des connaissances. |

1. Meier (2003), « *de la négociation commerciale à la négociation d'affaires* », Revue Française de Gestion, n°140, 2002, p. 107-119.

Indépendamment du changement de politique, le comportement des commerciaux de l'entreprise évolue également au cours du processus, tant sur le plan relationnel qu'au niveau des arguments mobilisés durant les négociations.

Tableau 6.2

| Dimensions | Négociation commerciale | Négociation d'affaires |
|---|---|---|
| **Orientations** | Référent : le client<br><br>Critère : la rentabilité de l'investissement<br><br>Adaptation – soumission aux règles définies | Référent : le projet<br><br>Critère : la plus value de l'investissement<br><br>Co – construction (approche processuelle) |
| **Positionnement** | **Exécutant**<br><br>Présence – ouverture – écoute<br><br>Réponse technique (expertise) avec réduction du prix<br><br>Valorisation de l'expérience (qualité, fiabilité, rigueur, apprentissage…)<br><br>Responsabilité limitée au composant élémentaire demandé | **Co – constructeur**<br><br>Initiative -anticipation – proposition<br><br>Solutions innovantes (offre globale multi- compétences – services intégrés)<br><br>Mobilisation et Coordination de ressources dédiées au projet (internes et externes)<br><br>Responsabilité élargie : rôle moteur dans la conception et le développement (responsabilité de résultat global). |
| **Contraintes** | Contrôle et maîtrise des coûts<br>Respect des engagements (spécifications techniques, délai, livraison…) | Sélection des partenaires (spécialités/qualité)<br>Contrôle et suivi des partenaires<br>Implication forte<br>Transformation organisationnelle (impact sur la R&D notamment) et ouverture des frontières de l'entreprise fournisseur comme acteur – pivot. |
| **Avantages concurrentiels** | Différenciation (au niveau de la réalisation de l'offre) | Distinction (au niveau du rôle et des modalités relationnelles) : vers un aménagement du contexte de l'action |
| **Argumentation tactique de négociation** | Connecter<br>Sécuriser<br>Valoriser | Intéresser (initier)<br>Mobiliser (convaincre + motiver)<br>Projeter (prise en compte des contraintes d'aléas et de révision des objectifs) |

### 2.3 Les critères de réussite à l'international

Compte tenu de la nature des liens qui peuvent être établis entre l'entreprise et son client, il convient d'aborder différemment les critères de réussite. En effet, la réussite d'une négociation d'affaires repose essentiellement sur la capacité de la firme à modifier des rapports entre le fournisseur et son client, en vue de co-construire des solutions originales combinant plusieurs types de compétences (technique, juridique, financière). Nous présentons les principaux facteurs de succès :

- anticiper les besoins du client et ses contraintes à l'international ;
- prendre position en amont des négociations : passer d'un statut de fournisseur à celui de « maître d'œuvre » capable de gérer un réseau de prestataires situés dans des lieux et marchés différents ;
- créer des interdépendances fortes avec l'entreprise cliente, en proposant des solutions innovantes autour d'offres globales ;
- s'insérer dans plusieurs réseaux internationaux (partenariats) ;
- prendre en compte les spécificités culturelles de l'entreprise cliente (croyances, valeurs, normes)
- anticiper et gérer les conflits de valeurs et d'objectifs entre les partenaires (identifier les risques de divergences ou d'incompatibilités) ;
- mobiliser et coordonner les différents acteurs identifiés pour le projet, en intégrant les contraintes de coûts et de temps liées aux phénomènes de distance ;
- gérer l'incertitude et l'ambiguïté.

## 3 Le cas de la création de joint-venture

Nous traitons dans cette section des alliances stratégiques, en centrant notre analyse sur la création de joint-venture (filiale commune) internationales.

### 3.1 Contexte et objet des négociations

Les entreprises développent des joint-venture internationales dans le but d'améliorer leur performance, à travers l'acquisition de nouvelles ressources stratégiques (technologies, savoir faire, compétences, connaissances). On entend par joint-venture internationale (ou filiale commune), une entité légale créée et gérée conjointement par une ou plusieurs entreprises légalement distinctes, dans laquelle le siège social se situe généralement en dehors du pays de l'un des partenaires (Mead, 1998). La filiale commune va par conséquent au-delà de la réalisation d'une activité en commun. Les entreprises parentes sont détentrices d'une part du capital, en fonction de leurs apports respectifs, qu'elles partagent généralement de façon relativement égalitaire. Cette forme de développement est, avec la croissance externe, l'un des modes de croissance privilégiés pour une stratégie à l'international.

### ➤ *Les joint-venture entre concurrents*

Une première situation interculturelle concerne la création de filiales communes entre deux concurrents au sein d'un même secteur. Cette situation apparaît au premier abord paradoxale, puisqu'elle consiste à réunir des concurrents pour coopérer. Il y a donc intrinsèquement dans ce type d'alliance, une certaine ambivalence qui consiste à concilier, dans une même relation, compétition et coopération. Cette relation double pose de ce fait un problème durant les négociations, en particulier lorsqu'elle concerne des acteurs de cultures différentes En effet, dans ce type de manœuvre, il y a un fort risque que les intentions et comportements des négociateurs soient perçus différemment selon les parties. Les négociations peuvent dès lors conduire à réactions en déphasage avec les attentes de l'autre partie, et créer des risques d'enlisement voire de rupture.

**REPÈRES : Négociations entre GM-Toyota pour la création d'une joint-venture**

L'historique des négociations entre General Motors et Toyota illustre la complexité qui caractérise les négociations internationales dans le cadre de joint-ventures. Elles portent sur des questions compliquées, mettent face à face d'immenses organisations et se déroulent dans des environnements culturels multiples, dynamiques et divergents. Les pourparlers GM-Toyota ont été, selon les termes même des participants, « longs », « difficiles » et « frustrants ». Ainsi, les différences culturelles ont rendu la communication difficile. Par exemple, les négociateurs de Toyota ont abordé les problèmes d'une manière qui paraissait « détournée » aux membres de GM. Certains silences et certains signes étaient interprétés par l'autre partie comme des éléments d'approbation, alors qu'ils n'étaient que des attitudes d'écoute ou des comportements de politesse. La traduction a également fortement ralenti la marche des négociations. Les styles des uns et des autres en matière de négociation contrastaient également beaucoup. Les Japonais avaient tendance à commencer les discussions par l'énoncé des principes généraux et d'une façon générale, ne répondaient pas aux propositions qu'après en avoir référé à leurs états-majors. Les Américains préféraient, quant à eux, entendre des propositions et des réponses précises autour de la table de négociation. En fait, les négociateurs de GM recevaient totalement peu de propositions de la part de Toyota qu'au début ils se demandaient de quelle façon avancer. De leur côté, les négociateurs de Toyota étaient surpris par la rapidité avec laquelle les négociateurs de GM pouvaient obtenir une information auprès de certains responsables de l'organisation. Pour les membres de GM, l'équipe de Toyota ne paraissait pas avoir une latitude aussi nette. Ces problèmes culturels et relationnels ont ainsi conduit à dépasser la date fixée pour la signature des accords qui fut repoussée à plusieurs reprises, avant l'enregistrement officiel de la société NUMMI en Californie, le 21 février 1984.

*Source :* Adapté de Weiss (1987), « Creating the GM-Toyota joint venture : a case in complex negociation », *Columbia Journal of world business*, 1987, p. 23-37.

### ➤ *Les joint-venture entre firme occidentale et société locale*

L'une des situations interculturelles délicates à gérer réside dans la création de joint-venture entre une entreprise multinationale occidentale et une société locale implantée dans un pays en voie de développement, sur lequel le groupe entend se positionner. Dans bien des cas, la joint-venture avec un pays en voie de développement (ou de transition) apparaît comme un mal nécessaire pour toute entreprise souhaitant pénétrer un marché difficile d'accès par croissance interne (filiale détenue à 100 %). Le choix d'une alliance avec un partenaire étranger peut dépendre de la réglementation de certains pays en voie de développement (comme par exemple la Chine, l'Inde, le Brésil...) ou d'Europe de l'Est, au sein desquels les lois en vigueur ou les pratiques administratives encouragent fortement les entreprises étrangères à nouer des alliances structurées avec des entreprises locales, en ayant notamment recours à des joint-venture. La plupart des gouvernements des pays cibles voient dans la joint-venture, un moyen d'assurer au pays un véritable développement économique que les autres formes de transferts de technologies (cession, licences, vente d'usines « produit en main »...) ne permettent pas de réaliser.

La joint-venture présente en effet différents avantages pour le pays d'accueil. Elle permet tout d'abord de sortir du cadre de la relation client fournisseur, en liant l'entreprise occidentale à la bonne marche des affaires. La constitution d'une filiale commune peut ainsi inciter le groupe occidental détenteur de la technologie à s'impliquer dans le processus de développement des activités, en contrôlant la qualité de la production et en participant à la commercialisation des produits. Elle améliore également l'intégration des entreprises locales dans l'économie internationale, en leur permettant de s'approprier progressivement certains savoir-faire industriels et compétences technologiques de l'entreprise, et plus globalement d'acquérir des réflexes et pratiques managériales dans les domaines du contrôle et de l'organisation. Enfin, les entreprises autochtones peuvent, dans le cadre de ces alliances stratégiques, bénéficier de l'image, du prestige et du capital financier de l'entreprise occidentale, pour pouvoir se développer.

Si la joint-venture peut parfois être vécue comme une contrainte, elle présente également pour les grandes entreprises un certain nombre d'avantages. Pour l'entreprise occidentale, l'intérêt stratégique d'une joint-venture avec une entreprise située par exemple en Chine ou en Inde réside dans la compréhension plus fine des pratiques et comportements du pays, des spécificités du marché local, des contraintes réglementaires, de l'influence des instances politiques et administrative et autres caractéristiques environnementales (normes, valeurs, tradition...). L'alliance avec une société locale peut aussi faciliter l'insertion de l'entreprise occidentale dans le réseau relationnel et économique de son partenaire (relais d'informations, sources d'approvisionnement, réseau de distribution). Il s'agit donc avant tout de prendre position sur un marché difficile (barrières à l'entrée élevées) et de se forger une image positive dans le pays visé. La joint-venture peut également permettre aux managers occidentaux de disposer de terrains et infrastructures locales (équipement et moyens de production), et d'avoir un accès plus aisé au marché de l'emploi (recrutement d'une main d'œuvre locale à faibles coûts).

**Exemple**

> Sur la période 1994-2000, le Groupe Danone a réalisé quatre opérations de joint-venture avec des partenaires chinois. La première, baptisée « Shangaï Danone Yogurt », a été annoncée le 1er janvier 2004 et avait pour objectif la production de yaourts et de produits laitiers. Elle était détenue à 42,2 % par Danone et par 57,8 % par une entreprise locale (Shangai Dairy). La seconde nommée « Shangai Amoy Seagull Foods » a été créée le 7 juillet 1994 et était détenue à 60 % par Danone et 40 % par Seagall. Son objectif était la production de sauces à base de soja. La troisième a été annoncée le 12 mai 1995. Elle associait Danone (68 % de la nouvelle structure) et Jiangmen (32 %) et avait pour but de produire des biscuits. Cette filiale commune a été rachetée en 1998 par « Shangai Danone Biscuits Foods ». Danone souhaitait en effet prendre le contrôle de son partenaire pour mieux gérer son activité et disposer d'outils industriels adaptés à ses besoins La dernière joint-venture de la période a été initiée le 2 avril 1996 et s'appelait « Huangzhou Danone Wahaha Group » et avait comme orientation la production de boissons lactées. Elle était détenue à 38,4 % par Danone, Wahaha ayant 61,6 % de l'entité commune.

Ce type d'alliance stratégique peut être, dans ce domaine, qualifié d'alliance complémentaire, compte tenu du transfert réciproque de ressources entre les deux partenaires. Cette forme d'alliance est un *exemple d'exogamie* qui unit des entreprises aux profils culturels et « stratégiques » (différences d'intérêts) contrastés. Les alliés recherchent ici, non pas des effets de taille (pseudo-concentration) mais une combinaison entre des ressources stratégiques non substituables issues des qualités professionnelles et culturelles des deux entreprises partenaires. Dans la compréhension occidentale, la joint-venture implique la mise en commun des moyens et des risques. C'est, en théorie, un « mariage » qui confère un égal accès aux décisions, le principe de la parité prévalant sur la règle de la majorité qui est, elle, plutôt la caractéristique des entreprises « traditionnelles ». Mais, de fait, c'est surtout un "mariage de raison" qui prend souvent la forme d'une relation qui oscille entre "conflit et coopération" (Su, 1994).

## 3.2 Les obstacles culturels

*Les joint-venture internationales entre entreprises concurrentes* sont confrontées à la portée symbolique qui entoure ce type de relation. En effet, s'allier à un concurrent est un acte en lui-même si peu naturel, qu'il peut conduire les acteurs à développer rapidement une attitude défensive et sceptique sur les intentions réelles du partenaire. Il y a par conséquent le risque de voir se développer une logique de stéréotypes au niveau de la relation entre les deux parties. La formation de stéréotypes, avant et pendant les négociations, résulte d'une situation d'ambiguïté (et d'incertitude) qui est de nature à attribuer des attributs à l'autre partie par manque d'informations sur l'évolution de la relation. Dès lors, face à la menace potentielle d'un partenaire concurrent et à l'absence d'hypothèses claires, chaque négociateur va analyser l'autre en fonction de catégories types, pour essayer de mieux le comprendre (grille d'analyse) et davantage maîtriser le cours des négociations (gestion des risques). Le risque est alors que la négociation porte davantage sur les comportements et réactions des deux partenaires que sur l'enjeu même de la relation. Dans l'esprit de certains négociateurs, ne pas perdre la face (par des concessions désavantageuses) ou dominer son interlocuteur (dans le cadre de relations asymétriques) peut ainsi prendre le pas sur l'intérêt stratégique d'une alliance entre les deux parties.

*Les joint-venture internationales entre entreprise occidentale et société locale* (pays en voie de développement ou de transition) présentent un certain nombre de difficultés liées principalement aux différences de natures et de statuts entre les partenaires. Dans ce type d'alliances, les résultats financiers dépendent étroitement des revenus que perçoit l'entreprise occidentale en tant que fournisseur de ressources. En effet, l'entreprise fournit généralement, à la filiale commune, un certain nombre de prestations et de fournitures qu'elle se fait payer en retour sous différentes formes (royalties, prix de cession…). Ceci permet à l'entreprise de tirer avantage de l'opération, indépendamment des résultats obtenus par la joint-venture. Cette position favorable contraste généralement avec celle du partenaire local, dont le développement repose principalement sur les résultats de la filiale commune. Cette dissymétrie entre les deux entités est renforcée par le fait que l'un des partenaires, à savoir l'entreprise occidentale, dispose d'un champ d'action plus large (plusieurs activités et filiales dans le monde) qui peut la conduire à modifier au cours du temps ses priorités en matière de développement. À l'inverse, la joint-venture apparaît dans bien des cas la principale source de revenus de la société locale. Ces caractéristiques peuvent dès lors créer des tensions entre les deux sociétés dans le cadre des négociations, en provoquant des risques de conflits (d'objectifs et d'intérêts). Cette relation asymétrique peut être rendue encore plus difficile par le poids des différences culturelles entre les partenaires. Ces différences peuvent en effet être un obstacle important dans le processus d'apprentissage et de coopération, compte tenu des enjeux financiers. En effet, une étude[1] menée auprès de 125 joint-venture internationales fait apparaître que les barrières culturelles sont particulièrement élevées, lorsque les entreprises s'engagent dans des alliances avec apports de capitaux, par opposition à des partenariats moins structurés sur le plan capitalistique. Dans ce domaine, les différences entre cultures se révèlent particulièrement significatives et ont pour principale conséquence de limiter la longévité de ces opérations. Ceci s'applique notamment aux alliances entre occidentaux et pays en voie de développement, où la distance culturelle est très forte. Cette situation potentiellement conflictuelle est d'autant plus sérieuse que certains comportements venant d'Asie – et d'ailleurs, cas notamment des pays du Moyen-Orient et des PECO, prennent la

1. Voir Schneider et Barsoux (2003).

forme de revendications identitaires qui s'accompagnent (souvent) d'une remise en cause de l'influence des entreprises occidentales et notamment américaines dans la gestion des entreprises locales (Lasserre, Schütte 1995).

De façon générale, la gestion d'équipes interculturelles dans le cas de joint-venture peut être entravée par différents obstacles, comme en témoigne le tableau ci-après : .

***Les risques culturels lors de la création de joint-venture internationales***

1. Barrière de la langue
2. Stéréotypes et préjugés
3. Approches différentes dans la manière de résoudre les problèmes
4. Hiérarchie différente de l'échelle des valeurs
5. Problème d'identification des rôles et des pouvoirs
6. Différences en matière de styles de communication
7. Oppositions en matière d'organisation et de gestion du temps
8. Perception et appréhension différentes des risques
9. Façons différentes d'aborder la relation à l'autre
10. Approches différentes dans la manière de percevoir et de gérer les conflits

## 3.3 Les facteurs de succès

Le succès des joint-ventures internationales implique une coopération réelle basée sur la confiance et la recherche de fondements et d'objectifs communs. La réussite dépend donc fortement des caractéristiques respectives des entreprises alliées. La sélection d'un partenaire est donc une étape cruciale. Mais malheureusement, le choix d'un bon partenaire ne suffit pas toujours pour assurer le succès de l'opération. En effet, en dépit de la bonne volonté des parties, le management partagé d'une entreprise reste difficile à réaliser. Il nécessite de la part des responsables de la filiale commune de préserver les intérêts des deux alliés, en faisant preuve d'ouverture et de diplomatie. Cette contrainte est d'autant plus délicate à réaliser qu'elle suppose la gestion des entreprises parentes qui possèdent généralement des cultures organisationnelles et nationales différentes. La création d'une filiale commune est donc particulièrement délicate, dans la mesure où elle implique l'intervention (directe ou indirecte) de plusieurs acteurs économiques, à savoir l'entité nouvellement créée et deux entreprises parentes de nationalités différentes, qui disposent chacune d'une légitimité et d'un droit de regard sur l'activité. Les problèmes posés par ces alliances internationales avec capitaux proviennent donc de l'existence d'une structure commune et des liens (économiques, juridiques et culturels) noués entre les entités. Il est par conséquent essentiel que les négociateurs abordent les questions d'organisation et de management afin d'éviter les conflits et blocages dans les processus de décision, en respectant les objectifs et les qualités des deux entreprises. Ceci pose notamment le problème des relations de pouvoir au sein de la nouvelle organisation. En effet, un des principaux critères à prendre en compte est la répartition des rôles et des pouvoirs au sein de la structure. La question du partage de pouvoir est d'autant plus compliquée que le lien entre répartition du capital et performance de la joint-venture ne permet pas de dégager des réponses évidentes. En particulier, le choix entre filiales 50/50 et filiales avec parent dominant est loin d'être évident. Il n'y a pas dans ce domaine des expériences suffisantes qui attestent de la supériorité d'une des options par rapport à l'autre. En revanche, il a été constaté que dans le cas de joint-venture avec des pays en voie de développement, il était préférable que l'actionnaire majoritaire soit le partenaire local. Il y a sinon un risque d'assimiler la joint-venture à des capitaux occidentaux et donc à une filiale étrangère, faisant perdre ainsi les avantages que procure l'alliance.

En règle générale, quelles que soient la structure du capital retenue et la nature des partenaires, il convient d'aborder la relation dans un esprit coopératif, en évitant de se positionner en dominant. Il est en effet souhaitable que les deux partenaires participent au management de la joint-venture. Une position plus tranchée, fondée sur l'influence majoritaire d'un partenaire peut réduire l'intérêt de la joint-venture (par rapport à une acquisition) et créer des tensions entre les entités qui peuvent rapidement déboucher sur un échec de la relation.

## 4 Le cas de la prise de contrôle internationale

Les prises de contrôle internationales ont connu un essor rapide ces dernières années. Indissociables du phénomène de mondialisation, elles ont donné un nouveau visage à l'industrie mondiale[1]. Les acquisitions peuvent être définies comme des pratiques juridiques de la croissance externe nouées entre des entreprises initialement indépendantes qui regroupent leurs ressources (technologiques, productives, commerciales, etc.), dans le but de réaliser des objectifs communs[2]...

---

1. La valeur des fusions et acquisitions à travers le monde a été multipliée par 8 entre 1991 et 1999, passant de 85 à 720 milliards de dollars. En 1998, les fusions et acquisitions internationales étaient en hausse de 60 % par rapport à 1997. La plupart des fusions-acquisitions internationales sont des opérations d'acquisitions. Elles ont été réalisées dans un petit nombre de pays, notamment en Allemagne, aux États-Unis et au Royaume-Uni. Mais le Japon a commencé à rattraper ce mouvement. L'accord Nissan-Renault conclu en mars 1999 est un exemple parmi d'autres de cette évolution.
2. Pour un approfondissement de ces questions, on pourra se reporter à l'ouvrage de Meier et Schier (2003).

## 4.1 Contexte et objet des négociations

Les prises de contrôle peuvent concerner des entreprises situées à des stades différents de la chaîne de valeur (intégration verticale) entretenant initialement des relations client-fournisseur. Ces opérations ont essentiellement comme but un meilleur contrôle de la qualité des prestations en amont et en aval de la filière et la possibilité d'assurer une garantie sur les approvisionnements ou débouchés. Ces manœuvres d'acquisitions peuvent également regrouper des entreprises appartenant à des champs concurrentiels différents (diversification). L'optique est dès lors assez différente. Il s'agit pour l'entreprise initiatrice de faire coexister au sein du même ensemble plusieurs métiers différents. Il existe trois types de diversification : la diversification concentrique ou de proximité (qui consiste à élargir le métier de base de l'entreprise à des métiers très proches ou à des métiers connexes ayant un lien technique/commercial avec le métier d'origine), la diversification totale de type industriel (qui revient à s'orienter sur des métiers entièrement nouveaux, en vue de se développer dans de nouveaux domaines), la diversification conglomérale – où le choix des métiers se fait essentiellement en fonction de critères financiers.

Enfin, les prises de contrôle internationales peuvent associer des firmes concurrentes situées sur les mêmes marchés. Ce type de rapprochement répond généralement à la volonté d'une des deux sociétés d'augmenter son pouvoir de marché (acquisition de nouvelles parts de marché, accroissement de la taille de l'entreprise, augmentation du pouvoir de négociation) ou de bénéficier des ressources spécifiques de la cible (technologies, marques, compétences clés). D'un point de vue culturel, le cas de prise de contrôle d'un concurrent étranger constitue, au niveau des négociations, la situation la plus difficile à gérer, dans la mesure où il est possible d'établir rapidement une comparaison entre les deux entreprises (situation antérieure, état des lieux, perspectives d'évolution). L'acquisition horizontale peut de ce fait être interprétée par les représentants de la société cible comme la manifestation de la domination (culturelle) d'une entreprise nationale sur une autre. Elle peut de ce fait susciter des réactions émotionnelles difficiles à maîtriser et donner à l'opération une dimension particulière qui dépasse le champ de l'économie.

## 4.2 Les obstacles à la réussite

Les difficultés en matière de négociations internationales pré-acquisition s'expliquent tout d'abord par le caractère asymétrique de la relation, qui tend naturellement à opposer « celui qui achète » (souvent vu comme le vainqueur) et « celui qui est acheté » (souvent perçu comme le vaincu). Ceci s'explique par le fait qu'une acquisition représente dans la conscience collective, la traduction d'une supériorité d'un acteur sur un autre, au-delà de toute autre considération, en négligeant (par exemple) les cas, où le vendeur est à l'initiative du projet. Il y a dès lors une tendance générale, de part et d'autre, à considérer ce pouvoir (économique) comme la conséquence d'une domination culturelle : selon ce raisonnement, c'est parce que l'entreprise dispose de fondements culturels et managériaux supérieurs qu'il lui est possible d'envisager d'acquérir la société cible. Dans l'esprit de nombreux acteurs, pouvoir économique et domination culturelle sont donc étroitement liés. Une telle association peut dès lors entraîner certaines dérives dans le cadre des négociations. Au niveau de l'initiateur, la prise de contrôle peut se traduire par un excès de confiance, un sentiment de supériorité, une certaine arrogance à l'égard des représentants de la société cible. De la part de l'entité cible, un sentiment d'infériorité et de culpabilité peut émerger.

L'importance des enjeux et les risques encourus (aux plans financier, économique et humain) peuvent également conduire les parties à des erreurs de jugement et de perception qui entraînent l'adoption d'attitudes défensives et la formation de stéréotypes et préjugés. Ces risques sont accentués dans le cas d'opérations transfrontalières. Les différences culturelles tendent en effet à renforcer les écarts de perceptions et de comportements dans le cadre des négociations, en raison de la méconnaissance (ou de la réticence) de l'entreprise vis-à-vis d'un partenaire économique de nationalité différente avec ses propres croyances, valeurs et représentations. Ces différences peuvent par conséquent avoir un impact sur les priorités en matière de développement, la perception du marché, et la façon d'organiser et gérer le nouvel ensemble. En effet, l'analyse des négociations pré-acquisition montre l'importance du lien entre les cultures nationales et la structure des entreprises. Celles-ci influencent les pratiques de management des entreprises et accentuent les différences entre les cultures organisationnelles. Il y a donc un risque dans le cadre de négociations internationales que la création d'un nouvel ensemble (statut, structure, mode de fonctionnement) puisse donner lieu sur le plan juridique et organisationnel, à des discussions vives entre les parties.

Enfin, la réalisation de ces opérations internationales paraît d'autant plus difficile que la domination économique d'une entreprise sur une autre peut être interprétée comme le résultat de la supériorité d'un pays sur un autre. Il y a par conséquent un risque de faire passer la relation, du stade de l'économique au politique, en renforçant les crispations identitaires et les rivalités entre pays. Il est bien évident qu'une entreprise qui entend acheter une société étrangère et envisage de la réorganiser avec des risques élevés de licenciements risque dans un contexte international, de créer des tensions graves et d'étendre le conflit à la sphère politique. Il en va de même pour des opérations d'acquisitions dans des secteurs aussi sensibles que l'armement, l'aéronautique ou l'automobile qui peuvent amener à des discussions qui dépassent le cadre purement économique. Les rapprochements entre entités de pays différents peuvent, par conséquent, revêtir dans certains cas un enjeu politique (et symbolique) non négligeable, à l'instar de l'acquisition de l'Allemand Mannesmann par le Britannique Vodafone AirTouch dans le secteur des télécommunications. Autant d'éléments qui peuvent exacerber les passions et les susceptibilités à l'intérieur et l'extérieur de l'organisation.

**REPÈRES : Les risques culturels lors de négociations pré-acquisition**

1. Se comporter de façon arrogante
2. Assimiler prise de contrôle et domination culturelle
3. Sous-estimer les différences de représentations
4. Minimiser les différences de styles de managmeent
5. Percevoir de manière différente la relation au marché
6. Négliger l'impact culturel et émotionnel de l'acquisition
7. Étendre les conflits à la sphère politique
8. Exacerber les susceptibilités et les passions
9. Accorder une importance excessive aux symboles nationaux

### 4.3 Les facteurs de succès

La réussite des négociations dans le cas de prises de contrôle internationales demande une clarification des objectifs et des enjeux, et en particulier la résolution des points critiques. Une tendance fréquente consiste en effet à différer la résolution de certains problèmes délicats (répartition des rôles et des responsabilités, réorganisation des structures, différences de rémunération…), afin de parvenir rapidement à un accord. C'est, dans la plupart des cas, risquer de voir ressurgir avec une ampleur et une intensité accrues les problèmes durant la phase d'intégration.

Cette étape est donc essentielle car elle peut avoir des effets directs sur le processus d'intégration (Haspeslagh, Jemison, 1991), en particulier au niveau de l'accompagnement des équipes par les acteurs opérationnels en charge du projet. La phase de négociation comprend donc un certain nombre de prérogatives que l'on peut résumer de la manière suivante :

– définir une vision d'ensemble du projet au-delà de l'opération réalisée, qui puisse être comprise et acceptée par les représentants des deux organisations ;

– clarifier les enjeux et les objectifs de l'opération, et s'attacher à rassurer l'autre partie sur les conséquences organisationnelles et sociales de la prise de contrôle ;

– fixer des priorités pouvant être clairement identifiées par les différents acteurs dans les domaines de la stratégie et de l'organisation ;

– manifester l'engagement et l'implication de la direction de l'entreprise initiatrice par le biais de différentes actions symboliques susceptibles de fédérer et mobiliser les acteurs autour d'un projet commun ;

– identifier les personnes clés de l'entreprise cible, afin d'éviter la fuite de compétences indispensables à la bonne marche de l'opération d'acquisition ;

– impliquer la hiérarchie intermédiaire dès la phase de négociation, afin de l'informer de la réalité de l'opération.

Ces actions présentent l'avantage de créer une base de référence commune entre les deux organisations. Elles permettent également, à l'appui d'intentions affichées et d'éléments objectifs, de rassurer sur les conséquences de l'opération… Elles constituent par conséquent une étape essentielle avant la réalisation effective de l'acquisition. Néanmoins, ces précautions ne suffisent généralement pas à répondre aux risques posés par le regroupement des entités et demandent de réels efforts et engagements durant la phase d'intégration.

## Section 3 L'ANALYSE DES STYLES DE NÉGOCIATION : LE CAS CHINE-USA[1]

Cette section cherche à mettre en avant les différences fondamentales entre les cultures chinoise[2] et occidentales et plus particulièrement américaines dans le cadre de négociations internationales. Le choix des États-Unis et de la Chine s'explique en raison des oppositions marquées entre les cultures, qui peuvent provoquer d'importants malentendus entre les équipes de négociation.

### 1 La culture américaine de la négociation

Dans la culture américaine (Axelrod R., 1992) il est d'usage de recourir à des relations conflictuelles (affrontement) en mobilisant un discours direct et peu cérémonial. L'objet de la relation est en effet de rapidement prendre position sur le sujet, quitte à faire preuve d'un comportement agressif et démonstratif (Graham J.-L. ; Lam N.M., 2003). En effet, dans la culture américaine, la négociation est abordée comme un « deal », où la gestion du conflit, le rapport de forces et le sens de la persuasion dominent (Crow, R. F, 1986). Dans certains cas, cette stratégie peut aller jusqu'à intimider l'adversaire, au point de le forcer à revoir ses exigences à la baisse

1. On pourra se reporter aux travaux menés par J-C Usunier (1992) et Hirsch et Swierczek (1997, 1998).
2. La culture chinoise domine le commerce asiatique. En effet, l'ethnie chinoise, fortement représentée dans les pays asiatiques, participe activement au commerce international. En Thaïlande, les Chinois représentent 14 % de la population mais contrôlent 90 % de la production. De même, à Hô Chi Minh-Ville, cette communauté, qui rassemble 12 % de la population, détient la moitié de l'économie locale. Même constat en Indonésie où les Chinois, moins de 3 % de la population, controlent une part disproportionnée de l'économie. Au Laos, profitant de l'absence de culture d'entreprise, les Chinois sont devenus des industriels extrêmement prospères.

(Nadoulek B., 1997). Elle consiste à tenter de dissuader l'adversaire, en persistant dans son comportement et son intransigeance, et à formuler des menaces (ouvertes ou voilées), lorsque la partie adverse ne se soumet pas aux exigences demandées (Marientras E., 1992). Le conflit (dans lequel le négociateur adopte une attitude peu conciliante) est d'ailleurs pour les Américains considéré comme une démarche normale dans sa relation à l'autre. Cette conception présente comme caractéristique de développer une stratégie relationnelle, à partir de ses propres forces et de ses seuls objectifs. Elle prend par conséquent très faiblement en compte les intérêts de l'autre partie. Elle repose avant tout sur une stratégie de compétition, où l'un gagne au détriment de l'autre, dans le cadre d'un jeu à somme nulle. Cette vision des négociations relève du mode distributif.

## 2 La culture chinoise de la négociation

À l'inverse des Américains, les Chinois vont avoir recours à un discours indirect et plus subtil, en recherchant la coopération à travers la mise en confiance de l'autre et l'art du compromis. Chez les professionnels chinois comme dans de nombreux pays asiatiques (Su Z., 1994 ; Su Z., Verna G., 1994) l'art du compromis se révèle en effet un élément essentiel dans la conduite des négociations. La culture consensuelle chinoise conduit à développer une stratégie intégrative, où la culture de l'autre, ses forces, ses faiblesses et ses objectifs font partie intégrante du processus de négociation. À ce titre, les Chinois accordent une importance déterminante aux préliminaires qui doivent permettre d'établir un début de relation et honorer la future implication des partenaires dans la recherche d'un résultat mutuellement satisfaisant. La recherche d'un compromis équitable (Ling W., Chia R.C., Fang., 2000) est d'ailleurs au centre des préoccupations des négociateurs chinois. Il s'agit en effet d'éviter la confrontation (Lao Tzeu, 1979) et le risque que le partenaire perde la face, quitte à (volontairement) abandonner un avantage en obligeant (moralement) ce dernier à céder sur autre chose (Frankenstein J., 1987).

« Là où il y a avantage, il y a nécessairement un inconvénient »

(Proverbe chinois)

« Quand l'inférieur est à son aise, le supérieur est tranquille »

(Le Yi-King)

« Celui qui sait se contenter sera toujours content »

(Lao-Tzeu)

Cette stratégie part du postulat que les négociations s'inscrivent dans une relation à long terme : elles sont répétitives et conduisent le négociateur à traiter avec les mêmes acteurs dans une suite de négociations. Cet état de fait implique par conséquent de maintenir de bonnes relations avec l'autre partie, les relations conflictuelles n'entraînant qu'un risque d'escalade vers le conflit. Les professionnels chinois ne voient donc pas la négociation comme une fin en soi devant déboucher sur un accord définitif. Au contraire, la négociation est perçue comme le début d'un processus de construction commune qui doit évoluer au cours du temps et progressivement conduire à des relations satisfaisantes pour les deux parties. Selon cette conception, toute information nouvelle peut par conséquent venir modifier le cours de la négociation, en apportant de nouveaux fondements à la relation. Alors que le négociateur américain va chercher à connaître et maîtriser l'ensemble des pièces du dossier et agir de façon rationnelle (et logique), la partie chinoise va faire évoluer son comportement en fonction des nouvelles hypothèses émanant de la relation ou de l'environnement. Ainsi, à chaque fois qu'une nouvelle information arrive, elle vient modifier l'ensemble des positions et amène le négociateur chinois à changer de tactique. La comparaison de ces deux styles de négociations se retrouve assez bien dans les différences entre le *jeu d'échec* et le *jeu de go*.

## REPÈRES : Culture chinoise et jeu de Go[1]

Le jeu de Go constitue une bonne illustration de la conception indirecte de la stratégie chinoise. Contrairement au jeu d'échecs fondé sur un jeu plutôt offensif de combinaisons, le jeu de Go se base sur un jeu plutôt défensif de positions. Les échecs se jouent sur un champ de bataille réduit (8 sur 8 cases) avec une armée limitée (16 pièces par camp) et hiérarchisée. Ces pièces ont des capacités de déplacement et de prise spécialisée sur des axes d'attaque. Au contraire, le Go se joue sur un large territoire (19 lignes sur 19) avec des armées nombreuses (191 pierres noires et 190 blanches qui ont une valeur égale). Les structures des jeux sont différentes. Les échecs favorisent la concentration des pièces et les combinaisons, afin d'obtenir la supériorité numérique et d'« assommer » l'adversaire (échec et mat). Le Go relève d'une autre logique, il favorise le mouvement, pour dissimuler sa stratégie et par différentes actions « asphyxier » son interlocuteur. Dans un cas, on force le jeu adverse pour le faire céder (mort du Roi), dans l'autre on privilégie plusieurs scénarios pour mieux surprendre et finalement pouvoir l'emporter par avantage avec un point de différence.

L'attitude observée par les négociateurs chinois ne signifie pas pour autant un manque de motivation ou d'intérêt à l'égard du projet. Elle correspond simplement à une façon différente de parvenir à ses fins que l'on retrouve dans la dialectique taoïste qui a d'ailleurs influencé la vision militaire de Sun Tzu (L'Art de la guerre). Selon cette doctrine, face aux risques de conflits et d'affrontement, « Le plus grand conquérant est celui qui sait vaincre sans bataille » (Lao-Tseu), en ayant recours aux

1. Pour plus d'éclaircissement sur les pratiques du jeu de Go, on pourra se reporter aux travaux de Girault R., *Traité du Jeu de Go,* Éditions Flammarion, *1977.*

règles de stratégie indirecte, de vigilance et à la ruse systématique. Selon cette perspective, on comprend que le temps soit pour les chinois un allié précieux.

## REPÈRES : Doctrines traditionnelles de la culture chinoise

Les trois doctrines qui fondent la culture chinoise sont issues de trois œuvres collectives formalisant des doctrines qui préexistaient dans la culture orale antique.

***Le taoïsme***[1]

« La voie et sa vertu » de Lao Tzeu, philosophe chinois né vers 570 avant notre ère (et mort vers 490), est le traité de la doctrine Taöiste. En plus de ses aspects religieux et mystiques, le taoïsme est une doctrine sur la dialectique du changement, à la fois permanent et immuable. Cette philosophie est basée sur la non intervention sur le cours naturel des choses et sur son acceptation. Elle entend rechercher la voie permettant d'acquérir la vertu et d'aller vers le bonheur. « L'Art de la guerre » de Sun Tzu a été fortement influencé par la dialectique taoïste. Il met notamment en avant, face aux risques de conflits et d'affrontement, l'intérêt stratégique de « vaincre sans combattre » grâce aux règles de stratégie indirecte et de dissuasion. Une telle approche ne fonctionne qu'à deux conditions : maintenir une surveillance réciproque afin de déjouer les menaces et utiliser systématiquement la ruse plutôt que la force. Au regard de l'histoire (unification de l'Empire par T'sin à l'aide de la force en 221 avant notre ère), la limite de la stratégie indirecte est de parfois construire un univers si sophistiqué qu'il en devient fragile. Selon ce même référentiel, la principale force de cette philosophie (stratégie indirecte) est d'avoir su transformer les nombreuses défaites de la chine en victoire, en assimilant les envahisseurs et souvent en s'élargissant dans la direction d'où venaient les invasions. C'est à ce niveau qu'on peut juger la stratégie indirecte de Sun Tzu comme un élément de pérennité.

***Le confucianisme***[2]

Le confucianisme est une doctrine à la fois morale et politique, retranscrite par les disciples de Confucius, philosophe chinois né en 550-551 avant J.-C. Son enseignement est fondé sur la morale, le respect des usages et sur la nécessité d'être vertueux et modéré. « Les entretiens de Confucius » exposent la philosophie des mandarins lettrés et fonctionnaires qui administrent la chine depuis 2 700 ans. Le confucianisme entend à la fois fonder la pérennité de la société sur le respect des traditions et moraliser l'arbitraire du pouvoir des grands féodaux. Pour atteindre ces objectifs, le confucianisme s'appuie sur les cinq règles de Li qui proposent cinq relations qui structurent et organisent la société dans son ensemble, à savoir les relations filiale (père-fils), conjugale (mari-femme), fraternelle, amicale, et la relation dirigeant-sujet qui traduit

1. Voir Maspero H., *Le taoïsme et les religions chinoises*, Éditions Gallimard, 1971.
2. Voir Confucius, *Les entretiens de Confucius*, Éditions du Seuil, 1981.

l'obéissance à l'égard de l'autorité politique. Toutes ces relations imposent à chacun des droits et des devoirs qui doivent être accomplis avec bienveillance et dans le respect d'autrui. En particulier, la relation dirigeant-sujet doit s'imposer par le respect des valeurs et des rites traditionnels auxquels tout homme de bien (personne capable d'agir ou de gouverner par la morale) doit se soumettre. Ces rites doivent contribuer à réguler les comportements, canaliser les énergies et les instincts, ainsi que pacifier les rapports sociaux.

***Le boudhisme***

Plus tard, le boudhisme importé de l'Inde arrive en Chine. Il est adapté puis amalgamé à la culture chinoise. En plus de sa doctrine religieuse, le boudhisme comporte une philosophie communautaire de l'organisation par le consensus, appliquée dans ses monastères. Au contraire du protestant qui voit la richesse individuelle comme une marque de prestige, le boudhisme entend se dévouer à la communauté (en tant qu'entité collective), seul facteur de pérennité face aux changements permanents du monde. Le désir individuel est donc modéré et canalisé par le sens communautaire et une place importante est donnée aux sens de modération et du juste milieu.

## 3 Les enseignements pour le négociateur américain

Parmi les erreurs[1] fréquemment commises par les managers occidentaux et en particulier américains dans le cadre de négociations avec des partenaires chinois, on peut citer les 7 pièges suivants :

1. *La sous-estimation des préliminaires* : pour les négociateurs chinois, le climat relationnel et la confiance sont des pré-requis à une négociation constructive.
2. *La précipitation* : l'impatience constitue dans la culture chinoise une preuve de faiblesse. Il convient donc d'éviter des tactiques telles que le *forcing* (voir section 1), si l'on veut réussir à parvenir à un accord.
3. *L'excès de formalisation* : dans la culture chinoise, le fait de vouloir trop clarifier les bases de l'échange peut fortement limiter le développement de solutions et de rendre mal à l'aise l'autre partie. Il est donc nécessaire de favoriser des échanges variés pour éviter l'impression d'une relation figée.
4. *L'association entre positionnement et pouvoir de décision* : pour le partenaire chinois, la prise de décision n'est pas individuelle mais collective, et demande

1. Pour une analyse des facteurs clés de succès dans le cas de relations commerciales avec la Chine, on pourra notamment se reporter aux travaux de Irland (1991), Thurwachter (1990), Chu (1988), Frankestein (1987), Crow (1986).

notamment un consensus. Il peut donc être une erreur de considérer que la personne qui s'exprime comme le principal décisionnaire.

5. *L'association entre approche contractuelle et engagement ferme* : pour les Chinois, le contrat n'est qu'une simple étape de la négociation. Le processus des négociations peut donc être réouvert après la signature du contrat (vision continue des négociations).
6. *La recherche excessive de l'excellence* : l'objet d'une relation ne consiste pas, dans la philosophie chinoise, à dominer l'autre mais à parvenir à accord acceptable par tous
7. *La volonté de domination* : selon la conception taoïste, mieux vaut privilégier les stratégies d'évitement ou de dissuasion à l'utilisation de la force (éviter de faire perdre la face à son interlocuteur). L'agressivité et les tentatives d'intimidation sont donc pour un chinois des attitudes inacceptables dans le cadre de négociations.

## 4 Les enseignements pour le négociateur chinois

Les différences en matière de négociation ne doivent pas simplement se voir d'un point de vue tactique. Elles traduisent des modes de pensée et d'actions radicalement opposées. En effet ; l'une des différences marquantes entre Chinois et américains concerne la manière d'aborder et de gérer les négociations, en vue d'obtenir un résultat probant (Graham J.-L. ; Lam N.M., 2003). La culture américaine s'inscrit dans un système traditionnel de compétition, basé sur un jeu à somme nulle, où l'une des parties gagne au détriment de l'autre. Dans ce système, le recours à la force (et à la menace) fait partie des règles du jeu et doit permettre d'obtenir à court terme des résultats concrets (accord définitif). La culture chinoise aborde la négociation comme un processus sans fin et privilégie dans la démarche le compromis, où l'intérêt des deux parties est pris en compte, afin d'établir une relation durable avec le partenaire.

Tableau 6.3 – *La négociation dans les cultures chinoise et américaine*

| | **Culture chinoise** | **Culture américaine** |
|---|---|---|
| **Objectif recherché** | Créer un climat favorable à une coopération durable | Parvenir à un accord définitif entre les parties |
| **Résultat attendu** | Doit germer au cours de la négociation | Doit être envisagé avant les négociations |
| **Moyens utilisés** | Confrontation indirecte<br>Approche discrète (prise de recul)<br>Politique de conciliation | Confrontation directe<br>Approche démonstrative<br>Politique de persuasion ou d'intimidation |
| **Horizon temporel** | Long terme | Court terme |

Tableau 6.3 – *La négociation dans les cultures chinoise et américaine*

| | **Culture chinoise** | **Culture américaine** |
|---|---|---|
| **Système de pensée** | Collectif<br>Circulaire<br>Orienté sur la relation | Individualiste<br>Séquentiel<br>Orienté sur l'information |
| **Attitudes et comportement** | Attitude cordiale<br>Modestie<br>Patience<br>Subtilité/ruse | Attitude peu conciliante<br>Sentiment de supériorité<br>Impatience (deadline)<br>Rapport de forces |

Les négociateurs chinois doivent par conséquent savoir que leurs partenaires américains auront préparé dans le détail et de façon très professionnelle la démarche de négociation et qu'ils savent précisément ce qu'ils comptent en retirer en termes d'avantages. Ils doivent également réaliser que le rapport de forces fait partie intégrante de la culture américaine.

Les négociateurs chinois doivent de ce fait tirer (au moins) cinq enseignements dans leur relation avec des partenaires américains :

1. les négociateurs américains ont des intentions précises.
2. ils ont déjà élaboré avant même les négociations une stratégie d'action (objectif, moyens, durée) au service d'un résultat rapide et centré sur des exigences précises.
3. ils n'hésiteront pas à recourir à la force, s'ils sentent une faille chez le partenaire.
4. les négociateurs américains refuseront de s'inscrire dans des relations floues et incertaines.
5. les négociateurs américains pourront rapidement perdre patience.

## L'essentiel

Le développement des relations internationales et l'accélération impressionnante des fusions-acquisitions et alliances transfrontalières ont conduit à créer de nouvelles contraintes en matière de management des hommes. La question des relations inter-organisationnelles dans un contexte international apparaît en effet l'une des principales préoccupations des dirigeants d'entreprise confrontés à la diversité des cultures. Elle concerne aussi bien la gestion courante des activités (négociation internationale) que la mise en place de stratégies de croissance externe ou conjointe transnationales. Le développement de l'entreprise passe désormais par une proximité et une collaboration étroite avec des acteurs économiques de nationalités différentes. Ceci implique par conséquent une meilleure connaissance des caractéristiques des partenaires et l'étude critique des facteurs clés de succès et d'échecs de ces opérations. En matière de négociation internationale, l'un des principaux problèmes réside dans la manière d'aborder et de gérer la transaction, en vue d'obtenir un résultat probant. La question des différences ne doit pas simplement se voir d'un point de vue tactique. Elle reflète bien souvent des modes de pensée et d'actions radicalement opposées. Il en va de même pour des opérations stratégiques (fusions, acquisitions, alliances) entre entités de pays différents, où la dimension politique et symbolique peut parfois prendre le pas sur les motifs économiques du rapprochement. Toute opération avec un partenaire étranger demande par conséquent de la prudence et de réels efforts relationnels, si l'on veut éviter des risques importants de destruction de valeur.

# 7 LE MANAGEMENT D'UNE ÉQUIPE MULTICULTURELLE

Le management d'équipes s'appuie généralement sur des pratiques et des comportements qui peuvent s'avérer différents en fonction des cultures. La section 1 aborde ces questions, en montrant de quelle manière l'origine nationale des individus peut avoir une incidence sur la façon d'organiser, de gérer et de structurer les activités de l'entreprise. La section 2 identifie les types d'erreurs généralement commises par les responsables d'entreprises, lorsque ces derniers doivent faire face à la gestion de cultures différentes. La section 3 invite le lecteur à analyser et réfléchir sur les possibilités de développement de compétences interculturelles, afin de mieux répondre aux exigences de la diversité.



## Section 1 LA PRATIQUE DU MANAGEMENT EN SITUATION INTERCULTURELLE

L'examen des décisions et des tâches accomplies par les équipes dans les entreprises fait apparaître des réalités managériales différentes, selon les cultures en présence (Cox, Lobel, Leod, 1991). En effet, la gestion d'équipes repose sur des pratiques et des comportements qui peuvent s'avérer différents en fonction de l'origine culturelle des membres de l'organisation. La culture des acteurs peut avoir une incidence sur la façon dont ces derniers vont prévoir, planifier, décider mais aussi contrôler et coordonner leurs activités. De même, en fonction des cultures, la manière de gérer et de résoudre les conflits sera différente.

# 1 Prévoir, planifier et décider

## 1.1 Prévoir et planifier

La mise en place d'équipes de travail nécessite un minimum de préparation de la part des responsables, pour gérer et organiser les activités. Les plans et procédés de planification contribuent à établir des relations inter et intragroupes efficaces. Dans son sens le plus large, la planification consiste à analyser puis prévoir, pour un horizon de temps donné, l'ensemble des orientations et actions à prendre en compte, pour réaliser dans de bonnes conditions, la mission à effectuer. Ceci demande notamment de :

- définir l'objectif de la mission ;
- établir le programme d'actions : ensemble des moyens programmés et étalés dans le temps pour accomplir les objectifs dans le cadre d'un budget à déterminer. Le budget est la traduction comptable et monétaire, du programme d'action ;
- affecter les rôles et les responsabilités ;

Autant d'éléments au niveau desquels des différences peuvent émerger au sein des équipes multiculturelles, en raison d'hypothèses et d'attentes spécifiques dans la façon d'analyser et de structurer le travail en commun.

Tableau 7.1

| Prévoir et planifier | Nature des tâches | Exemples de déterminants culturels [1] |
|---|---|---|
| **Définition des objectifs** | – Quelle est la mission de l'équipe ?<br>– Quels sont les principaux enjeux ?<br>– Quelles sont les priorités ?<br>– Quelles sont les actions à engager ?<br>– Quel est l'horizon de temps prévu (CT/MT) ?<br>– Quelles sont les compétences nécessaires ?<br>– Quels sont les moyens affectés ?<br>– Quels sont les critères de performance ?<br>– Quelles sont les échéances (calendrier des opérations) ? | – Degré de contrôle de l'incertitude<br>– Volonté ou refus de contrôler la nature<br>– Relation au temps (présent/futur)<br>– Temps monochronique versus polychronique<br>– Comportement face aux procédures et à la règle |
| **Établissement du programme d'actions** | – Quelles sont les tâches à réaliser ?<br>– Qui intervient dans le projet ?<br>– Quel est le calendrier ?<br>– Quel est le budget ?<br>– Jusqu'à quel point doit-on formaliser les actions à mener ? | – Communication à contexte riche ou pauvre<br>– Relation au temps |
| **Affectation des rôles t des responsabilités** | – Quels sont les rôles affectés à<br>– Qui est en charge de la réalisation d'une tâche donnée ?<br>– Quelles sont les positions hiérarchiques au sein de l'équipe constituée ? | – Distance hiérarchique<br>– Orientation individualiste ou communautaire<br>– Statut attribué acquis<br>– Attention accordée aux personnes ou aux tâches<br>– Relation à l'autre |

La façon de prévoir et planifier diffère selon les cultures en présence. Des différences peuvent notamment être identifiées au niveau de la manière de gérer l'imprévu (contrôle de l'incertitude), de se projeter dans l'avenir (relation au temps) ou de formaliser le travail à réaliser (attention accordée aux tâches). [1]

1. Les déterminants culturels mentionnés dans cette section reprennent les principaux critères établis et définis par les modèles d'Hofstede, de Trompenaars, Kluckhorn-Strodtbeck et Hall au niveau de l'influence des cultures sur le style de management.

**Exemple**

L'attitude face à la planification des tâches constitue une différence essentielle dans les relations entre des équipes d'Amérique du Nord et d'Amérique latine. En effet, on ne peut pas comprendre le mode de fonctionnement professionnel des salariés américains, sans faire référence au concept de *process*. Pour les Américains, la pensée par process tient une place centrale dans la gestion et l'organisation de leurs activités. Elle repose sur la mise en place de procédures simples et claires qui rendent la gestion des activités optimisée, efficace et aisément reproductible. Selon ce mode de pensée, il importe donc de diviser l'activité en étapes clés, de les décrire précisément, puis d'en garder la trace, pour pouvoir les réutiliser ou les transmettre à d'autres acteurs de l'organisation (reproduction de la démarche). Ceci renvoie à une volonté de procéder par identification catégorielle (modules) dans un souci d'économies de coûts et de temps, en permettant au plus grand nombre d'appliquer la même démarche. La culture latine se prête mal à ce fonctionnement et tend à privilégier la personnalisation, en misant avant tout sur l'apprentissage individuel, l'interaction (relations personnelles) et l'absence de règles trop rigides. Il y a en effet chez les représentants de cette culture, une tendance à agir par expérimentation et intuition.

## 1.2 Décider

On peut définir une décision comme étant un acte par lequel un ou plusieurs acteurs opèrent un choix entre plusieurs options, permettant d'apporter une solution satisfaisante à un problème donné. Le processus de décision est essentiel pour comprendre le fonctionnement d'équipes de travail. Il donne des indications sur la façon dont les responsables analysent et évaluent les problèmes avant de s'engager dans une action, et sur le rôle qu'ils accordent aux autres membres de l'équipe pour décider. Dans ces deux domaines, la culture d'origine des membres de l'équipe (nationalité) peut jouer un rôle central, en influençant le processus de décision, tant sur le plan des méthodes de collecte et de traitement des données qu'au niveau du partage des responsabilités.

**Exemple**

L'existence d'équipes multiculturelles peut introduire des logiques de pensée et de comportements différents et perturber les processus de décision. Par exemple, les responsables français ont tendance à mobiliser beaucoup de temps et d'énergies pour rechercher des alternatives à leur décision et pour ensuite les évaluer selon une analyse logique (approche déductive). Cette posture consistant à « réfléchir avant d'agir » peut dès lors les conduire à refuser l'action (ou une solution donnée), si le risque d'erreur reste élevé. Elle amène à ne pas répondre à une demande, plutôt que de proposer une solution dont la marge d'erreur est élevée. Cette caractéristique marque une réelle opposition avec la logique anglo-saxonne qui privilégiera toujours l'action à la réflexion, au nom d'un certain pragmatisme, en acceptant les risques d'erreur (approche inductive).

Tableau 7.2

| **Décider** | **Nature des tâches** | **Exemples de déterminants culturels** |
|---|---|---|
| Processus de prise de décision | – collecte des informations<br>– définition des options possibles<br>– comparaison et évaluation des options (coûts/bénéfices)<br>– degré d'ouverture à la discussion<br>– degré de participation<br>– mode de décision (hiérarchique, consensuel, à la majorité...)<br>degré de rapidité des décisions | – orientation masculine ou féminine des valeurs<br>– attention accordée aux personnes ou aux tâches<br>– relation à l'autre<br>– contexte de communication riche ou pauvre |
| Nature des décideurs | – décideur individuel (chef d'équipe)<br>– décideur collectif (équipe)<br>– relations entre les acteurs suivant leur position dans l'organisation<br>– rôle accordé à la confiance et aux relations interpersonnelles<br>– taille et composition des équipes (large ou réduite)<br>– sources du pouvoir (gratification, coercition, compétence, personnalité, exemplarité...) | – degré de distance hiérarchique<br>– statut attribué/acquis<br>– orientation individualiste ou communautaire |

La prise de décision est un système révélateur des différences de sensibilités culturelles au niveau du rôle accordé par les responsables à leurs collaborateurs (degré de distance hiérarchique) et de l'engagement des salariés dans le développement des activités (orientation masculine ou féminine, relation à l'autre). Elle montre également la nature des légitimités recherchées au sein des équipes de travail, selon l'importance donnée au statut attribué (titre, fonction, rang) par rapport au statut acquis (action, réalisation).

### Exemple

Aux États-Unis et au Canada, les subordonnés ont le droit de s'adresser directement à leur supérieur, en leur proposant des solutions alternatives (propositions). Les relations entre chef d'équipe et collaborateurs sont donc fréquentes et considérées comme un moyen d'améliorer l'efficacité du groupe. Les employés sont donc amenés à participer activement à la prise de décision. Inversement, les managers français sont fortement attachés au respect de l'autorité hiérarchique et considèrent l'obéissance comme la meilleure façon d'atteindre les objectifs fixés. Selon la vision française, on n'attend donc pas des employés qu'ils exercent une influence sur leur hiérarchie. D'où deux conceptions différentes du management : les managers américains et canadiens voient dans la participation des salariés une manière de renforcer l'adhésion aux objectifs et aux valeurs de l'entreprise, et donc d'améliorer les résultats. À l'inverse, les responsables français considèrent que l'adhésion passe par le respect du règlement et une stricte obéissance à l'autorité.

## 2 Coordonner et contrôler

La coordination permet de structurer les actions de façon cohérente et optimisée. Le contrôle vise à vérifier que les actions et les résultats sont conformes aux objectifs. Il permet donc de déterminer si les résultats escomptés sont atteints ou non. Les mécanismes de contrôle et de coordination sont bien souvent le reflet de caractéristiques culturelles distinctives, notamment en ce qui concerne la relation à l'autre (pouvoir), l'évaluation des performances et les liens avec l'environnement (comportement face à l'incertitude).

**Exemple**

Alors que les Anglais vont avant tout s'intéresser aux budgets (comme outils d'évaluation des résultats), au contrôle financier et au reporting (via des rapports en tous genres, signes d'un contrôle final), en France et en Allemagne, l'incertitude et l'inconnu entraînent une formalisation et une planification sous forme de règles et de procédures. Dans les équipes françaises, le contrôle sert essentiellement à surveiller le travail, tandis qu'en Allemagne, le contrôle est un processus pour s'assurer que le résultat obtenu est plus ou moins identique au plan défini (analyse des écarts). La culture allemande s'inscrit par conséquent dans une logique stricte de conformité par rapport aux objectifs fixés.

Tableau 7.3

| Contrôler et coordonner | Nature des tâches | Exemples de déterminants culturels |
|---|---|---|
| Processus de coordination et de contrôle | – Quelle est la finalité du contrôle ?<br>– À quel moment doit-on évaluer et contrôler les activités ? (a priori/a posteriori)<br>– Le contrôle est-il permanent, systématique ou ponctuel ?<br>– Doit-on intégrer et faire participer les membres à l'évaluation ?<br>– Quel est le degré de spécialisation des tâches ?<br>– Comment circulent les informations ?<br>– Quel est le degré de formalisation à adopter en matière de contrôle et de coordination ? | – volonté ou refus de contrôler la nature<br>– attention accordée aux personnes ou aux tâches<br>– relation à l'autre<br>– contexte de communication riche ou pauvre |
| Actions et mécanismes privilégiés | – Quels sont les critères retenus en matière de contrôle ? (orientation financière, commerciale, production)<br>– Quelle est la forme du contrôle privilégiée (approche quantitative/qualitative) ?<br>– Quelle est l'importance accordée aux procédures et réunions de travail<br>– Quel est le poids accordé aux systèmes d'information<br>– Quelle est fréquence des remontées d'informations ?<br>– Quelle est l'importance de la communication informelle et des relations avec la hiérarchie directe ?<br>– Quelles sont les méthodes de travail et procédés utilisés en termes de coordination ? | – degré de contrôle de l'incertitude<br>– contexte de communication riche ou pauvre |

Le contrôle et la coordination des activités sont des actions qui permettent de distinguer différents modes d'approches culturelles, selon que l'on s'inscrive dans une démarche de contrôle strict ex ante ou que l'on privilégie une logique d'expérimentation (cf. volonté ou refus de contrôler la nature). Dans ce domaine, l'importance donnée aux procédures et aux tâches (par rapport aux personnes) constitue également un critère déterminant de différenciation culturelle.

**Exemple**

Les distinctions en termes de mode de contrôle trouvent aussi une traduction dans les différences managériales qui peuvent exister entre un responsable américain et un manager chinois. Dans les équipes américaines, le responsable peut s'appuyer sur des dispositifs organisationnels (procédures et règles) et juridiques (contrats) formels qui lui permettent de coordonner, déléguer et contrôler les activités de l'entreprise. À l'inverse, les équipes chinoises sont souvent caractérisées par un manque de formalisation et de spécialisation au niveau des tâches à réaliser. Ceci donne au management des équipes une gestion très centralisée et personnalisée, chaque employé ayant un lien de proximité avec le responsable concerné. Cette conception du management se traduit par une prise en charge matérielle et affective des employés dans leur vie professionnelle et personnelle. Sur le plan affectif, la relation employeur – salariés y est donc très forte, le manager chinois ayant pour mission de protéger ses employés en échange de leur loyauté et fidélité. Il n'est d'ailleurs pas rare que les managers chinois se rendent périodiquement au foyer de leur collaborateur, pour s'enquérir de leur santé ou de leur moral.

## 3 Motiver et mobiliser

Motiver et mobiliser les acteurs de l'organisation constitue un acte essentiel du management, en raison de la difficulté à susciter la participation de l'ensemble des membres. L'objectif essentiel est de parvenir à fédérer l'ensemble des acteurs autour d'un projet, en valorisant au mieux leurs capacités respectives. Il s'agit par conséquent de reconnaître les apports de chacun. En fonction des cultures, le poids accordé au contexte et aux relations sociales peut fortement différer et produire des différences au niveau des motivations.

Tableau 7.4

| Motiver et mobiliser | Nature des tâches | Exemples de déterminants culturels |
|---|---|---|
| Systèmes de motivation et de récompenses | – importance relative du travail à effectuer par rapport aux relations sociales<br>– priorité donnée aux conditions de travail ou aux objectifs fixés<br>– valorisation du travail collectif ou individuel<br>– nature des récompenses (salaires, primes, reconnaissance, promotion, considération...)<br>– mise en avant de l'aspect entreprenant (responsabilités) ou sécurisant du travail à effectuer. | – orientation individualiste ou communautaire<br>– attention accordée aux personnes ou aux tâches<br>– relation à l'autre |

Les systèmes de motivation et de récompense peuvent révéler des oppositions culturelles entre acteurs de nationalités différentes, selon que l'on privilégie la relation (climat, atmosphère, sentiments) ou le résultat (valorisation économique du travail).

**Exemple**

> Dans les cultures anglo-saxonnes, la motivation passe essentiellement par la réalisation des tâches à accomplir et la valorisation économique de son travail. L'efficacité doit par conséquent primer sur le contexte et la nature des relations entre les individus. À l'inverse, pour les indonésiens, la motivation réside principalement dans la priorité du groupe sur l'individu et un effort constant de développer des actions fondées sur le compromis plutôt que sur une efficacité destructive de valeur. C'est donc avant tout le contexte qui va ici primer, en veillant à établir des relations amicales et conviviales entre les personnes. D'un point de vue managérial, le fait de rendre service à ses supérieurs (et à la collectivité) dans le respect des codes en vigueur, constitue pour un travailleur indonésien, une source de satisfaction plus importante que de parvenir par ses propres qualités à atteindre seul l'objectif qui lui a été fixé. D'où l'importance d'identifier et de comprendre les fondements des cultures, lorsque l'on doit manager des équipes plurielles, si l'on veut éviter des risques d'incompréhension voire de rejet.

## 4 Arbitrer et gérer les conflits

La notion de conflit revêt de nombreuses formes et survient dans différentes circonstances. Il se produit lorsque des individus ou groupes sociaux ont des objectifs, opinions ou sentiments incompatibles, qui les conduisent à s'opposer. On peut ainsi distinguer trois types de conflits :

- **les conflits d'objectifs** : situation dans laquelle les finalités (ou issues) recherchées par les parties divergent ;
- **les conflits cognitifs** : situation dans laquelle les analyses et réflexions menées par les deux parties font apparaître des incompatibilités au niveau de la formulation des hypothèses ou du mode de raisonnement ;
- **les conflits affectifs** : situation dans laquelle les sentiments (ou émotions) exprimées par les parties se révèlent incompatibles ;

Si les conflits peuvent avoir de graves conséquences sur le fonctionnement et la gestion des équipes (perte de temps, gaspillage d'énergies, dépenses de ressources inutiles), il peut également, dans certaines situations, avoir une influence positive. C'est notamment le cas, lorsque les parties découvrent qu'au-delà de leur désaccord, il y a possibilité de se retrouver au niveau de valeurs communes et décident ensemble de changer leurs représentations.

**Exemple**

> Alors que chez les Américains et canadiens, le conflit fait partie intégrante du processus managérial, il en va différemment en ce qui concerne les managers brésiliens qui chercheront à

éviter toute forme de conflit, quitte à privilégier le climat social (harmonie) sur les résultats (tâche à accomplir). Ainsi, pour un manager brésilien, mieux vaut adopter un comportement souple et adaptable, qui permet de tempérer les ardeurs (et donc d'éviter le conflit) que de recourir à une polarisation des positions. Dans une situation de conflit, calmer le jeu, en laissant au responsable le temps et la possibilité de reporter la décision, sera par conséquent la démarche généralement suivie par un manager brésilien, à l'inverse des Américains qui opteront pour un style clair et offensif afin de résoudre rapidement le conflit.

Tableau 7.5

| Arbitrer et gérer les conflits | Nature des tâches | Exemples de déterminants culturels |
|---|---|---|
| Attitudes et perceptions face au conflit | Les différentes perceptions du conflit :<br>– une situation normale<br>– une situation positive<br>– une situation négative<br><br>Les attitudes possibles :<br>– attiser le conflit<br>– gérer le conflit<br>– éviter le conflit | – degré de contrôle de l'incertitude<br>– relation à l'autre<br>– Universalisme/particularisme<br>— volonté ou refus de contrôler la nature |
| Modes de résolution | – résolution du conflit :<br>– par la domination<br>– par le compromis<br>– par le contournement du problème<br>par la collaboration | |

La gestion et résolution des conflits permettent d'identifier des écarts culturels entre individus, en fonction de leur attitude vis-à-vis du problème posé (universalisme/particularisme) et de leur volonté d'influer ou d'agir sur les situations.

## Exemple

En Suède la prise de décision est fortement décentralisée avec une participation active des salariés aux choix de l'entreprise. Ce type de relation passe notamment par des relations constructives avec les syndicats qui sont présents au comité de direction et prennent part aux décisions stratégiques des entreprises. L'objectif est de parvenir à un consensus qui permette de fédérer l'ensemble des acteurs autour du projet. La volonté des managers suédois est donc avant tout d'éviter les conflits et de prendre des décisions consensuelles, avec un souci de préserver la sécurité, la stabilité interne et l'harmonie de l'entreprise. Par comparaison, le modèle d'entreprise français privilégie une culture tournée vers la centralisation des décisions marquée par des relations souvent conflictuelles avec les syndicats. La décision très souvent du sommet hiérarchique qui décide des orientations et actions à mettre en œuvre. Il y a donc dans ce domaine deux conceptions du pouvoir qui s'affrontent, l'une axée sur la recherche du consensus pour résoudre les problèmes, l'autre habituée à gérer les relations de façon conflictuelle, en considérant la concession comme une solution de dernier recours.

Section 2

# LES ERREURS À ÉVITER

On peut s'attendre que la plupart des dirigeants, avant de gérer un problème compliqué, prennent le parti d'effectuer une analyse de la situation. Cependant, on constate que la démarche est parfois inverse, certains managers étant amenés sous la pression à raisonner et à agir, à partir de leurs propres postulats, certitudes et expériences antérieures. Ce mode d'approche vise essentiellement à minimiser l'intérêt d'exploiter la diversité à des fins managériales, en raison des risques perçus. On peut dans ce domaine identifier trois options généralement utilisées à tort par les responsables, pour essayer de contourner les barrières culturelles au sein des organisations. La première option considère la culture comme un élément mineur que l'on peut gérer par le développement de méthodes purement rationnelles. La deuxième démarche consiste à voir dans la culture, une menace qu'il convient de minimiser, en créant une protection qui évite des interactions fréquentes entre les cultures (défense perceptive). La troisième solution revient à utiliser ses propres normes culturelles, en vue de les imposer à l'ensemble des acteurs de l'organisation (logique de conformité). Au vu de l'expérience des entreprises et de la réalité de l'environnement international, il semble dangereux de s'inscrire dans ce type de démarches qui risquent de conduire, de multiples manières, à des erreurs de jugements ou d'analyse, entraînant des risques structurels et culturels élevés.

## 1 Recourir à un mode de gestion purement rationnel

Une première option peut consister à ignorer dans la conduite des activités les différences entre cultures. Selon les défenseurs de cette vision, les progrès technologiques, la réduction des coûts de transports et le développement d'un vaste marché (village mondial) sont de nature à rapprocher les comportements et pratiques des équipes de travail. Une telle évolution conduirait par conséquent à développer à tous les niveaux de l'organisation, des modes de management fondés sur une standardisation des processus de travail. Les pratiques managériales seraient alors assimilées à des activités technico-économiques, détachées de toute considération culturelle ou géographique. Cette politique d'uniformisation irait dans le sens du développement de motifs rationnels et à valeur universelle. Selon cette vision, le monde des affaires serait gouverné par des intérêts similaires, quelle que soit la nature des cultures en présence. La négation du facteur culturel se justifierait donc en tant que moyen utile à l'action des salariés des entreprises. Elle serait, selon ces défenseurs, la solution la plus efficace à mettre en œuvre et la moins risquée, pour répondre à la convergence des cultures au plan mondial. Elle permettrait, en outre, d'augmenter l'efficacité des équipes, grâce à un meilleur dialogue entre les acteurs et une amélioration sensible de la productivité.

Néanmoins, cette vision peut s'avérer dangereuse. Il serait en effet une erreur, sous l'influence des innovations technologiques et des changements sociétaux, de considérer que l'organisation du monde peut être régie selon les mêmes règles et représentations. La difficulté à appréhender certains contextes ne doit pas conduire à une simplification de la réalité. Les différences entre pays demeurent. Dans certaines régions du monde, on assiste même au réveil de revendications identitaires, où l'évolution vers un modèle de développement unique renforce l'affirmation des croyances et valeurs nationales. En particulier, la fierté nationale et le souhait de développer un système de management conforme aux sensibilités culturelles de son pays, conduisent à rejeter les idéologies imposées et à rechercher dans ses propres valeurs de nouvelles logiques managériales. Les cas de la Chine et de certains pays du Moyen-Orient sont en cela caractéristiques de ces évolutions. De plus, au-delà de quelques produits emblématiques (coca cola, logiciel PC), il semble imprudent de considérer que la consommation est devenue globale. Dans bien des secteurs, la consommation reste en grande partie liée à des contingences spécifiques à chaque pays ou zone géographique. Ceci s'explique en particulier par l'influence du revenu, des modes de vie, des références culturelles et de la religion sur la consommation des produits.

La convergence des cultures vers un modèle unique semble par conséquent relever du mythe et traduire des motivations essentiellement occidentales que la réalité des faits liés au retard économique/technologique et à la prégnance des traditions dans certains pays tend à remettre en cause. Elle s'appuie (de plus) sur un postulat discutable, à savoir que les salariés sont des individus passifs qui partagent, quelles que soient leurs caractéristiques, les mêmes croyances et les mêmes attentes sur le plan professionnel et personnel. Cette hypothèse audacieuse reste encore à tester et à prouver.

### Exemple

Le concept McDonald's consiste à appliquer une politique de standardisation des méthodes d'organisation et de gestion à l'ensemble des pays, en proposant une gamme de produits relativement limitée. L'organisation McDonald's est par conséquent fondée sur la recherche d'un modèle unique, simple et aisément reproductible, dont les caractéristiques transcendent les spécificités locales des marchés. Ce modèle doit permettre ainsi d'augmenter considérablement les gains de productivité, d'éviter les problèmes de management (grâce à une parcellisation des tâches) et d'imposer une marque mondiale facilement identifiable et mémorisable. Si ce modèle peut être considéré comme une réussite, il n'en demeure pas moins que l'entreprise connaît depuis quelques années un retournement de situations de la part de l'opinion publique. Il semble tout d'abord que l'excès de rationalisation et de simplification des produits distribués ait entraîné une certaine lassitude chez les consommateurs à la recherche de changements et de nouveautés (variété de goûts, recherche d'innovation, besoin de produits locaux). De plus, en imposant un modèle de consommation universel[1], McDonald's est devenu l'un des

1. Mis à part quelques tentatives d'ajustement (en Inde notamment), la ligne de produits du Groupe reste relativement uniforme.

symboles de la mondialisation de l'économie. McDonald's'est transformé ainsi en « McWorld » et a cristallisé une grande partie des déçus de la mondialisation. Par conséquent, loin d'être au-dessus des réalités culturelles (logique de neutralité), McDonald's est apparu comme l'un des « responsables » de la disparition des spécificités nationales. Alors qu'il voulait ignorer les différences culturelles, McDonald's se trouve ainsi exposé à la résistance des cultures et devient pour une grande partie de la population le représentant de la culture mondialiste américaine.

## 2 Refuser les interactions

Des situations aussi complexes que la gestion de la diversité, engendrent pour le manager une multitude de points de vue et de réflexions à gérer, entraînant des sources de conflits potentiels entre les acteurs. Les situations interculturelles soulèvent en effet non seulement des problèmes techniques mais surtout des difficultés d'ordre cognitif et affectif qui sont dans bien des cas inévitables et délicates à résoudre. Or, il peut arriver que certains managers puissent mal vivre ces oppositions et se sentent alors obligés de se protéger, en évitant des interactions trop fréquentes avec des acteurs de cultures différentes. Ils peuvent alors être amenés à adopter une *défense perceptive face à cette complexité*, en se protégeant personnellement et « organisationnellement » contre une situation qu'ils considèrent comme une source de désordre et d'instabilité. L'étude sur la sélection perceptive montre notamment que les individus perçoivent les situations qui présentent pour eux un aspect réconfortant et tendent à se protéger des éléments qui peuvent les embarrasser ou les déstabiliser (Hellriegel et al., 1993). Des managers, confrontés au problème de la diversité, peuvent par conséquent essayer de renforcer leurs liens avec des acteurs de cultures (nationale et organisationnelle) proches et éviter des contacts approfondis avec des personnes pouvant remettre en cause leurs certitudes.

Cette posture est renforcée par le constat que dans bien des cas, les méthodes de management sont fortement marquées par les cultures d'origine, ce qui peut amener à des résistances actives ou passives, lorsque l'on applique un autre modèle de gestion et d'organisation. Selon cette logique, la diversité culturelle est donc une réalité qui s'impose aux responsables et qui rend extrêmement illusoire sa résolution par la mise en place d'actions classiques de management. Cette vision liée à la peur de l'autre (en tant que système de valeurs spécifiques) présente néanmoins d'importantes limites. Elle pose en particulier le problème du contrôle quotidien des équipes (et unités) locales et de la cohérence de l'organisation. De plus, cette vision peut conduire à rejeter toute forme de relations avec d'autres cultures et ainsi limiter les possibilités de coopération et d'innovation.

**Exemple**

En voulant isoler les cultures, l'entreprise prend le risque de légitimer et renforcer des valeurs et des comportements contraires aux intérêts du Groupe. C'est le problème que rencontra une entreprise française d'équipements, dont l'implantation dans les pays de l'Est s'est révélée après quelques années de développement un échec, en raison de l'absence de réelle synergie entre les activités et du manque d'orientation commune entre les équipes de travail. Cette entreprise, dont l'encadrement était limité, a fait dès le départ le choix de préserver les cultures nationales des deux filiales (Hongrie et Roumanie). L'entreprise s'est avérée très vite incapable de contrôler les équipes locales qui ont continué à développer des pratiques et méthodes traditionnelles et refusé de modifier leurs habitudes de travail. En particulier, les équipes locales eurent tendance à reproduire le mode d'organisation qui prévalait avant l'acquisition, en faisant preuve de peu d'initiative et d'un manque de réactivité. Elles restèrent attachées au système de planification, à une politique de rémunération égalitaire et mirent essentiellement en avant la responsabilité sociale de l'entreprise (au détriment des enjeux économiques). La direction du Groupe dut également faire face au développement de comportements individualistes et à un refus d'obéissance de la part de certains salariés. Aux dires des dirigeants de l'entreprise, l'absence de ligne directrice et de coopération entre les équipes sont les principales causes des difficultés de fonctionnement des filiales qui après trois ans d'existence au sein du Groupe sont apparues déficitaires. L'entreprise a, depuis, cédé l'une des filiales et tente de réorganiser la seconde en ayant changé une partie de l'encadrement local.

## 3 Appliquer ses propres normes culturelles

Une dernière option peut consister à appliquer et diffuser ses propres méthodes de management pour éviter une trop forte dispersion des comportements et coordonner les différentes activités de l'entreprise. Selon cette conception, si les difficultés interculturelles existent, elles apparaissent marginales dans le management des équipes internationales. L'influence des traditions nationales et des particularismes sur les modes de gestion et d'organisation est perçue comme limitée. Cette approche considère, en effet, les différences culturelles comme des problèmes classiques qui peuvent être résolus par un système de management performant et ayant déjà fait ses preuves dans sa propre organisation. Les différences de cultures peuvent dès lors être résolues grâce à la mise en place de routines communes issues de la culture de l'entreprise (siège) et aux efforts réalisés pour socialiser les différents acteurs de l'organisation. Ceci peut dès lors conduire les entreprises à transférer des responsables appartenant à la culture de l'entreprise d'origine vers les filiales et unités locales. Ces responsables ont par conséquent ici un rôle d'agent de transfert culturel, visant à harmoniser les pratiques, à partir des valeurs et des normes de la maison mère. Il s'agit notamment, pour ces acteurs, de s'assurer de la compatibilité des actions locales avec les valeurs et les comportements de l'organisation. Dans cette vision, la culture a par conséquent un sens différent. Elle est avant tout considérée comme un outil de gestion qui peut être contrôlé et managé et permettre d'intégrer et de fédérer les comportements des individus. Derrière cette attitude, il faut donc voir une volonté de la direction de conserver le contrôle de l'organisation sur une situation qui à un moment donné peut basculer dans l'instabilité (risques de contradiction et d'incohérence). La centralisation et le transfert de sa propre culture à l'ensemble des structures se présentent donc comme un moyen efficace de gérer des organisations devenues complexes.

Mais cette vision peut également poser d'importantes difficultés. En effet, il y a dans cette volonté de transposer sa culture aux différentes entités locales, un risque réel d'ethnocentrisme conduisant à analyser et comprendre le monde, en s'appuyant sur les normes et les références de sa propre culture. Elle repose en particulier sur un postulat fort selon lequel les acteurs des autres entités sont prêts à accepter la culture que la direction leur impose. Si certaines grandes entreprises sont parvenues à imposer ce modèle sur un marché devenu mondial, les effets pervers demeurent néanmoins nombreux, en générant des comportements, en déphasage avec la réalité culturelle des organisations et les caractéristiques de l'environnement (marché local). En effet, si en surface il est toujours possible d'obtenir une certaine conformité, il peut en être tout autrement en ce qui concerne le véritable partage de ces hypothèses (Sathe, 1983) et leur application sur le terrain. Cette conception soulève par conséquent des problèmes d'éthique et il n'est pas sûr qu'elle soit toujours efficace sur un plan économique.

**Exemple**

Le distributeur français Decathlon, après avoir connu un réel succès sur le territoire national, s'est lancé dans l'internationalisation de ses activités, en ouvrant des magasins un peu partout en Europe, avant d'attaquer en 1999 le continent américain. La stratégie du Groupe consiste, à l'époque, à appliquer son concept de magasins sur l'ensemble des marchés visés, en adoptant la même approche quel que soit le pays : des produits portant la marque de l'enseigne et distribués dans des magasins à la périphérie des villes. Afin de mieux contrôler ses activités, la Direction met à la tête de ses filiales étrangères de jeunes cadres peu expérimentés et ne maîtrisant pas toujours la langue du pays. Elle refuse en particulier d'embaucher des responsables locaux. Aucun des managers américains des vingt magasins de la chaîne VMP que le distributeur a rachetés en 1999, n'a par exemple été conservé. D'ailleurs, le Groupe pilote son développement de la France, en se dispensant d'une véritable équipe de développement international. Cette politique de domination a pour effet d'ouvrir des magasins Decathlon en banlieue, alors même que dans certains pays (Allemagne), le marché du sport se trouve essentiellement en centre-ville. Elle conditionne également certains choix en matière de produits. Decathlon a ainsi, comme il le fait dans l'hexagone, distribué des produits portant la marque de l'enseigne. Or par exemple sur le continent américain, les consommateurs sont profondément attachés aux marques (Nike, Adidas et Reebook). Ils se méfient en particulier des articles vendus sous marques de distributeurs. Conséquence directe : les produits Décathlon représentent moins de 10 % des ventes aux EU, alors qu'ils occupent la moitié des rayons en France. Cette vision uniforme des marchés se révèle, après quelques années, un échec : plusieurs magasins ont été fermés, le Groupe s'est retiré de l'Argentine et du Danemark et connaît un ralentissement de ses activités en Angleterre. Quant au marché américain, le distributeur enregistre des résultats très déficitaires. Cette situation conduit aujourd'hui l'entreprise à revoir sa stratégie d'implantation et à mieux positionner ses activités sur les différents marchés.

# Section 3 COMMENT DÉVELOPPER SA CAPACITÉ INTERCULTURELLE ?

Un certain nombre de mesures peuvent aider les managers à tirer le meilleur parti possible de la diversité.

## 1 Analyser ses propres pratiques de management

Pour aborder convenablement sa relation à l'autre (supérieur/subordonnés/collaborateurs), il convient dans un premier temps d'avoir une idée claire de ses propres pratiques de management. Pour cela, il importe de lister les différentes tâches que la plupart des managers sont susceptibles d'entreprendre, puis de porter une attention sur celles qui font partie de votre mission à un instant donné. Ensuite, il s'agit pour vous d'identifier certains aspects ou domaines de votre fonction, qui auront dans le cas présent une importance indiscutable, et d'apprécier vos qualités (capacités) relatives et les points d'améliorations à envisager à court ou moyen terme.

Il est présenté ci-après une illustration du type de grille à construire, pour prendre en compte les exigences, contraintes et risques du poste à pourvoir, et identifier les domaines pour lesquels il convient d'améliorer ses compétences pour assumer la fonction demandée.

Tableau 7.6

| Tâches à réaliser | Évaluation individuelle | Améliorations requises |
|---|---|---|
| **Le manager et son environnement** | | |
| Face à l'incertitude (1) | **(A)** | |
| Face à la complexité (2) | | **(B)** |
| Face aux risques | | |
| Face à l'imprévu | | |
| Face aux changements extérieurs | | |
| Face à la diversité des situations | | |
| Face à l'inconnu | | |

Tableau 7.6 (suite)

| **Tâches à réaliser** | **Évaluation individuelle** | **Améliorations requises** |
|---|---|---|
| **Le manager et ses équipes** | | |
| Sélection et recrutement du personnel | | |
| Construction des équipes | | |
| Animation des équipes | | |
| Contrôle et coordination des équipes | | |
| Motivation et mobilisation des équipes | | |
| Information et communication | | |
| Résolution des conflits | | |
| Développement et progression des équipes | | |
| **Le manager et l'organisation** | | |
| Définir des objectifs | | |
| Gérer les priorités | | |
| Identifier les problèmes | | |
| Négocier et communiquer | | |
| Évaluer et former | | |
| Établir des règles et des procédures | | |
| S'adapter et gérer le changement | | |

**(A)** : capacité élevée/moyenne/faible
**(B)** : nature du problème/niveau d'urgence/moyens d'améliorations

(1) Une évaluation faible au niveau de la gestion de l'incertitude peut s'appliquer lorsqu'une personne, au regard de ses expériences antérieures, ne sent pas capable de maintenir en situation de stress le même niveau de résultats, tant sur le plan qualitatif (comportement) que quantitatif (efficacité).

(2) L'apprentissage de la complexité passe par une meilleure capacité à penser et agir à travers plusieurs dimensions, en identifiant les tendances, les relations de dépendances et les liens de cause à effets. Compétences nécessaires : ouverture d'esprit, capacités conceptuelles et méthodologiques.

Ce type d'évaluation doit ainsi permettre au futur responsable de prendre conscience des risques de la diversité culturelle (complexité, imprévu, résolution de conflits…) et d'analyser de manière pratique ses forces et faiblesses pour se préparer et s'adapter à ce nouveau contexte.

## 2 Comprendre ses fondements culturels

Face aux enjeux de la diversité culturelle, le manager international doit prendre conscience des postulats implicites sur lesquels il a l'habitude de s'appuyer dans le cadre de ses réflexions et pratiques de management. Il s'agit d'acter les caractéristiques culturelles de ses actions, leurs origines et fondements, afin de mieux cerner les avantages et inconvénients de ses méthodes de management. En effet, lors de désaccords ou de conflits, indépendamment des problèmes d'incompréhension et de susceptibilité, l'une des causes fréquentes de tensions réside dans la non prise en compte des fondements culturels de son interlocuteur. Or c'est pourtant généralement à ce niveau que se créent les véritables conflits, les discours et comportements n'étant qu'une conséquence d'oppositions beaucoup plus profondes. Il s'agit par conséquent de rechercher les fondamentaux de sa culture qui sont souvent enfouis dans la mémoire et qui se situent à un niveau inconscient.

**Exemples de fondements culturels**

• ***Vision du monde***

– perception du monde comme univers global, national, régional, local

– perception du monde comme univers unipolaire, bipolaire, multipolaire

– etc.

• ***Relation à l'autre***

– existence ou non de distance physique entre les individus

– existence ou non de distance sociale/hiérarchique entre les personnes

– perception de l'autre : ennemi, étranger, indifférent, allié

– comportement face à l'autre : domination, inquiétude, indifférence, coopération

– etc.

• ***Comportement face à l'avenir***

– le futur comme horizon prévisible, cernable, non maîtrisable, incontrôlable

– le futur comme élément de changement, continuité, élément de déstablisation

– etc.

• ***Rapport à l'environnement***

– l'environnement : un ensemble de facteurs à dominer, accepter, subir

– l'environnement comme vecteur d'innovation ou de chaos

– etc...

Comprendre ses fondements culturels doit permettre au futur manager de *relativiser* ses propres jugements et comportements lors de relations avec des acteurs de cultures différentes, afin de prendre ses distances avec son système de valeurs. Ce travail doit donner les moyens au responsable d'établir une relation entre sa culture d'origine et d'autres cultures. Il doit ouvrir la voie à une logique de médiation interculturelle essentielle pour réussir à comprendre des groupes culturels différents et éviter les situations de blocages.

## 3 Prévoir les points de blocage en situation interculturelle

Une fois les fondements culturels précisés, le manager international doit face à la formation d'équipes plurielles, anticiper et localiser les points de blocage en situation interculturelle. Ceci nécessite dans un premier temps une prise en compte des différences entre cultures, en permettant à chaque culture de s'exprimer et de se faire connaître.

Une façon efficace d'établir ce diagnostic peut consister, au-delà des réunions de groupe, à renforcer la connaissance des activités et spécificités de chacun, en favorisant le transfert de personnes clés et un échange d'informations entre les parties. Ceci doit permettre d'avoir une meilleure vision des particularismes culturels et d'identifier les zones éventuelles de frictions ou de blocages.

Tableau 7.7

| Points de blocages | Situations d'entreprises |
|---|---|
| Croyances différentes | Les membres d'une équipe très hétérogène peuvent aborder différemment leur mission, en faisant valoir des motivations et aspirations différentes. Certains rechercheront dans le travail confié une manière de renforcer les fondements de l'organisation (continuité, sécurité, stabilité), alors que d'autres privilégieront le changement et l'innovation. |
| Valeurs différentes | Au sein d'une équipe, on constate que certains collaborateurs privilégient la rentabilité et la productivité, tandis que d'autres accordent une priorité au climat social. |
| Normes différentes | Au sein d'un même groupe, on peut identifier des individus très respectueux des horaires et d'autres (au contraire) accordant peu d'importance à ces questions. |
| Attitudes et comportements différents | La relation au client peut être différentes au sein d'équipes multiculturelles. Certains membres chercheront à établir un rapport de force avec leurs clients, tandis que d'autres s'inscriront dans une démarche coopérative |
| Sensibilités différentes | Dans le cadre d'un groupe de travail composé d'individus de profils culturels très différents, le choix des marchés visés (Amérique du Nord, Asie, Afrique, Russie…) peut entraîner des différences de vues, selon la sensibilité de chacun. |

Identifier et prévoir les points de blocages en situation interculturelle peut permettre au manager d'éviter certaines erreurs de comportements et de répondre plus précisément à la nature des problèmes rencontrés. En effet, on ne peut pas résoudre de la même manière un problème portant sur des différences de croyances culturelles (fondamentaux) et des problèmes d'attitudes et de comportement au sein des équipes de travail. Si le dernier point relève principalement d'un degré d'ouverture sur l'autre, l'identification de croyances différentes nécessite généralement un travail de fond demandant un effort d'explication et d'interactions afin de parvenir à un accord acceptable par tous.

## 4 Concevoir des pratiques alternatives

Dans les équipes de projet internationales, si des différences culturelles existent, il peut s'avérer utile de développer un certain nombre de projets ou de relations autour de langages « universels » reconnus et partagés par un certain nombre de collaborateurs. En effet, l'identification d'un minimum de référent commun (dans des domaines même périphériques aux métiers de base de l'entreprise) peut permettre de fédérer les acteurs au-delà des barrières culturelles.

### ➤ *Développement de projets autour d'expériences communes*

Des expériences passées similaires peuvent favoriser un début d'apprentissage collectif autour de références communes en termes d'époques, de périodes, de difficultés rencontrées ou de relations avec certains environnements particuliers (milieu institutionnel et politique, environnement technologique, relation avec un pays donné...).

**Exemple**

> La relation entre deux entités de nationalités différentes, de tailles comparables et ayant toutes deux une expérience riche du marché asiatique peut constituer un point d'entrée à une relation interculturelle. De même, la coopération entre deux cabinets de conseil en organisation issus de pays européens différents mais ayant une forte expérience de la gestion des pouvoirs publics et des collectivités territoriales peut fortement favoriser une logique de travail en commun (connaissance des procédures d'appels d'offres et règles européennes, appréhension des comportements budgétaires, prise de conscience des délais de règlements...).

### ➤ *Développement de projets autour de la culture de certains métiers ou activités techniques*

La culture du métier ou de l'activité professionnelle peut permettre de fédérer autour d'un même projet des acteurs de nationalités différentes. Elle présente l'avantage de dépasser les barrières culturelles nationales, en créant des références professionnelles communes. Ceci s'applique en particulier pour les métiers et activités techniques. En effet, ce type d'activités résulte généralement d'un travail d'équipe marqué par des temps forts (gestion des contrats, réalisation, coopération etc.) qui contribuent à souder la communauté des professionnels autour de projets communs. Les métiers techniques peuvent donc favoriser l'intégration culturelle des équipes, en agissant comme des catalyseurs de la communication interculturelle. En effet, plusieurs éléments concourent à créer une base culturelle commune : existence d'un contenu préétabli précis et connu de tous, échange d'expériences fondé sur la reconnaissance mutuelle de compétences objectivables, identification de facteurs de progrès pour l'ensemble de l'organisation (renforcement de l'efficience et augmentation de l'efficacité économique). La création d'équipes techniques peut par conséquent avoir un rôle fédérateur au sein des entreprises, en rassemblant l'ensemble des membres autour d'un noyau de connaissances, de savoir-faire et de représentations partagées.

**Exemple**

Dans les équipes internationales, les cultures de l'informatique et de l'internet appliquées aux télécommunications et aux systèmes d'information jouent un rôle fédérateur. Il en va de même en ce qui concerne les équipes R&D qui dépassent de plus en plus le cadre national des entreprises et permet ainsi de réunir des acteurs de profils culturels différents. Nous proposons d'illustrer cette analyse par deux exemples :

– Projet THEMIS du Groupe DANONE : environ deux cents managers du Groupe ont été impliqués dans l'équipe centrale THEMIS et dans les cinq équipes de déploiement régionales et le même nombre a participé, dans les *Business Units*, aux équipes de déploiement local. THEMIS est le nom du programme de mise en œuvre du progiciel de gestion intégrée (PGI ou ERP en anglais) adopté par l'entreprise DANONE. Il est un des projets majeurs du Groupe et vise à améliorer la performance collective en diffusant les meilleures pratiques au sein de l'organisation. Les équipes THEMIS étaient toutes constituées de managers provenant de *20 countries Business Units* et représentant 17 nationalités. En introduisant des pratiques et un langage commun, THEMIS a également comme rôle de fédérer le Groupe, au-delà des fonctions et des pays.

- Projet MONDEO du Groupe FORD : FORD, pour développer la MONDEO, a créé une équipe intégrée en R&D au niveau de Ford Europe, reliée par des réseaux télématiques à plusieurs sites de Recherche et Développement et de production européens et nord-américains. Ce projet a constitué une base importante de coopération entre les différentes filiales à l'étranger et permis de coordonner des équipes de nationalités différentes.

La culture du métier ou de l'activité ne doit pas, pour autant, être surestimée dans sa capacité à fédérer les différentes cultures des organisations. Chaque sous-culture renferme des orientations et des méthodes spécifiques pouvant parfois conduire à d'âpres discussions. Mais surtout, si la dimension technique de la culture de certains métiers peut conduire à rapprocher les équipes de nationalités différentes, la dimension statutaire et socioprofessionnelle du métier peuvent continuer de les séparer. En effet, le métier se construit autour d'une activité technique mais procure aussi un positionnement social spécifique dans la société. L'identité sociale d'une activité professionnelle donnée peut s'avérer différente selon les pays.

**Exemple**

> En Allemagne, les ingénieurs sont principalement issus de l'enseignement technique (Fachhochschule) et s'inscrivent dans une continuité entre leurs savoirs et le savoir-faire des ouvriers et techniciens. Les ingénieurs allemands se considèrent par conséquent comme des travailleurs, au même titre que les ouvriers ou techniciens, et sont généralement affiliés aux grandes centrales syndicales telles que la DGB plutôt qu'à un syndicat plus catégoriel défendant spécifiquement leurs intérêts (ULA). En France, le titre d'ingénieur atteste des compétences techniques du titulaire mais surtout, il lui confère un statut socioprofessionnel étroitement associé à la notion de cadre. En effet, l'ingénieur français, quels que soient son activité et son pouvoir dans l'organisation, bénéficie au sein de la société civile d'un certain prestige lié au système de formation dont il est issu (concours d'entrée aux Grandes Écoles : Polytechnique, École des Mines, ECP… puis aux grands Corps). La formation d'ingénieurs Grandes Écoles n'a pas simplement pour fonction la sélection de postulants capables de suivre une formation scientifique de haut niveau. Plus fondamentalement, elle vise à identifier dans ses rangs une élite peu nombreuse destinée aux plus hautes fonctions de l'État et aux postes les plus élevés dans les grandes entreprises françaises. Dès lors, si une partie des ingénieurs est passionnée par les sciences et les techniques, une autre partie se considère davantage comme des généralistes et s'identifie à la classe dirigeante du pays.

À travers cet exemple, il apparaît donc que le métier ne peut à lui seul constituer une base de référence capable de construire une identité commune. Néanmoins, la culture du métier ou de l'activité peut, à l'instar d'autres dimensions, être un point de départ, pour favoriser une dynamique de groupe et créer un esprit de solidarité entre les salariés.

### ➤ *Développement d'actions fondées sur des normes morales ou éthiques*

La gestion de la diversité culturelle peut être facilitée par la recherche de valeurs communes liées à des normes morales ou éthiques. En effet, l'organisation peut s'appuyer sur des règles et des principes à caractère universel, qui transcendent les différences culturelles et permettent d'agir dans un champ d'action admis (et accepté) par tous.

**Exemple**

> Face à la gestion des cultures, *IBM Corporation* qui coordonne et contrôle un grand nombre d'activités à l'international a mis en place au niveau de ses filiales une charte dans laquelle on trouve les règles et les fondements de la culture de l'entreprise autour de pratiques et comportements visibles et perceptibles par l'ensemble des individus. Cette démarche repose notamment sur 6 éléments fondamentaux : respect de l'autre *(respect)*, égalité des chances *(equal*

*opportunity*), traitement juste *(fair treatment)*, plein emploi *(full employment)*, système méritocratique *(skill-based system)* et travail en équipes *(team work)*. Le Groupe entend par conséquent réduire les différences culturelles et leurs effets (conflits, malentendus, erreurs d'interprétation) par une exigence de clarté et d'uniformité des messages autour de principes universels compréhensibles par tous et difficilement discutables.

## 5 Favoriser un apprentissage de la diversité

La gestion d'équipes multiculturelles implique d'apprendre à penser et agir dans des situations complexes ou incertaines. La gestion d'entité multiculturelle passe en effet par l'expérimentation et par des risques assumés et accompagnés. Outre les mesures visant à améliorer la compréhension entre les salariés, les entreprises doivent en effet engager des efforts pour favoriser les échanges d'idées et l'interpénétration des méthodes de travail. Il leur faut éliminer au sein de leur personnel une attitude défensive pour lui substituer un état d'esprit ouvert à des points de vue différents. Le management interculturel repose sur une gestion d'équilibre, toujours fragile, entre préservation et transformation, en mettant au centre des préoccupations l'interaction. C'est de cette manière que les équipes de travail peuvent dépasser le stade de l'apprentissage comportemental et parvenir à un apprentissage interculturel (Bartel-Radic, 2003). L'apprentissage interculturel doit en effet permettre aux individus de dépasser leur propre système culturel, de l'accorder avec d'autres, de telle sorte que les conflits et désaccords ne soient plus perçus comme une menace, mais comme la production de solutions nouvelles.

### ➤ *L'apprentissage interculturel : enjeux et implication*

Tableau 7.8

| | Apprentissage comportemental | Apprentissage interculturel |
|---|---|---|
| **Objectif recherché** | Stabilité interne<br>Amélioration de l'existant | Création de sens<br>Régénération |
| **Politique adoptée** | Réajustement<br>Adaptation | Co-construction<br>Réorientation |
| **Contribution attendue** | Réponse aux insuffisances et carences | Production de nouvelles solutions |

L'apprentissage interculturel est un processus lent et difficile. Il ne peut pas se réaliser par une simple transmission des connaissances (didactiques), ni par mimétisme. Le manager ou cadre « apprenant » doit réussir à se développer par lui-même, en produisant les savoirs et compétences dont il a besoin. Il s'agit donc d'un *appren-*

*tissage nouveau alliant expérience, expérimentation et intuition,* qui demande un nécessaire déséquilibre expérimenté dans les malentendus, conflits et la remise en cause de ses propres valeurs.

### ➤ *Vers une compétence interculturelle*

Un apprentissage interculturel réussi doit déboucher sur la construction et le développement d'une compétence interculturelle (Gauthey, 1998 ; Bolten, 1998 ; Kiechl, 1997 ; Thomas, 1996) qui va bien au-delà des compétences sociales et relationnelles classiques. La compétence interculturelle peut être définie comme la capacité d'un individu à savoir analyser et comprendre les situations de contacts entre personnes (et entre groupes) de cultures différentes, puis à les gérer et valoriser dans le sens des objectifs de l'entreprise. Il s'agit par conséquent de la capacité à prendre une distance suffisante par rapport aux situations de confrontation, pour être à même de repérer et d'accompagner les processus de changement à venir.

#### *Compétence interculturelle : caractéristiques*

Parmi les aptitudes essentielles au développement d'une compétence interculturelle, on peut relever en particulier :

- *la capacité d'ouverture* qui permet au manager d'évaluer systématiquement son action et d'agir en fonction du contexte et du profil culturel de ses interlocuteurs ;
- *le sens du dialogue productif et constructif* qui pousse le dirigeant (conscient de ses limites) à rechercher la confrontation des points de vue car il a compris que seule l'acceptation de l'ambiguïté et de l'altérité peut permettre l'émergence de solutions nouvelles et légitimes ;
- *le sens de la coopération* qui favorise le maillage des réseaux interne et externe nécessaire à l'action collective, seule façon de fédérer les intérêts et de produire de la richesse ;
- *la capacité à concevoir et communiquer des représentations* pertinentes qui inspirent et orientent l'action collective.
- *le sens de l'expérimentation* qui privilégie « l'apprentissage en marchant », en raison de l'incertitude sur le devenir des activités et sur le comportement des différents acteurs.

Lorsqu'on évoque le développement de compétences interculturelles, il ne s'agit donc pas de l'acquisition de techniques et de connaissances. Un tel savoir-faire ne peut suffire à passer du multiculturel à la coopération interculturelle. On parle ici d'un « savoir-être », d'une compétence de la personne, fondée sur des expériences vécues et analysées dans des contextes interculturels, et sur la prise en compte des répercussions identitaires de ces expériences. Cette compétence s'acquiert donc par l'apprentissage permanent dans lequel se situe toute rencontre interculturelle, mais aussi par la maîtrise de méthodes actives d'expérimentation, de moyens d'observation, d'analyse et d'évaluation qui permettent de se situer dans l'échange, de prendre de la distance et de conduire dans de bonnes conditions le processus d'échanges.

## L'essentiel

La gestion d'équipes au sein des organisations repose sur des pratiques et des comportements qui peuvent s'avérer différents en fonction de l'origine culturelle des membres de l'organisation. En effet, la culture des acteurs peut avoir une incidence sur la façon dont ces derniers vont prendre leurs décisions, réaliser et contrôler leurs activités. Ainsi, les différences culturelles en matière de prise de décision peuvent traduire des conceptions différentes en matière d'évaluation et de partage du pouvoir. De même, les mécanismes de contrôle sont bien souvent le reflet de caractéristiques culturelles concernant le rapport aux autres et à l'environnement. Comprendre la diversité culturelle en matière de processus et d'organisation des équipes devient dès lors indispensable pour pouvoir gérer convenablement l'activité commune. De manière générale, face à cette réalité des équipes pluriculturelles, plusieurs écueils sont à éviter. La première erreur revient à considérer la culture comme un élément mineur que l'on peut gérer par le développement de méthodes rationnelles. La deuxième erreur consiste à voir dans la culture un instrument de domination visant à imposer ses propres valeurs et normes de référence. Le troisième risque est de traiter la question des cultures comme une menace qu'il convient de minimiser, en créant des barrières entre les cultures. Les risques d'erreurs sont donc nombreux et seules des mesures appropriées peuvent aider les managers à tirer le meilleur parti de la diversité. En particulier, il semble important d'encourager les discussions sur la diversité, en permettant à chaque culture de s'exprimer et se faire connaître auprès des autres. Ce comportement d'ouverture doit en outre s'accompagner de l'établissement d'un minimum de référent commun pour permettre de fédérer les acteurs au-delà des barrières culturelles. Dans ce domaine, la recherche de valeurs communes liées au vécu, au métier ou à des normes éthiques acceptées par tous est de nature à améliorer la communication au sein des équipes. Mais pour véritablement créer une synergie, il est indispensable de favoriser un apprentissage mutuel, en recherchant des solutions hybrides aux problèmes posés.

# 8 LA COMMUNICATION INTERCULTURELLE

Face à des organisations devenues européennes voire mondiales, la communication interculturelle devient essentielle dans la gestion et le développement des entreprises. La section 1 précise les objectifs et rôles de la communication (interne et externe) et ses enjeux dans un contexte interculturel. La section 2 approfondit les risques d'une communication interculturelle mal maîtrisée, en insistant sur l'importance de la communication non verbale.



## Section 1 LES ENJEUX DE LA COMMUNICATION INTERCULTURELLE

Cette section analyse l'intérêt et les enjeux de la communication interculturelle pour l'entreprise. Elle s'intéresse au rôle du dirigeant en matière de communication et aux risques éventuels posés par l'émission et la réception de messages dans un contexte multiculturel.

# 1 La communication interne et externe

La communication est un aspect fondamental d'une politique, puisqu'elle contribue à son développement et au maintien des relations entre les acteurs de l'entreprise, à l'intérieur et à l'extérieur de l'organisation. Elle comprend la communication interne chargée de diffuser l'information à l'intérieur de l'organisation (service, unité, département) et la communication externe destinée à promouvoir l'activité de l'entreprise et son image. La communication revêt un caractère stratégique pour les entreprises, dans la mesure où elle doit concilier efficacité et cohérence, en faisant en sorte que l'ensemble des messages puisse s'insérer dans un même système, afin qu'ils se renforcent les uns et les autres. Tout message de nature divergente peut en effet conduire à des informations confuses et parfois contradictoires et provoquer ainsi chez le récepteur des réactions négatives. Or un tel risque existe, dans la mesure où de multiples acteurs, chacun dotés d'intérêts spécifiques, peuvent constituer des cibles de communication : les équipes de ventes, les responsables projets, les clients, les fournisseurs, les partenaires… c'est-à-dire tous ceux qui peuvent avoir une influence directe ou indirecte sur le processus de développement d'une entreprise.

*La communication interne* a comme objectif de mettre en commun, d'échanger, de partager différentes informations, en vue d'améliorer la compréhension des acteurs et favoriser des relations internes constructives. La communication interne peut donc se voir comme un processus social permanent qui intègre de multiples modes d'échanges et qui se nourrit des échanges d'informations entre interlocuteurs, pour créer des synergies et insuffler un esprit coopératif entre les acteurs. La communication interne a donc un rôle essentiel d'intégration, en permettant de conserver les meilleurs éléments (variable *fidélité*) et d'optimiser le rendement individuel et collectif des collaborateurs (variable *productivité).*

*La communication externe* joue également un rôle important dans la gestion d'une entreprise. Elle permet d'accroître sa notoriété et de donner une image cohérente et valorisante à l'organisation. Cette politique revêt aujourd'hui un caractère stratégique, en raison de l'importance prise par les médias dans l'économie moderne et du rôle de la confiance (et de l'image) dans le choix des investisseurs financiers. Elle peut également permettre d'attirer des hauts potentiels au sein de ses équipes de travail. La communication externe a de ce fait un rôle essentiel pour assurer un fort pouvoir d'attraction vis-à-vis des différentes parties prenantes de l'entreprise (variable *attractivité*).

# 2 Le processus de communication

Toute communication suppose un échange de signaux entre un émetteur et un récepteur, ainsi que le recours à un système de codage/décodage permettant d'exprimer et d'interpréter un message (Lambin, 1998). L'équivalence entre émetteur et récepteur est donc un objectif de la communication interne et externe, même si sa réalisation n'est pas toujours assurée pour cause d'interférences ou d'incompréhension. Le processus de communication peut être décrit comme un processus composé de huit étapes (Kotler, 1997) :

- *l'émetteur*, c'est-à-dire l'individu ou l'organisation qui est à l'origine de la communication ;
- *le codage*, à savoir la façon dont l'émetteur va transformer ses idées en éléments symboliques, images, formes, langage (verbal/non verbal)...Le codage concerne par conséquent la manière dont l'émetteur va organiser et structurer son message ;
- *le message (et ses supports)*, c'est-à-dire les informations et productions symboliques transmises par l'émetteur à travers différents moyens de communication ;
- *le décodage* ou le processus par lequel le récepteur va attacher une signification et un sens au message diffusé par l'émetteur. Les modes d'évaluation portent à la fois sur le fond (contenu du discours) et sur la forme (expression). Au niveau du fond, le récepteur s'intéressera à l'analyse thématique du propos, aux figures de rhétorique (métaphores) et à l'étude sémiotique du message (signes). Au niveau de la forme, il sera sensible au degré de lisibilité et de clarté du message, et à ses différents niveaux de lecture (ou d'interprétation) ;
- *le récepteur* de la communication, c'est-à-dire la personne ou l'ensemble des acteurs à qui le message est destiné ;
- *la réponse* ou l'ensemble des réactions du récepteur après réception du message ;
- *la rétroaction (feedback)* ou la partie de la réponse du récepteur (message, réaction, attitude) qui est communiquée à l'émetteur. Dès qu'un message est diffusé et traité, des rétroactions se mettent en œuvre, renvoyant aux émetteurs des réactions à leurs messages. Ce sont des réactions à des interprétations de l'information émise qui vont être, à leur tour interprétées. On peut distinguer deux grandes catégories de rétroaction, l'une négative, l'autre positive, qui vont contribuer à renforcer ou distendre les liens entre les différents acteurs du processus ;
- *la nature du contexte* qui peut venir modifier le processus de communication. Le processus de communication doit être analysé au regard du contexte (situation et nature des relations). Dans une entreprise, la culture d'entreprise, le climat social, les actions du moment vont rajouter de la signification au message. De même, la relation qui existe entre l'émetteur et le récepteur va également donner du sens au message. Le même message à ses salariés ou clients, ou à des équipes anciennes ou nouvellement intégrées n'aura pas le même sens ni le même impact.

**Le processus de communication**

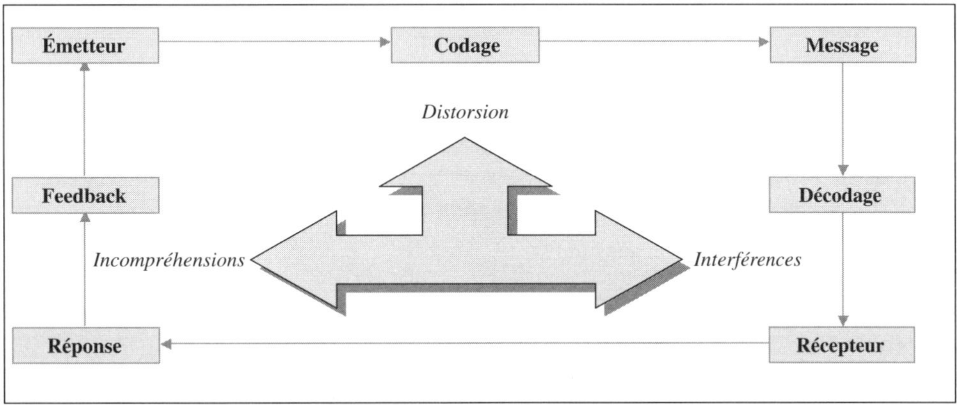


Parmi les distorsions, interférences et incompréhensions qui peuvent venir perturber le processus de communication, se trouve la question des barrières culturelles. En effet, ***la culture peut avoir des conséquences sur le processus de codage et décodage des acteurs, en fonction de leurs sensibilités respectives.*** Le message utilisé peut ne pas être compris de la même manière, en fonction des profils culturels et créer dès lors des risques de distorsions (catégorisation stéréotypée, généralisation abusive, jugement de valeur…).

# 3 La communication interculturelle

La communication interne et externe dans un contexte interculturel constitue un défi important pour tout responsable devant faire face à des individus de profils différents.

## 3.1 Les enjeux

La communication entre deux cultures différentes tend à stimuler l'imagerie mentale des individus, en les focalisant sur les aspects culturels et symboliques de la communication (éléments de contexte, modalité relationnelle, dimensions visuelles…), plutôt sur les caractéristiques même du message. Dans ce type de situation, la composante affective de l'attitude des acteurs (face au message) peut donc prendre le pas sur la composante cognitive et ainsi fortement modifier la nature du message et son impact auprès des différents acteurs (en termes notamment de réponse et de feedback). Cette difficulté est d'autant plus grande, lorsque le message diffusé touche, instantanément et à travers le monde, un nombre élevé d'individus très différents, ce qui constitue un cas fréquent dans le cadre d'entreprises multinationales ou transnationales.

***Enjeux de la communication interculturelle***

1. Quels sont les objectifs recherchés (instaurer un climat de confiance, favoriser la cohésion, apporter des éclaircissements...) ?
2. Quelles sont les cibles prioritaires (interne/externe, cultures concernées, nombre d'acteurs concernés) ?
3. Quel est la nature du message (technique, social, commercial) ?
4. Quelle est la part d'affectif attendu et perçu dans le contenu du message (part de l'imaginaire, importance des facteurs émotionnels...) ?
5. Quelle est la part de cognitif attendu et perçu dans le contenu du message (niveau de précision, degré de structuration et de formalisation...) ?
6. Quelle est la finalité du message (rassembler, motiver, coordonner...) ?
7. Quels sont les risques liés au message (décodage difficile, incompréhension, malentendu...) ?
8. Quels sont les canaux et modes de communication à privilégier (formel/informel ; unilatéral/bilatéral, direct/indirect...) ?
9. Quels sont les résultats attendus ?
10. Comment réagir face à une incompréhension d'une partie des acteurs-cibles (anti-

## 3.2 Les caractéristiques

En matière de communication interculturelle, un des premiers objectifs est de prendre le contrôle de l'espace symbolique, et notamment du langage, en communiquant sur une ambition qui puisse interpeller le destinataire du message. Il doit pour cela établir une congruence thématique entre l'émetteur et sa cible, en vue de bâtir la relation autour de fondements communs. Une fois l'action réalisée, il importe dans le cas de relations interculturelles que la connection établie puisse avoir un caractère positif et maîtrisé. Il faut en effet éviter que le message renvoie à des interprétations stéréotypées, critiques ou négatives. Les responsables doivent également veiller à communiquer une cohérence interne et externe, en montrant aux différentes parties prenantes que la diversité culturelle est au cœur de la stratégie et constitue un des atouts clés de l'entreprise. C'est de cette façon que l'entreprise peut réussir à mobiliser et motiver ses équipes et valoriser les différences culturelles. Enfin, il convient de donner une dimension projective à la communication interculturelle, en situant les relations avec l'autre comme fondements de l'identité du Groupe.

**Principes de base d'une communication efficace**

*Donner une justification à son intervention : une intervention doit s'expliquer et se justifier au regard d'éléments factuels (actualité de l'entreprise, décision stratégique, gestion de crise, résolution d'un conflit...)*

*Éviter la dérive du vedettariat : l'intervention du PDG ne doit pas faire de l'ombre à l'entreprise qui doit être la principale bénéficiaire de la communication (notoriété, image, réputation).*

*Faire attention aux propos et comportements développés dans le cadre de ses interventions : toute communication avec la presse (TV, radio, journaux, conférence) peut donner lieu à la critique et risque d'être déformée (sélection de certains passages).*

*Adopter une communication ciblée et appropriée : une communication n'a de sens que si elle draine un message précis et compréhensible.*

D'après Wetsphalen (2001)

## 3.3 L'engagement du dirigeant

Le degré d'engagement du dirigeant est absolument crucial, lorsqu'il s'agit de tirer le meilleur parti possible de la diversité. Face au développement d'équipes multiculturelles, la définition des rôles et des missions du dirigeant constitue donc une priorité indispensable au succès de la gestion de la diversité. Il s'agit d'une mission délicate qui repose sur la capacité du manager à répondre aux inquiétudes et difficultés relatives aux différences de perceptions et d'attentes des acteurs internes et externes de l'organisation. La communication se présente par conséquent comme un des moyens à la disposition du dirigeant pour exercer une influence sur l'image que les collaborateurs se font d'eux même et sur la perception qu'ils ont de leur organisation (Westphalen, 2001). Elle doit permettre d'instaurer la confiance entre le dirigeant et les autres acteurs de l'entreprise (salariés, clients, fournisseurs...). Dans ce type de situation, il s'agit de privilégier une communication de type « interactionniste » pour promouvoir une forme de communication adaptée au contexte de la diversité qui mise sur la confiance et l'interaction.

Le dirigeant doit pour cela être capable de définir une vision claire et des objectifs partagés et de les diffuser à l'ensemble de son environnement, en évitant certaines dérives. Le dirigeant a par conséquent une fonction essentielle dans la mise en place d'une politique de communication efficace à destination d'un large public aux caractéristiques, attentes et motivations variées. Il est proposé, à partir de la typologie développée par H. Mintzberg d'analyser sa contribution au niveau des rôles interpersonnels (rôles de symbole, de leader et d'agent de liaison) et des rôles d'information (rôles d'observateur, de diffuseur, de porte-parole).

**Les rôles du dirigeant en matière de communication interculturelle**

**Au niveau de la communication interne**

***Rôle de symbole*** : le dirigeant doit ici incarner et représenter la diversité culturelle de son organisation, en faisant valoir des valeurs fortes, acceptées et admises par l'ensemble des équipes.

***Rôle de leader*** : le dirigeant doit par ses messages et ses propos (discours, lettre, intervention) être capable de motiver ses équipes, en donnant l'exemple et en montrant que les différences constituent un atout vital pour la réussite de l'entreprise (« la diversité comme vecteur de la réussite du Groupe ») .

***Rôle d'agent de liaison*** : le dirigeant a un rôle essentiel à jouer dans le développement et la continuité des liens entre les différentes composantes et unités de son organisation, s'il veut parvenir à la réalisation de synergies entre les équipes.

**Au niveau de la communication externe**

***Rôle d'observateur*** : le dirigeant doit rechercher et recevoir toute information pouvant renforcer (ou au contraire réduire) la « cohérence externe » de son entreprise, en prêtant une attention aux propos ou actions contradictoires émanant des différentes composantes de son organisation.

***Rôle de diffuseur*** : le dirigeant doit s'assurer que les actions et informations parviennent aux bons interlocuteurs, afin d'améliorer les relations de la firme avec ses différents partenaires.

***Rôle de porte-parole*** : le dirigeant doit représenter vis-à-vis de l'extérieur son organisation, ses collaborateurs et ses employés, en veillant à promouvoir les valeurs de l'entreprise.

# Section 2 LES PIÈGES DE LA COMMUNICATION INTERCULTURELLE

## 1 La perception et la compréhension du message

Le même message n'a pas nécessairement la même signification en fonction du vécu, des valeurs et de la culture des organisations. Selon l'histoire des entreprises, du système de valeurs du pays concerné, la sensibilité culturelle à tels ou tels éléments peut varier et conduire à des attitudes différentes voire opposées.

### 1.1 Par rapport à des acteurs internes

Des concepts essentiels comme la performance, l'efficacité, le contrôle ou la responsabilité peuvent revêtir des dimensions spécifiques et être abordés (et analysés) de façon différente selon la culture du pays. La gestion d'entreprises multiculturelles implique donc de maîtriser et de structurer les discours et symboles véhiculés, afin d'éviter des incompréhensions avec une partie des membres de l'organisation. C'est notamment le cas, lorsque l'entreprise regroupe en son sein des acteurs de cultures latine et anglo-saxonne, dont l'approche en matière d'évaluation et de performance est radicalement différente.

**Exemple**

Le mot « contrôle » a une connotation différente, selon que l'on se trouve devant des équipes américaines ou latines (France, Italie, Espagne. Pour des collaborateurs américains, le terme est perçu comme un élément essentiel du management qui permet de mieux fixer les conditions d'attributions et de rétributions et de vérifier que la situation est financièrement rentable. Il est donc considéré comme un acte normal dans la gestion d'une entreprise qui permet d'évaluer les performances individuelles et collectives. A l'inverse, pour un personnel latin habitué à un management plus paternaliste, le mot « contrôle » est perçu comme un exercice qui prend du temps et qui ne se traduit pas toujours par un apport supplémentaire en termes de rentabilité et d'efficacité. Il est donc avant tout considéré comme un acte contraignant qui est utilisé par la direction centrale pour surveiller les salariés de l'entreprise. Ce terme a donc une connotation négative et est souvent interprété comme un manque de confiance de l'entreprise à l'égard de ses collaborateurs.

## 1.2 Par rapport à des acteurs extérieurs à l'entreprise

Même lorsque l'on maîtrise une langue étrangère (aisance linguistique) ou que l'on dispose d'un interprète professionnel, la communication externe peut être une source de mésentente entre les partenaires. Ces éléments d'incompréhension proviennent principalement du fait que des acteurs de cultures différentes n'ont pas nécessairement les mêmes attentes et perceptions vis-à-vis du produit, du service ou des enjeux de la relation.

**Exemple**

Prenons le cas d'une politique de communication publicitaire sur des produits détergents en Allemagne et au Brésil. Si le message est a priori le même (performance, efficacité, politique prix), la manière dont le propos va être traité et rendu auprès du public, se révélera in fine assez différent. Les Allemands accorderont une place centrale au réalisme du message, en faisant valoir les qualités techniques et scientifiques du produit, à l'aide d'analyses comparatives et d'informations professionnelles. À l'inverse, les brésiliens privilégieront la dimension symbolique du message, en s'intéressant à l'imaginaire du produit (convivialité, bonheur, environnement).

# 2 L'importance de la communication non verbale

## 2.1 Caractéristiques de la communication non verbale

La communication ne se réduit pas au contenu du message ni à ses supports (rhétorique, questionnement, argumentation, objections, diction). Elle intègre également d'autres éléments qui ont parfois une signification bien plus fondamentale que ce que contient le message reçu. En effet, la communication ne se limite pas aux discours et paroles prononcés au cours de la relation. Elle comprend également des éléments symboliques et des facteurs essentiels comme le temps ou l'espace. Ces éléments constituent, avec la communication verbale, l'autre mode de communication interpersonnelle. Ce type de communication qui ne s'exprime pas à travers des mots mais par des signes non verbaux, est désigné sous le nom de communication non verbale. Le tableau ci-après présente dans le détail les différentes manifestations de la communication non verbale et les principales voies utilisées par l'individu pour s'exprimer sans mots.

Tableau 8.1 – *Communication non verbale*

| Manifestations | Caractéristiques |
|---|---|
| Mouvements physiques et corporels | Présentation, salutation, expression du visage, regard, gestes, toucher, allure physique, posture, inaction, passivité, mouvement des yeux et autres sortes de mouvement faisant appel aux différentes parties du corps. |
| Manifestations sensorielles et personnelles | Odeurs corporelles, respiration, haleine, chaleur humaine et autres caractéristiques sensorielles. |
| Paralangage | Qualités de la voix, volume, vitesse de parole, tonalité de voix, élocution, silence. |
| Rapport au temps | Perception du temps et relation au temps : ponctualité, précision, retard, précipitation. |
| Utilisation de l'espace | Distance par rapport à l'interlocuteur et délimitation de l'espace personnel et social. |
| Environnement physique | Organisation spatiale, décoration, éclairage. |

En affaires internationales, une communication non verbale mal maîtrisée peut avoir des effets désastreux sur la conduite des affaires. Elle peut amener à des malentendus préjudiciables. Ainsi, par exemple, en fonction du pays, le rôle du regard (contact avec les yeux) peut revêtir des significations différentes et induire en erreurs sur les intentions de l'interlocuteur.

## 2.2 Le temps et l'espace comme facteurs déterminants de la communication non verbale

La communication non verbale s'appuie fortement sur l'utilisation du temps et de l'espace qui constituent des axes essentiels de ce mode de communication.

*Le temps* se présente comme un des moyens sur lesquels l'individu va gérer, organiser et structurer ses activités (emploi du temps, gestion des priorités, temps de préparation, temps d'adaptation ou de réaction à une nouvelle situation...). Il doit se voir comme une forme de langage par l'individu dans la sphère privée et professionnelle pour communiquer et réagir aux situations et événements. Le temps est donc au centre des expériences et actions des individus. Or dans ce domaine, il existe des différences entre les cultures nationales qu'il convient d'identifier et d'analyser pour pouvoir comprendre son interlocuteur et s'initier à son langage.

**Exemple**

On trouve en fonction des cultures, une façon différente de percevoir et de gérer le temps. Ainsi, les Américains et canadiens appartiennent à des cultures au rythme rapide. Ceci a pour principale conséquence d'analyser l'activité des entreprises sous l'angle du court terme et d'exiger de ses collaborateurs et partenaires des résultats rapides et directement exploitables. Au contraire, les Africains seront davantage orientés vers une culture au rythme plus lent qui accorde de l'importance à l'écoute, à l'observation et au ressenti.

*Le rapport à l'espace* apparaît également un élément déterminant de la culture, qui peut fortement varier en fonction des cultures en présence. Cette notion renvoie à la distance personnelle (sphère d'intimité) et sociale (sphère d'autonomie) qui s'établit entre les individus. La distance personnelle correspond au degré de proximité physique (corps de l'autre, chaleur humaine) et sensorielle (odeur, respiration) que l'individu est prêt à accepter dans son rapport avec les autres.

La distance sociale marque la limite du pouvoir sur autrui dans un contexte socioprofessionnel. Le mode d'organisation spatial retenu est par là même une marque de distanciation sociale propre à chaque culture. Il a une signification en termes de pouvoir ou de relation de pouvoir (positionnement et dimensionnement des bureaux, agencement des pièces...) et influence automatiquement la structuration de la communication sociale. Le rapport à l'espace mesure ainsi l'espace intime et social qui protège l'individu des autres personnes de son environnement.

**Exemple**

Les Américains et canadiens aiment protéger leur espace personnel et tendent à créer une barrière entre eux et leur environnement. Dans la culture nord-américaine, l'espace personnel et privé est enfoui à l'intérieur de l'individu. Les Américains et canadiens font ainsi une réelle distinction entre sphère personnelle et professionnelle, entre opinion objective et subjective.

Ils acceptent mal l'intrusion d'un étranger dans leur espace intime. Ils ont souvent beaucoup de difficultés à établir une proximité physique en public, à l'inverse par exemple des Saoudiens. En effet, pour ces derniers, le fait de se toucher quand ils se rencontrent n'est pas une atteinte au domaine privé d'autrui. Ils correspondent pour eux à un acte normal de la vie quotidienne. Le rapport entre sphère publique et sphère privée s'avère entièrement différent en Arabie Saoudite, où hormis le domicile de chacun, il n'existe pratiquement pas d'occasions d'intimité. Les Saoudiens passent par conséquent avec une facilité déconcertante d'un registre à l'autre, y appliquant les mêmes critères personnels. Établir une relation étroite avec l'autre est par conséquent considéré par les Saoudiens comme un signe d'ouverture et de convivialité, quel que soit l'objet de la réunion. Pour les Américains et les Canadiens, ce type de communication non verbale apparaîtra (au contraire) comme une marque d'empiètement sur l'aire d'intimité de la personne.

La gestion du temps et de l'espace constituent par conséquent des critères de différenciation entre cultures, qu'il importe de connaître et de maîtriser, lorsque l'on veut communiquer avec des acteurs de nationalités différentes.

## L'essentiel

Face au développement d'entreprises européennes voire mondiales, la communication interculturelle devient essentielle dans le développement de relations entre des acteurs de nationalités différentes. Dans ce domaine, le dirigeant dispose d'un rôle majeur. Il se présente comme l'un des principaux agents d'identification à une culture commune. Afin de remplir sa mission dans de bonnes conditions, le dirigeant se doit de développer des qualités personnelles (compréhension, empathie, tolérance à l'ambiguïté), professionnelles (compétences linguistiques, responsabilités antérieures, expériences diversifiées) et organisationnelles, compatibles avec les objectifs et enjeux d'un management interculturel. Il doit également être en mesure de communiquer et d'utiliser les modes de langages à sa disposition, pour faire aboutir ses projets. Or en matière de communication, il existe en fonction des cultures en présence, de réels écarts en matière d'usages et de pratiques.

TROISIÈME PARTIE

# ANALYSE DE CAS ET APPROFONDISSEMENT

# CAS 1 NÉGOCIATION AVEC DES PARTENAIRES CHINOIS (E. LECLERC)

*Ce cas prend appui sur un entretien approfondi réalisé auprès de J. Gattepaille, Président du GALEC et ancien responsable du bureau de Hong Kong, SIPLEC International. Il vise à rendre compte des difficultés rencontrées par le groupement E. Leclerc au milieu des années quatre-vingt, dans sa volonté de pénétrer le marché chinois. Le cas porte notamment sur le profil culturel des négociateurs chinois et les problèmes initiaux rencontrés par le distributeur français dans sa politique de développement.*

## 1 Énoncé

« Dans les années quatre-vingt, lorsque nous avons décidé avec les centres E. Leclerc d'investir le marché asiatique à la recherche de nouveaux fournisseurs, les débuts furent assez difficiles. Tout d'abord, nous avons cherché à nous informer auprès des organismes de commerce locaux et des autorités compétentes. Cette approche un peu directe s'est révélée très vite inefficace. Visiblement, on ne nous prenait pas très au sérieux. Et l'accueil fut en fin de compte assez glacial. Nous avons dès lors opté pour une autre stratégie, en misant sur le salon international de Canton (Chine) qui réunit les principaux professionnels et coopératives régionales. Ceci nous permit d'avoir différents contacts intéressants. Mais les négociations commerciales n'ont pas été simples. La principale difficulté a été de comprendre qui était en face de nous, le rôle et la fonction de nos interlocuteurs. Ceux-ci changeaient assez souvent, écoutaient beaucoup mais parlaient peu. Ils avaient tous des titres importants, si bien qu'il était difficile de connaître réellement leurs liens hiérarchiques et leur influence exacte dans l'organisation. On avait néanmoins l'impression que le nombre élevé de personnes autour de nous n'était pas le fruit du hasard, qu'ils se communiquaient entre eux, attendaient un signal de l'un ou de l'autre. L'un d'entre eux dormait par exemple à moitié. On ne savait pas d'ailleurs qui il était. Un autre faisait fréquemment des gestes ou parfois croisait le regard d'un tiers, sans que l'on soit véritablement impliqué dans les discussions. Tout cela dans un climat un peu informel, bon enfant. Enfin, en apparence... Du coup, il n'était pas toujours évident de se concentrer et d'essayer de savoir qui réellement convaincre, qui était le véritable décideur. On l'a d'ailleurs souvent appris, une fois l'accord signé. L'autre problème était que l'on n'avait pas d'ordre de grandeur précis au niveau des prix et de la valeur exacte des articles. On nous fixa assez rapidement un prix qui au regard du marché français nous semblait intéressant. Mais on ne savait pas réellement ce qu'il en était du point de vue du marché local, au regard du coût de revient et des usages locaux. Ce fut par conséquent, surtout lors des premiers échanges, une expérience pas toujours agréable à vivre. Car on avançait sans réellement de référent, de point de repère, face à des interlocuteurs toujours polis mais qui ne nous aidaient pas dans nos recherches. Or habituellement, nous avons une analyse assez précise des coûts et des marges de manœuvre sur lesquelles il est possible de jouer. Par exemple, en France, on a déjà une base de négociation avec les conditions générales de vente et des tarifs. Il fut, pour nous, aussi instructif de réaliser que, malgré l'absence réelle de formalisation, les fournisseurs savaient très bien où nous amener et à quel prix ils étaient prêts à céder leurs produits ou inversement à refuser de poursuivre. Il était donc important de mettre en balance ce que l'on gagnait et ce que l'on perdait, en recherchant une issue équilibrée à la relation. Comprendre le point de vue de nos interlocuteurs a donc été essentiel, en évitant tout comportement pouvant leur faire perdre la face. On a très vite compris qu'il valait mieux s'inscrire dans une logique gagnant-gagnant et éviter de rechercher des bénéfices immédiats. Sur un plan purement culturel, ce fut donc un véritable choc car on avait face à nous des personnes qui adoptaient à la fois un comportement peu conventionnel, tout en ayant une idée claire sur les enjeux et la manière de mener à bien les échanges. Il importe dans ce domaine de bien connaître les usages du pays. Ainsi, par exemple, les Asiatiques aiment échanger des cadeaux. Il s'agit pour eux d'une marque de considération et d'intérêt. Les refuser par politesse ou gêne peut donc être considéré comme une offense, un manque de respect. Mieux vaut donc éviter tout malentendu On se rendit également compte que le temps ne jouait pas de la même manière pour eux et pour nous. Nous étions venus pour contracter et si possible au moindre coût et dans des délais raisonnables. Ils étaient là pour nous tester, apprendre à nous connaître et trouvaient normal que l'on fasse différents allers-retours, avant de coopérer réellement, quitte à nous faire rencontrer d'autres personnes. À titre de comparaison, les négociations que nous avons menées avec ces fabricants nous ont pris en moyenne deux à trois fois plus de temps que celles pratiquées avec des partenaires européens... Il nous est d'ailleurs arrivé d'attendre certains produits pendant plusieurs mois. Ceci nous a conduit à dépasser le cadre des relations commerciales classiques, en créant sur place un bureau à Hong Kong pour mieux gérer les relations commerciales et contrôler la qualité des produits en relation étroite avec un personnel chinois (recrutement local) sélectionné pour ses compétences techniques, relationnelles mais aussi linguistiques (maîtrise de l'anglais et prise en compte du cantonais et du mandarin en fonction des régions). Autant d'éléments qui nous ont amenés à modifier certains de nos comportements et à apprendre progressivement à aborder différemment nos partenaires asiatiques. »

*(propos développé par J. Gattepaille, Président du GALEC et ancien responsable du bureau de Hong Kong, SIPLEC International)*

## 2 Questions

*1) Comment expliquer les difficultés rencontrées par le distributeur français au niveau de sa recherche de partenaires ?*

*2) Comment caractériser le comportement des fournisseurs chinois lors des négociations ?*

*3) À votre avis, des négociations entre deux groupes européens sont-elles plus faciles à mener que des relations avec des entreprises tierces (asiatiques notamment) ? Justifiez votre réponse.*

*4) Quelles sont les erreurs à ne pas commettre dans le cadre de négociations avec des entreprises chinoises ?*

*5) Quelle est selon vous la meilleure façon de contracter avec des partenaires étrangers de culture et d'histoire très différentes ?*

## 3 Commentaires

Ce cas est intéressant dans la mesure où ce distributeur français a fait le choix à l'époque de pénétrer un marché encore peu connu, en essayant de s'appuyer sur son mode de fonctionnement avec les risques que cela sous-tend. Ceci contraste par conséquent avec des approches qui envisagent dès le départ le rapprochement avec une entreprise locale. Le choix audacieux de s'engager dans une stratégie de développement autonome ne va pas de soi et s'est heurté rapidement aux spécificités du marché et à la réalité locale. L'option retenue met également en lumière la nécessité de s'insérer rapidement dans un réseau de relations en s'appuyant sur des acteurs locaux connaissant bien les pratiques et usages du pays. Car des différences culturelles peuvent exister et avoir des conséquences non négligeables sur la gestion des activités. Dans le cadre de relations commerciales avec la Chine, il semble que la gestion des négociations, le rapport au temps et le mode de communication constituent des obstacles aux premiers échanges entre le distributeur français et les fabricants chinois. Une des particularités de la culture asiatique (par rapport à la vision occidentale) apparaît en effet résider dans le rapport au temps avec des actions répétitives et cycliques et un mode de communication spécifique, où le silence et les gestes font partie intégrante de la relation commerciale. Il est néanmoins à noter que ces différences sont encore plus marquées avec les Anglo-Saxons qui cherchent des résultats rapides et à court terme. Ainsi, lorsqu'on contracte avec des partenaires chinois, il importe d'éviter la précipitation et d'accepter d'avancer pas à pas dans les négociations. Il s'agit avant tout de considérer la relation comme un processus long et réversible, où tout n'est pas écrit et défini à l'avance et peut évoluer au fur et à mesure des contacts. Il ne faut donc pas se bloquer et éviter de se concentrer sur un seul et unique critère (par exemple, le prix), en occultant les autres aspects de la relation (confiance, gain mutuel, satisfaction des parties, services rendus...). L'important est ici de tenir compte des intérêts de chacun, en dépassant les positions de l'un et de l'autre, pour développer plusieurs options possibles et parvenir à un résultat raisonnable et admis par tous.

# CAS 2 « FUSION » INTERNATIONALE (DAIMLER-CHRYSLER)

*Le cas s'appuie sur un programme d'étude réalisé par Blasko M., Netter J. et Sinkey J.-F. (2000) sur les enjeux et risques de la « fusion » internationale initiée entre le constructeur allemand Daimler et l'entreprise américaine Chrysler. Il vise en particulier à montrer l'importance des différences culturelles entre les partenaires et les effets (directs et indirects) sur le processus de rapprochement.*

## 1 Énoncé

La fusion opérée en 1998 entre les constructeurs automobiles américain (Chrysler) et allemand (Daimler Benz) a donné naissance à un « nouveau géant » dans un secteur qui, depuis le début des années 1990, multiplie partenariats, accords commerciaux et rapprochements entre marques. Ce rapprochement s'inscrit dans une tendance de fond où à l'horizon 2010 seuls 8 à 10 constructeurs disposeront d'une taille mondiale suffisante pour pouvoir continuer à rivaliser sur le marché. Une taille mondiale suppose non seulement une présence commerciale sur tous les continents mais aussi des implantations sur des lieux de consommation plus importants. D'où la nécessité pour les constructeurs automobiles de développer leurs investissements en dehors de leur marché intérieur, afin d'être en mesure de produire sur de nouveaux marchés en fonction de la demande. Ce rapprochement s'inscrit également dans un contexte particulier qui voit la récompense du travail et de l'image exceptionnelle du groupe Daimler et de sa marque phare Mercedes. Fabricant de voitures haut de gamme, le constructeur allemand se présente en effet comme le fer de lance de l'industrie européenne. Il est l'un des premiers à réussir à pénétrer durablement le marché américain, en s'alliant avec un « grand » du secteur. Beaucoup de spécialistes voient dans ce rapprochement la marque d'un succès personnel et la possibilité d'étendre la stratégie du constructeur au-delà des frontières de l'Europe. Au moment de l'opération, Chrysler vend environ 2,8 millions de véhicules par an, essentiellement sur le créneau des véhicules de loisirs, qui comprend notamment les véhicules tout-terrain et les monospaces. Chrysler étant essentiellement un constructeur américain, ses principaux débouchés se font sur son marché domestique (80 % de ses ventes). Daimler, pour sa part, vend 1,2 million de véhicules, dont un tiers de véhicules utilitaires (fourgonnettes, camions). Les deux groupes présentent une complémentarité en termes de gammes de produits. Daimler-Benz est plutôt présent sur le segment haut de gamme, tandis que Chrysler est davantage tourné vers le segment des minivans et des véhicules sportifs. Selon leurs conseils d'administration respectifs, être présents sur l'ensemble de la gamme de produits constitue une des principales motivations du rapprochement. La complémentarité de Daimler-Benz et Chrysler sur le plan géographique est clairement identifiable, le premier étant essentiellement présent en Europe, tandis que le second est très actif sur le marché nord-américain. Les deux firmes produisent par conséquent des véhicules qui ne sont pas directement concurrents les uns des autres et positionnés sur des marchés complémentaires. Sur le plan managérial, le groupe Daimler est une entreprise intégrée, attachée aux traditions (rigueur et fidélité), à ses méthodes d'organisation (planification et standardisation) et à la qualité technique de ses produits (fiabilité, résistance, sécurité), et se positionne sur le marché du haut de gamme (stratégie de spécialisation). Les valeurs de Chrysler sont quant à elles orientées vers la performance individuelle (motivation, responsabilisation, libre arbitre), la prise de risques et la recherche de réponse sur mesure (adaptée aux besoins de ses clients), avec une gamme d'offres plus large. Le credo du constructeur américain est en effet la recherche de l'innovation et de la flexibilité, ce qui l'amène fréquemment à faire appel à la sous-traitance et à miser sur des outils de production légers et rapidement reconvertibles.

Officiellement, le regroupement consacre la fusion entre deux alliés stratégiques, aux intérêts convergents et aux forces équivalentes. Ce qui permet aux intéressés d'officialiser une « fusion entre égaux » aux contours exemplaires.

Pourtant, depuis que le constructeur américain est géré par l'équipe de direction allemande, sa part de marché a perdu plusieurs points et a permis à son grand rival Toyota d'accéder au troisième rang mondial, place que Chrysler occupait depuis cinquante-trois ans. La valeur boursière du groupe a perdu plus de la moitié de sa valeur sur les marchés financiers. Le lancement de nouveaux modèles – un élément crucial pour le redressement de Chrysler – se fait attendre. De même, l'introduction de pièces de Chrysler dans des Mercedes est très vite considérée par les responsables allemands comme impossible, en raison des spécificités de la marque et des exigences de sa clientèle. Cette analyse s'accompagne d'ailleurs du refus des allemands de sélectionner de grands fournisseurs de Chrysler pour la fabrication de ses véhicules. Résultat : aucune pièce commune n'est trouvée, même sur deux véhicules voisins, des 4 x 4 fabriqués aux États-Unis : la Classe M de Mercedes et la Jeep Cherokee de Chrysler. Il est d'ailleurs impossible de concevoir des plates-formes communes entre les deux partenaires. Dans ce contexte, les responsables de Chrysler n'ont pas le sentiment d'être considérés comme de véritables partenaires, comme en témoigne la valse des présidents de Chrysler – trois en trois ans. Nommé immédiatement après la fusion, le premier d'entre eux, T. Stallkamp, croyait qu'il allait diriger Chrysler. Il fut rapidement remercié. Le deuxième, J. Holden, s'est trouvé dans l'incapacité de mener à bien sa mission, s'apercevant très vite de la réalité du rapport de forces. Le choix du troisième, D. Zetsche, un allemand de 47 ans (qui a passé dix-sept ans chez Daimler), épaulé par une trentaine de cadres venus de Stuttgart, a contribué à renforcer le malaise des équipes de Chrysler. Enfin, le premier modèle conçu conjointement par Chrysler et par Mercedes, le coupé sport Chrysler Crossfire, a été commercialisé tardivement et fait encore figure d'exception. Comment en est-on arrivé là ? « La plus importante fusion industrielle du siècle », annoncée en mai 1998, se présente de plus en plus comme un échec retentissant.

(Adapté de Blasko, Matej/Netter, Jeffrey M./ Sinkey, Joseph F. Jr. : Value creation and challenges of an international transaction, the DaimlerChrysler merger, septembre 2000, International Review of Financial Analysis.)

## 2 Questions

*1) Comment expliquer, en dépit de complémentarités certaines, l'échec de cette fusion ?*

*2) Pointez les principales différences culturelles entre Daimler et Chrysler ?*

*3) Pensez-vous que la création d'une nouvelle culture entre des groupes européens soit plus aisée à développer que dans le cas d'un rapprochement avec des entreprises tierces (États-Unis ou Asie notamment) ?*

*4) Quelles sont pour vous les principales erreurs à éviter dans le cas de fusions internationales ?*

*5) Quelles sont les actions à mettre en œuvre pour limiter les risques culturels et humains inhérents à ce type de rapprochement ?*

## 3 Commentaires

Il est intéressant de se demander si une culture commune peut émerger au sein de grands groupes transfrontaliers issus de fusions-acquisitions. Dans certains groupes, la culture d'entreprise a su, après une phase de concertation, dépasser les cadres réglementaires nationaux, à l'instar d'EADS. Mais, dans bien des cas, le choc des cultures demeure difficile à gérer et il est souvent l'un des facteurs d'échecs de ces opérations. À cet égard, on peut se demander si une nouvelle culture d'entreprise entre des groupes à forte identité nationale ne constitue pas un risque d'échec majeur dans le cadre de rapprochements. Ainsi, nombreux sont ceux qui ont imputé l'échec de la fusion Daimler-Chrysler à un clash culturel mal géré lors de l'intégration des deux équipes. En effet, la méga-fusion Daimler-Chrysler apparaît comme un exemple où les cultures, les distances géographiques, les langues, les méthodes, les modes de commandement, la domination immédiatement affichée par le majoritaire sur le minoritaire ont fortement contribué à l'incompréhension, au départ précipité des éléments les plus talentueux et à l'absence de véritable coopération entre les équipes. Elle reflète les risques de rapprochement entre des entreprises de nationalités différentes, aux histoires industrielles et relations professionnelles très particulières. Le regroupement met en effet aux prises deux entreprises dont les fondements culturels en termes de développement et de méthodes d'organisation sont radicalement différents : Daimler est orienté vers la spécialisation et la qualité, alors que Chrysler a opté pour l'innovation et la flexibilité en choisissant d'anticiper sur les besoins de la clientèle pour séduire de nouveaux clients. Il en résulte des politiques industrielles (intégration vs sous-traitance) et des systèmes de management souvent opposés notamment au niveau de la rémunération, de la prise de risques, des modes d'organisation et des relations avec les syndicats. Ce cas montre ainsi que les fusions-acquisitions internationales sont à réaliser avec prudence et discernement. Ceci est d'autant plus risqué lorsque le regroupement a été fortement médiatisé et concerne deux marques prestigieuses à forte dimension nationale (poids des symboles) et porteuses de valeurs distinctives. Mieux vaut par conséquent adopter un profil modeste et se refuser à officialiser des promesses que la réalité des organisations ne pourra tenir, compte tenu de l'importance des facteurs politiques, économiques et sociaux qui entourent ce type de rapprochement. Les relations de pouvoir, les rivalités d'ego et les problèmes de susceptibilités nationales peuvent en effet être exacerbés et provoquer des situations de rupture aux effets parfois destructeurs. Une préparation minutieuse de la fusion (analyse précise des enjeux), le choix des équipes dirigeantes (en fonction des exigences spécifiques de la mission) et la gestion des trois niveaux d'une intégration (structurel, opérationnel, culturel) sont de nature à aider les responsables dans le management de ces opérations à hauts risques.

# CAS 3
# JOINT-VENTURE INTERNATIONALE EN EUROPE CENTRALE

*Ce cas prend appui sur un programme d'étude réalisé avec le cabinet Dever et le résultat des travaux de Kasparova (2000), Uvalic et al. (1997), Srica (1994) sur les transformations économiques et les changements intervenus en Europe centrale et Orientale. Il vise à rendre compte des difficultés de coopération entre des entreprises américaines et des sociétés locales européennes, compte tenu des conflits d'objectifs et de valeurs qui peuvent exister notamment en ce qui concerne la question des performances individuelles et collectives.*

## 1 Énoncé

Depuis les années quatre-vingt, dans les pays de l'économie de marché, on observe une tendance significative : les donneurs d'ordres délèguent progressivement un nombre croissant de tâches industrielles pour se recentrer sur des aspects stratégiques de leur métier. Cette tendance valorise le rôle du fournisseur et du sous-traitant, donnant la priorité aux fournisseurs-cibles, possédant la taille critique – la taille qui permet de faire des économies d'échelle, d'optimiser et de rentabiliser les structures indispensables au bon fonctionnement de l'entreprise. Dans ce contexte, la PMI qui désire rester en première ligne de fournisseurs de grands clients, doit répondre à plusieurs exigences, telles que : être capable de prendre en charge des appels d'offres de la taille importante, assurer la qualité et les délais, disposer d'un capital de matière grise indispensable, améliorer les performances des produits et la productivité, maintenir son outil industriel à la pointe de la technologie, assumer un rôle de donneurs d'ordres par rapport aux plus petits, développer des réseaux commerciaux. Face à ces contraintes, la PME/PMI hongroise qui est très souvent une entreprise familiale, est désavantagée par rapport à la concurrence allemande en particulier, en raison de sa taille et de fonds propres inférieurs. Pour garder le contact avec le marché, elle doit donc « grossir ». Pour un grand nombre de dirigeants, cela revient généralement à acquérir une société ou à se faire absorber. La seconde solution étant difficilement acceptable (disparition de l'entreprise), la première est rarement envisageable, faute de moyens financiers nécessaires. Face à cette cruelle alternative, certaines PMI locales tentent de trouver une troisième voie, via le partenariat avec des entreprises américaines. En s'alliant avec une ou plusieurs autres entreprises, une PMI peut non seulement atteindre une taille critique, proposer une offre complète et rester en première ligne de fournisseurs directs, mais aussi conquérir des marchés nouveaux. On entend par joint-venture américano-hongroise (ou filiale commune), une entité légale créée et gérée conjointement par une entreprise américaine et une société hongroise légalement distinctes, dans laquelle le siège social se situe généralement sur le marché hongrois. Pour l'entreprise américaine, l'intérêt stratégique d'une joint-venture avec une entreprise située dans les PECO repose sur la possibilité d'acquérir une bonne compréhension des pratiques du pays, des conditions locales du marché, des influences des pouvoirs politiques et administratifs, du réseau de fournisseurs et autres caractéristiques environnementales (normes, valeurs, tradition…), grâce à sa relation de proximité avec l'entreprise partenaire. Il s'agit donc avant tout de prendre position sur un marché difficile d'accès (barrières à l'entrée élevées) et de se forger une image positive sur le marché visé. La joint-venture peut également permettre aux managers américains de disposer de terrains et infrastructures locales (équipement et moyens de production) et d'avoir un accès plus aisé au marché de l'emploi (main d'œuvre loyale à faibles coûts). Les avantages recherchés par le partenaire local sont radicalement différents. Ils visent à s'approprier par apprentissage certains savoir faire industriels et compétences technologiques de l'entreprise multinationale (accès aux technologies occidentales), et plus globalement à acquérir des réflexes et pratiques managériales dans les domaines du contrôle et de l'organisation du travail. Enfin, l'entreprise locale entend, dans le cadre de cette alliance, bénéficier de l'image (prestige) de l'apport financier de l'entreprise occidentale, pour pouvoir se développer. Les joint-ventures entre entreprise américaine et partenaires locaux permet ainsi de construire une nouvelle culture d'entreprise entre les sociétés participantes, et de réaliser un partenariat efficace, dans le but d'atteindre les objectifs de performance et de rentabilité. Ces divers aspects sont d'autant plus importants dans des stratégies d'alliances qui associent des entreprises américaines avec des sociétés d'Europe centrale, compte tenu des conditions sociales, politiques et économiques qui entourent le développement de ces pays. Les problèmes se posent en particulier au niveau des responsabilités managériales et du lien entre performance individuelle et salaire. Il semble au vu de l'expérience de différents managers américains qu'il soit nécessaire, dans les Joint-venture d'Europe centrale, d'ajuster les valeurs d'entreprise afin de développer de nouvelles attitudes et comportements, favorables aux objectifs de rentabilité des entreprises. La question de la confiance semble également devoir être améliorée entre les partenaires, grâce notamment à la formation et à un travail d'apprentissage en commun. D'autres aspects gênent l'efficience de la Joint-venture internationale, comme celui du rendement. Il s'agit ici du problème du calcul de la prise de risque, qui empêche le personnel local de prendre des initiatives, étant donné que pendant très longtemps l'initiative individuelle n'était pas considérée dans les entreprises. Le second aspect souvent délicat à gérer est le problème de la communication qui met généralement un frein à l'apprentissage et à la compréhension des différences culturelles. Plusieurs éléments peuvent contribuer à améliorer l'efficacité de ces filiales communes. Tout d'abord, il apparaît opportun de favoriser le partage des responsabilités entre managers locaux et étrangers, afin d'établir une confiance et un respect mutuel. Il peut aussi être nécessaire de créer une nouvelle culture d'entreprise dont les valeurs et exigences soient acceptées par les employés locaux, et en même temps, dont les pratiques et politiques soient cohérentes avec les objectifs stratégiques de l'entreprise américaine. Pour encourager les employés à comprendre les nouvelles stratégies de la Joint-venture, un travail d'information sur les orientations stratégiques de la filiale, sur le rôle et la contribution des collaborateurs, ainsi que sur les objectifs individuels est indispensable. Il faut également expliquer aux employés locaux comment appliquer les formations dispensées à leur travail et quel est le lien avec le rendement. Enfin, il est souvent nécessaire de revoir le système de récompenses dans la mesure où il ne satisfait pas les employés locaux et que ces derniers préfèrent les primes aux variations de salaires en fonction du rendement effectif. Il faut donc très souvent installer un nouveau système de motivation.

(Réalisé à partir d'une étude menée avec le cabinet Dever et des travaux de Kasparova (2000), Uvalic et al. (1997), Srica (1994) sur les transformations économiques, les politiques d'investissements et les changements sociaux en Europe centrale et Orientale).

## 2 Questions

*1) Pourquoi recourir à des joint-venture pour s'implanter dans des pays d'Europe centrale ? Quels sont, pour une entreprise occidentale, les avantages d'une telle pratique par rapport à d'autres modes de développement ?*

*2) Comment expliquer que ce mode de développement soit fortement encouragé dans les pays en voie de développement ou de transition ?*

*3) Les joint-venture internationales présentent-elles des risques particuliers pour l'entreprise initiatrice du projet ? Si oui, dans quels domaines ?*

*4) Quelles sont les principales difficultés rencontrées par les managers américains dans la gestion de filiales communes avec des sociétés d'Europe centrale ?*

*5) Commentez les actions proposées dans le cas. En quoi sont-elles utiles pour gérer les différences culturelles dans le cadre de joint-venture ?*

## 3 Commentaires

Les joint-venture internationales entre des entreprises américaines et des PME-PMI d'Europe centrale se sont fortement développées ces dernières années, compte tenu de l'importance de ces marchés pour de grandes entreprises multinationales (potentiel de croissance, main d'œuvre qualifiée, coût du travail). Ces modes de développement ont souvent été privilégiés par rapport à la croissance interne (création d'une filiale) ou externe (fusion-acquisition), en raison de l'importance pour les entreprises occidentales de s'insérer dans la culture et les usages du pays. En effet, la joint-venture, en partageant le pouvoir et les intérêts avec des partenaires locaux, a permis un développement plus aisé des activités et un soutien plus important de la part des acteurs économiques et politiques locaux. Néanmoins, ce mode de développement n'est pas sans poser de problèmes, notamment au niveau de la gestion des priorités et des risques de conflits entre les entreprises parentes. De plus, la dimension culturelle revêt ici un rôle essentiel, dans la mesure où la constitution d'une filiale commune implique nécessairement le recrutement et la gestion d'un personnel local et très souvent d'une équipe dirigeante issue du pays. Ceci peut donc constituer une difficulté, lorsqu'il existe des différences de vues et d'approches entre les partenaires. Or force est de reconnaître que les valeurs et modes de management entre firmes américaines et sociétés issues de certains pays de l'Est (comme la Hongrie ou la Roumanie) peuvent provoquer certains malentendus voire tensions au sein des équipes de travail. En effet, en dépit d'une motivation à développer des activités en commun, il existe certains problèmes notamment au niveau de la mise en place d'un apprentissage collectif au sein des équipes. Ces difficultés proviennent en particulier de problèmes de communication (malentendus, incompréhension, susceptibilités), de la question des responsabilités managériales (niveau de délégation et de responsabilisation des acteurs) et surtout du lien entre performance individuelle et salaire (initiative individuelle, prise de risque, créativité). Ces problèmes culturels semblent en effet souvent présents au sein des joint-venture internationales comprenant des équipes américaines et d'Europe du centre ou de l'Est. La gestion des hommes (prise en charge, soutien, assistance) et le lien rendement/récompenses apparaissent très fréquemment comme des éléments de tensions entre les équipes, où les questions d'équité et de transparence sont souvent difficiles à régler, s'il n'y a pas dès le départ une véritable implication des responsables concernés.

# CAS 4 POLITIQUE D'EXPATRIATION (GROUPE TOTAL)

*Ce cas prend appui les travaux d'A Dudezert (2003), ainsi que sur différentes sources secondaires traitant de la politique d'expatriation du Groupe Total (dossier spécial Expansion complété de documents sur la politique d'expatriation du Groupe). Le cas présenté a pour objectif d'analyser les avantages et inconvénients des politiques d'expatriation pour l'entreprise et ses salariés.*

## 1 Énoncé

Le groupe Total, fusion de Total Fina et d'Elf (en 2000), quatrième groupe pétrolier et gazier international, couvre l'ensemble de la chaîne pétrolière : exploration et production de pétrole et de gaz, aval gazier, trading, transport, raffinage et distribution. L'entreprise est également un acteur majeur de la Chimie. Le Groupe compte plus de 121 000 collaborateurs qui exercent leurs activités sur les cinq continents (présence dans plus de 120 pays).

Total propose aujourd'hui un grand nombre d'opportunités à des professionnels de toutes nationalités. Analysées de manière plus précise, les politiques de développement à l'international s'orientent principalement vers l'Asie et l'Afrique, ce qui demande pour les salariés qui exercent dans ces pays une préparation plus longue et souvent plus coûteuse, où l'aptitude à la communication interculturelle apparaît indispensable. À l'instar d'autres grandes entreprises, le groupe très orienté vers l'international a fortement recours à l'expatriation et entend dans ce domaine exercer un suivi très organisé de ses cadres expatriés.

Cette politique d'expatriation répond à plusieurs préoccupations :

– asseoir la présence d'un personnel qualifié à l'international,

– favoriser le développement d'une culture commune,

– harmoniser les pratiques de travail,

– former certains employés des filiales locales,

– renforcer le contrôle des activités à l'étranger,

– fidéliser les cadres de haut niveau afin qu'ils restent dans le groupe.

Sur un plan général, l'expatriation présente un certain nombre d'avantages pour le salarié. Les conditions matérielles et les salaires sont généralement très favorables et le niveau de vie est supérieur à ce que les personnes pourraient espérer avoir à poste équivalent. Ces avantages s'expliquent en grande partie par l'éloignement (adaptation à une autre culture) et les risques afférents (perte de salaire du conjoint, scolarisation des enfants, situation économique et politique du pays) à ce type de stratégie. Il est à noter que grâce au développement d'internet, certains cadres remplissent des missions internationales depuis leur pays d'origine. En effet, les firmes toujours soucieuses de réduire leurs coûts de fonctionnement, recherchent dans les nouvelles technologies de l'information, des nouvelles sources d'économies. Il peut donc arriver que ces « expatriations virtuelles » se substituent à une expatriation physique.

Mais ce phénomène qui tend à se développer est à nuancer dans des secteurs de l'industrie lourde qui nécessite une présence permanente du personnel sur les chantiers et dans les usines. Ainsi, dans un Groupe comme Total, l'expatriation demeure une réalité bien concrète et le recours aux nouvelles technologies de l'information constitue une aide effective simplement dans le cas de missions ponctuelles. L'expatriation physique est au contraire, au sein de cette entreprise, une étape normale dans la carrière des salariés, en particulier pour les personnes à haut potentiel. Il existe d'ailleurs des postes pour lesquels un passage à l'étranger constitue un véritable tremplin sur le plan professionnel, surtout pour les hauts potentiels. Dans ce domaine, le Groupe pétrolier s'est doté d'une organisation spécifique pour accompagner le développement des parcours professionnels de ses salariés et favoriser leur mobilité au sein de l'entreprise. Elle emploie notamment des gestionnaires de carrières en charge du développement des éléments les plus talentueux. Rattachés transversalement à la DRH centrale, ces gestionnaires de carrières sont chargés de détecter les hauts potentiels et d'aider les salariés de l'entreprise à changer de fonction (mobilité fonctionnelle) ou de pays (mobilité internationale).

Le groupe entend donc encourager la mobilité internationale de ses cadres expérimentés mais aussi à haut potentiel, en veillant à valoriser leurs missions à l'étranger par des avantages financiers, des primes de mobilité mais surtout par des perspectives de carrières prometteuses. Il s'agit avant tout de transformer ces expériences internationales en des accélérateurs de carrières, en développant le sens des responsabilités et des aptitudes nouvelles utiles pour des futurs postes de direction (tolérance à l'incertitude, gestion de la complexité, ouverture sur l'autre). Pour favoriser ces carrières, le Groupe pétrolier mène un programme d'actions sur l'équité de traitement, quel que soit le pays d'accueil des salariés concernés. Ce programme s'est enrichi en 2002 dans les domaines liés à la santé, la retraite, la mobilité du conjoint et la scolarité des enfants. En matière de retraite, un système spécial vient compléter les dispositifs nationaux, afin d'assurer un niveau de garantie de standard international. De même, les frais de scolarité dans le cadre de l'expatriation sont financés par le Groupe. De plus, ces immersions dans des contextes différents n'empêchent naturellement pas Total, de maintenir un contact étroit avec ses cadres expatriés, grâce à une politique de communication adaptée, des actions de soutien et la volonté d'alterner les périodes d'expatriation et les périodes en France.

(Réalisé à partir des travaux d'A Dudezert (2003), du dossier spécial Expansion, et de différents documents sur la politique d'expatriation du Groupe.)

## 2 Questions

*1) Quels sont les principaux avantages des politiques d'expatriation, pour l'entreprise et pour ses salariés ?*

*2) Quelles sont les formules alternatives à ce type de politique ?*

*3) À votre avis, assiste-t-on à une évolution du rôle et des enjeux de l'expatriation dans les entreprises ?*

*4) Quels sont les principaux risques et inconvénients d'une politique d'expatriation ?*

*5) Quelles sont les actions menées par les entreprises pour convaincre et aider leurs salariés à partir à l'étranger ?*

## 3 Commentaires

L'expatriation constitue une des pratiques à disposition des entreprises (avec le détachement et les contrats locaux) pour accompagner leur développement international et favoriser la mobilité géographique de leurs employés. Après une période de repli lié notamment aux exigences de restructuration, les entreprises ont à nouveau recours à l'expatriation. Mais cette pratique a connu des évolutions. L'expatriation demeure un phénomène essentiellement masculin même si l'arrivée sur le marché du travail de jeunes diplômées peut venir progressivement infléchir cette tendance. Cette pratique tend à se banaliser dans l'Europe communautaire en raison des facilités pour les cadres de se déplacer dans les différents pays de l'Union. Elle reste en revanche une réalité dans le reste du monde, où on assiste au développement de cette pratique dans certaines zones géographiques, telles que l'Asie ou l'Amérique du Sud. L'expatriation n'est plus aujourd'hui réservée aux cadres expérimentés. Elle concerne aussi de nombreux jeunes cadres à haut potentiel qui peuvent dans le cadre de missions à l'international monter leurs aptitudes à gérer des responsabilités dans des contextes souvent difficiles. L'expatriation est donc considérée aujourd'hui par les entreprises et les salariés comme un moyen de promouvoir des jeunes talents au sein de leur organisation et de les fidéliser en leur offrant des perspectives de carrière valorisantes. L'expatriation a donc un intérêt à la fois pour l'entreprise et pour le cadre expatrié. Le Groupe a l'opportunité, via cette politique, de s'assurer une présence dans différents endroits du globe, en misant sur des collaborateurs sélectionnés pour leur savoir faire et ayant la culture de l'entreprise. Le cadre expatrié a quant à lui la possibilité d'améliorer sa situation professionnelle et de bénéficier sur le court terme de différents avantages (aide financière, assistance technique, formation). Naturellement, cette pratique n'est pas sans risques, pour les deux parties. L'expatriation est réputée être onéreuse et contraignante pour les entreprises. Elle présente également des risques pour le salarié, notamment au niveau du conjoint (salaire), de ses enfants (adaptation culturelle, scolarisation), de la situation du pays (instabilité politique, crise économique...) et de l'incertitude liée à la capacité de l'individu à retrouver après quelques années une vie « normale » dans son pays d'origine. C'est pourquoi les entreprises, conscientes des risques d'une expatriation mal gérée, accordent de plus en plus d'importance à la préparation (formation) et au soutien organisationnel et logistique apporté au cadre expatrié durant son éloignement (communication interne, retour périodique dans le pays d'origine, programme de tutorat ou d'accompagnement...).

# CAS 5
# GESTION INTERNATIONALE DES RESSOURCES HUMAINES (CLUB MÉDITERRANÉE)

*Ce cas prend appui sur une série d'entretiens approfondis réalisés notamment auprès de S. Rousseau, responsable Ressources Humaines de la filière Hôtellerie/gestion du Club Med. Il vise à rendre compte des difficultés de la diversité culturelle au sein d'une entreprise de conception et d'organisation de voyages. Le cas porte notamment sur les problèmes de recrutement, de gestion du personnel et d'organisation des activités au plan international.*

## 1 Énoncé

Le Club Méditerranée a été créé au sortir de la guerre sur un concept de Gérard Blitz et développé en 1950 avec Gilbert Trigano. Son système d'offre repose principalement sur la commercialisation de séjours « tout compris » incluant un ensemble de services (transport, hébergement, restauration, animation, activités sportives et culturelles…) sur un site donné (le village de vacances). Dès sa création, le Club Med s'oriente vers l'international en privilégiant des sites touristiques d'exception. Il comprend aujourd'hui une centaine de villages saisonniers et permanents, implantés sur les cinq continents, dans près de 40 pays s'étendant, désormais de l'Asie à l'Amérique. De par son activité, l'entreprise a très tôt intégré dans sa culture et sa philosophie, la gestion d'un personnel diversifié comprenant généralement pour un village donné environ 65 % de main d'œuvre locale et 35 % de salariés de nationalités différentes. Au-delà des engagements contractuels avec les autorités locales, cette diversité culturelle constitue une réponse à l'hétérogénéité de la clientèle. La présence du Club Med dans de nombreux pays, alliée au choix de la diversité culturelle des équipes, a nécessité très tôt des efforts important en termes de gestion des ressources humaines.

Le Club Med entend donc promouvoir la diversité. Cette diversité se retrouve non seulement dans la variété des nationalités, des cultures, des religions, des origines mais aussi dans les différences de parcours des G.O (Gentils Organisateurs) qui composent les équipes de travail. Elle impose également d'identifier des personnalités originales, disposant de talents spécifiques et de valeurs universelles telles que l'ouverture, la tolérance et la capacité à véhiculer le même message (générosité, respect d'autrui, bonheur...) quel que soit le pays d'accueil recherché et de les associer à un même système de référence (l'esprit tribu). Les critères de recrutement se doivent par conséquent d'intégrer ces impératifs en greffant au critère classique d'un recrutement national (compétences, diplômes, motivation) d'autres exigences (compétences linguistiques, adaptabilité, mobilité géographique, convivialité).

Compte tenu de la nature des activités, la question de la mobilité internationale est au cœur du dispositif RH. Il existe, sur ce point, un enjeu important dans le maintien d'un équilibre entre :

- la mobilité de fait (clause contractuelle et saisonnalité de l'activité),
- la mobilité souhaitée (motivation exprimée du G.O pour un village donné)
- la mobilité encouragée (gestion du parcours, de l'évolution des carrières et de l'accompagnement au développement).

De plus, une clause de mobilité est systématiquement intégrée aux contrats des GO internationaux. Deux grandes catégories de G.O peuvent être distinguées : les « nomades » censés bouger à chaque saison et les « semi-nomades » maintenus entre 2 à 4 saisons sur les villages. Ces types d'affectations s'accompagnent d'avantages ad hoc (par exemple possibilité d'accueillir les familles des G.O semi-nomades). Les profils ne sont donc pas les mêmes, selon que l'on exerce un métier « nomade » ou « semi nomade ». Pour les ressources humaines, cela implique une gestion sous contrainte avec un risque de multiplication des contrats (expatriation, détachement, législation locale) et des grilles de salaires différentes. La priorité est donc de garantir un minimum de cohérence, surtout lorsque des situations individuelles disparates coexistent au sein d'un même village, un responsable hiérarchique détaché pouvant par exemple se retrouver en face d'un collaborateur local à salaire net équivalent. Il y a dès lors à rechercher en permanence une justification des actions menées, en expliquant de façon objective les différences constatées entre certains salariés. Le Club Med doit aussi faire face aux problèmes de formation du personnel et à la gestion des activités quotidiennes, en fonction des cultures en présence. La question peut par exemple se poser pour les femmes dans certains pays, souhaitant occuper des fonctions d'encadrement (cf. chef de service en raison d'un personnel essentiellement local). Elle peut également concerner le problème des différences de durées de temps de travail entre salariés (48 heures en Tunisie).

En matière de gestion des ressources humaines, le Club a dû repenser ses méthodes de travail, en favorisant la composition d'équipes multiculturelles et transversales, pour un temps donné, dans un village donné. Le Club entend dépasser le stade de l'individu attaché à un poste, en s'orientant vers la formation d'équipes plurielles et efficaces, affectées à un endroit en fonction des besoins. La difficulté réside ici dans la capacité du Club à généraliser cette pratique dans l'ensemble des pays.

Un autre enjeu consiste à élargir et affiner le vivier de ressources humaines par nationalité. Ceci s'explique par la volonté de rassembler au sein des équipes l'ensemble des nationalités et de valoriser dans certains cas certaines compétences-pays (vivier « hébergement » pour le Mexique, vivier « Bar » pour l'Italie par exemple).

Pour faire face à ces différents enjeux, le Club Med s'est doté de différents outils, par exemple :

- la création initiale d'un métier RH chargé de gérer l'affection des salariés : l'affecteur qui gère environ 300 salariés dont les missions originelles (affectation/réaffectation, acheminement, suivi des visas) sont aujourd'hui élargies à l'ensemble des politiques RH (évaluation, bilan de saison, formation, gestion des carrières, suivi des rémunérations…) ;
- l'implantation d'un progiciel RH dédié « HELIOS » (base PeopleSoft) qui permet de rechercher une meilleure adéquation entre les besoins en personnel dans les villages et les ressources qualitatives (profils requis) et quantitative (viviers de salariés) du Club ;
- la création d'une plate-forme RH à Lyon qui gère de manière centralisée notamment le recrutement au niveau mondial dans un souci de rationalisation et d'harmonisation des pratiques ;
- la mise en place d'une gestion prévisionnelle des affectations des salariés pour la saison suivante.

(Réalisé en collaboration avec S. Rousseau (responsable RH de la filière Hôtellerie/gestion du Club Med) et M. Barabel (IRG)).

## 2 Questions

*1) Quelles sont aujourd'hui les contraintes (liées à l'international) qui pèsent sur l'activité du Club Med ?*

*2) Quel est, selon vous, le problème RH le plus délicat à gérer aujourd'hui pour le Club Med ?*

*3) Quels sont, à votre avis, les facteurs clés de succès d'une gestion des ressources humaines à l'international dans le secteur du tourisme ?*

*4) Quels sont les risques encourus par une entreprise internationale comme le Club Med ?*

*5) Que pensez-vous des solutions et des outils mis en place par le groupe pour gérer ses salariés ?*

# 3 Commentaires

Le cas Club Med illustre la complexité d'une gestion internationale des activités et des hommes. L'internationalisation d'une entreprise se traduit par une sensibilité accrue aux fluctuations des marchés, à l'évolution de la conjoncture et à l'apparition soudaine d'événements non prévus tel qu'un conflit entre deux pays par exemple. Elle oblige, par conséquent, l'entreprise à adapter en permanence son mode d'organisation et de fonctionnement afin d'assurer la meilleure adéquation possible en ses capacités et la demande du marché.

À ce titre, la mobilité des salariés constitue pour une entreprise comme le Club Med, l'une des variables principalement en matière de flexibilité qui se traduit :

- sur le plan juridique (clause de mobilité dans les contrats de travail) ;
- sur le plan organisationnel (réaffectation des équipes selon les besoins) ;
- sur le plan comportemental (recherche de personnalité ouverte et tolérante).

Concernant la politique du Club Med, il est intéressant ici de souligner la façon dont cette entreprise a su concilier recherche d'universalité (au niveau du concept) et acceptation de la diversité de ses clients (GM : gentils membres) et de ses salariés (GO). Il semble là que l'on pointe le paradigme culturel de cette entreprise qui se caractérise notamment pour une capacité à intégrer dans un même lieu de manière cohérente et naturelle une diversité d'individus et à les transformer pour une période donnée en une collectivité réunie autour de valeurs universelles.

Au niveau des ressources humaines, on voit bien que l'ensemble des politiques RH sont modifiées par la dimension internationale :

– importance de la personnalité lors des recrutements qui tendent à privilégier les qualités relationnelles et comportementales par rapport aux diplômes traditionnels (recours massifs à des salariés autodidactes chez les GO) ;

– la nécessité d'allier sur le plan managérial l'esprit « tribu » (rythme atypique, engagement total, empiétement sur la vie privée, vie collective dense en relation étroite avec les GM, esprit festif et convivialité de rigueur) ave une gestion rigoureuse des processus et des procédures (rigueur budgétaire, notion de rentabilité économique, bilan de saison…).

– la gestion de la diversité de contrats (variété des contrats selon les pays et coexistence de différents statuts) qui impose de maîtriser différentes législations nationales et spécificités juridiques ;

De manière générale, on peut noter que le renforcement des contraintes et risques liés à l'internationalisation et à une concurrence accrue sur le concept du « tout compris » impose au groupe de préserver son concept d'origine (valeurs club med), tout en mettant progressivement en place une nouvelle culture organisationnelle caractérisée par un effort de centralisation et d'harmonisation au niveau des pratiques et des procédures de gestion qui garantissent efficacité et rentabilité.

# CAS 6
# EXPÉRIENCE D'UNE CADRE EXPATRIÉE D'UNE GRANDE ENTREPRISE

*Ce cas est issu d'un travail d'étude mené auprès de plusieurs cadres expatriés, afin de mieux comprendre le ressenti des cadres face au problème de l'expatriation. Le choix proposé a été retenu pour son caractère représentatif. L'objectif est ici de montrer les conséquences culturelles et humaines de l'expatriation.*

## 1 Énoncé[1]

*1) Pourriez-vous nous citer les expériences que vous avez vécues au sein d'une équipe multiculturelle ?*

| Pays | Nationalités en présence | Durée | Poste occupé | Entreprise |
|---|---|---|---|---|
| La Russie | Angleterre, France, Suède, Belgique, Russie, Pologne, | 3 ans | *Shops Network manager Executive Assistant* | Entreprise A |
| Angleterre | Angleterre, Australie, États-Unis, Suède, Venezuela, Allemagne | 1.5 ans | *Senior Business Analyst* | Entreprise A |
| Allemagne | Angleterre, Allemagne, France | Vient juste de commencer | *Executive Assistant* | Entreprise A |

1. Profil de l'interviewée : cadre salariée (34 ans) de nationalité suédoise. Cf. Bianconi S., « diversity management in multinational firms », working paper, University of Laval, 2003.

*2) Citez, par ordre décroissant d'importance, trois raisons qui vous ont poussé à vivre une expérience en équipe multiculturelle :*

a) Le goût de l'aventure et du changement

b) Le défi et les perspectives professionnelles

c) Le besoin de connaître d'autres cultures

*3) Comment s'est déroulée votre première expérience en équipe multiculturelle (contexte, accueil, actions réalisées, sensations et sentiments par rapport au travail réalisé et à votre intégration) ?*

Les périodes d´adaptation et de compréhension à la nouvelle culture ont été assez longues. J'ai par conséquent fait un réel effort d'apprentissage en me familiarisant avec la culture du pays et les langues pratiquées(leçons de langue quotidiennes). J'ai également cherché de façon consciente à rester ouverte aux habitudes différentes. D'un point de vue professionnel, j'ai été un peu frustrée de ne pas pouvoir accomplir les tâches avec la même rapidité que d´habitude.

4*) Comment s'est déroulée votre dernière expérience (contexte, accueil, actions, sensations et sentiments par rapport au travail réalisé et à votre intégration) ?*

L´intégration s´est passée très vite avec une habitude d'apprendre avant d'agir et de comprendre le contexte national. Au niveau du travail, il est trop tôt pour le dire mais jusqu'à maintenant tout se passe bien grâce à une bonne préparation.

5) *Lors de vos différentes expériences, comment aviez-vous été préparé avant votre départ ou avant votre intégration dans une équipe multiculturelle ?*

Je me suis informée sur les pratiques et la culture du pays. J'ai également pris des cours de langues (avec idiomatismes). j´ai aussi lu différents ouvrages sur la culture du pays et parlé avec 3-4 personnes que connaissaient bien le contexte et le travail.

*6) Pendant votre expérience, quelles ont été les actions menées par les trois entités suivantes (information et formation spécifiques au travail en équipe multiculturelle, suivi de votre intégration…) ?*

a) *par le siège social* : information du pays et du contexte, leçons de langues.

b) *par l'entreprise d'accueil* : aides pour le logement et pour une école de langues.

c) *par votre équipe de travail :* coaching continu sur le contexte et sur mes « behaviours » à améliorer.

*7) Selon vous, quels ont été vos apports dans votre nouvelle équipe de travail ?*

Le contexte culturel et la compréhension du siège (regard extérieur) et une analyse plus fine des relations entre les filiales et le siège. Également une ouverture sur des manières différentes d'aborder et de faire les choses pour le même travail.

8) *Qu'avez-vous appris lors de cette expérience en équipe multiculturelle (méthodes de travail, apprentissage sur vous-même…) ?*

J´ai énormément appris (best practices du pays différents). Cette expérience internationale m'a également permis de rester ouverte, de ne pas me fermer à de nouvelles possibilités juste parce que je ne les comprends pas, de voir les choses avec des yeux différents. J´ai aussi énormément grandi personnellement.

*9) De manière générale, pensez-vous que les résultats de groupes multiculturels sont meilleurs que ce qu'ils seraient dans une équipe monoculturelle ? Pourquoi ?*

Je pense qu'un groupe multiculturel a toujours une meilleure performance une fois que les gens s´habituent – parce que les influences et les opinions sont beaucoup plus larges. Une monoculture peut agir plus rapidement et le travail est certes plus facile mais le résultat est prévisible et moins innovant.

10) Pourriez-vous citer les trois éléments qui ont le plus facilité le travail en équipe multiculturelle ?

a) ma personnalité : je suis très adaptable et je ne décide pas de manière tranchée. J'écoute et j'essaye de comprendre.

b) une habitude au sein du Groupe de travailler dans des équipes diverses.

c) des objectifs communs clairement définis.

*11) Pourriez-vous citer trois éléments qui ont été des freins au travail en équipe multiculturelle ?*

Les freins législatifs, les barrières des langues, la difficulté de devoir souvent se remettre en cause (fatigue psychologique).

*12) Si vous pouviez améliorer le déroulement de votre expérience, que souhaiteriez-vous voir mis en place ?*

a) Préparations suffisamment en avance (apprentissage culture et langue).

b) Un peu de temps libre en arrivant dans le nouveau pays pour « trouver une vie » avec un appartement, un club de loisirs et s'insérer dans différents réseaux locaux. En clair, éviter de commencer le poste, le premier jour.

c) Une meilleure sensibilisation au travail d'équipes composées de cultures différentes (méthodes, pratiques, caractéristiques, erreurs fréquentes)

## 2 Questions

*1) Quelles sont les principales motivations d'un salarié dans le choix de s'expatrier ?*

*2) Quelles sont les qualités qu'il convient de posséder pour réussir son expatriation ?*

*3) Quelles sont les actions qui peuvent permettre au salarié de réussir son intégration dans un nouveau pays ?*

## 3 Commentaires

L'expatriation est, pour le futur expatrié, une aventure personnelle unique, où il va pouvoir tester et apprécier ses qualités d'ouverture et d'adaptation à un environnement culturel différent. Il semble que dans ce domaine l'improvisation ne soit pas la meilleure façon de réussir son insertion locale. Ceci s'explique en raison d'un besoin minimum d'informations sur le pays et ses pratiques (usages, tradition, habitudes) mais aussi en raison d'exigences professionnelles nouvelles. En effet, au-delà d'un changement de l'environnement, le cadre expatrié doit faire face à de nouvelles contraintes managériales, en ce qui concerne notamment la gestion des équipes et l'attitude face à la hiérarchie (vision différente des relations entre le siège et les filiales locales). Ceci implique par conséquent de revoir ses propres pratiques de management et de les adapter (ou de les modifier) en fonction de la nature des équipes et du nouveau système d'autorité mis en place.

# ÉTUDE PRATIQUE : CONSTAT, EXPÉRIENCE ET LEÇONS À TIRER

*Par Vincent Dessain, Anders Sjöman, Christophe Hill et Daniela Beyersdorfer du Centre de Recherche Européen de la Harvard Business School* [1].

## 1 Introduction

Reflet de l'évolution de notre société, de plus en plus d'entreprises se réclament d'une « diversité » de leur personnel. Diversité des nationalités des collaborateurs, place faite aux jeunes, équilibre hommes/femmes sont mis en avant comme autant de gages de compétitivité sur un marché devenu mondial et en perpétuel mouvement.

Ce discours fait naître différentes interrogations, d'abord quant à la réalité de la situation actuelle, puis quant à son évolution.

Concernant la situation actuelle, cette diversité affichée correspond-elle à une réalité ? Ou bien, faut-il n'y voir qu'une « opération de communication » ? Si elle existe, est-elle visible jusqu'au sein des plus hautes instances dirigeantes, ou se concentre-t-elle plutôt au niveau du management intermédiaire ? La diversité hommes/femmes, par exemple, est devenue une réalité dans les écoles de commerce où le pourcentage atteint parfois cinquante pour cent. Est-ce le cas dans l'entreprise ?

1. V. Dessain est Directeur du Centre de Recherche Européen d'Harvard Business School. D. Beyersdorfer est Assistante de Direction, A. Sjöman et C. Hill sont Chercheurs associés.

Quelles évolutions peut-on prévoir ? En supposant que les entreprises se soient engagées sur la voie de la « diversification », les équipes dirigeantes suivront-elles, à long terme, cette tendance en devenant ainsi plus représentatives de la société d'aujourd'hui ? Quel sera l'impact de ces changements sur la culture de l'entreprise et sur les relations humaines ? La mobilité accrue des personnes et l'évolution rapide vers des marchés mondiaux va-t-elle accélérer l'émergence d'entreprises véritablement multinationales avec un personnel issu de différentes cultures ? Le mouvement des acquisitions et participations croisées au niveau international va-t-il se refléter dans la composition des dirigeants et des employés au sein des sièges de ces grands groupes ? Ou, au contraire, évoluons-nous vers des marchés, où le produit doit être de plus en plus adapté à une individualité locale ou culturelle ? Si tel est le cas, le débat actuel sur la diversité interculturelle n'est-il pas exacerbé ?

Le problème est complexe, et chaque question en amène une autre. Le cadre qui nous est imparti ne permet pas de répondre à toutes. Nous nous attacherons à apporter quelques éléments objectifs qui offrent la possibilité d'avancer dans la réflexion.

Ce chapitre sera consacré à la diversité interculturelle, que nous avons choisi d'aborder exclusivement sous l'angle de la nationalité. Notre étude a réuni les plus grandes entreprises des indices connus de quatre pays européens en 2002 : 30 entreprises du CAC 40 en France, 30 entreprises du DAX en Allemagne, 26 entreprises du SMI (Swiss Market Index) en Suisse et 30 entreprises du FTSE en Grande-Bretagne. Pour chacune de ces entreprises, la diversité interculturelle des équipes dirigeantes a été analysée pour les trois plus hauts niveaux : Présidents Directeurs Généraux, Directoires et Conseils d'Administrations.

À cette présentation générale succède le cas particulier de la Suisse, dont nous présentons une analyse plus détaillée. Enfin, l'exemple de **L'Oréal** illustre la volonté d'un groupe de placer son recrutement sous le signe de la diversité.

## 2 Profils des Dirigeants en Europe

### 2.1 Les Présidents Directeurs Généraux

En Allemagne, en France et en Grande-Bretagne, le pourcentage des dirigeants d'entreprise de nationalité différente de celle du pays d'origine du groupe est de 7 % en 2002. En revanche, l'étude montre que les entreprises suisses sont les plus hétérogènes avec presque 40 % de présidents de nationalité étrangère (voir **figure A** ci-dessous).

Les marchés de recrutements de présidents d'entreprises en Europe restent très nationaux. Dans bon nombre d'entreprises, où la concurrence est devenue mondiale, comme par exemple la pharmacie, l'automobile ou les produits alimentaires, nous pensons que la diversité apparaîtra plus rapidement. Déjà, dans ces secteurs, les dirigeants négocient leur rémunération davantage en fonction des marchés internationaux que de leurs homologues nationaux.

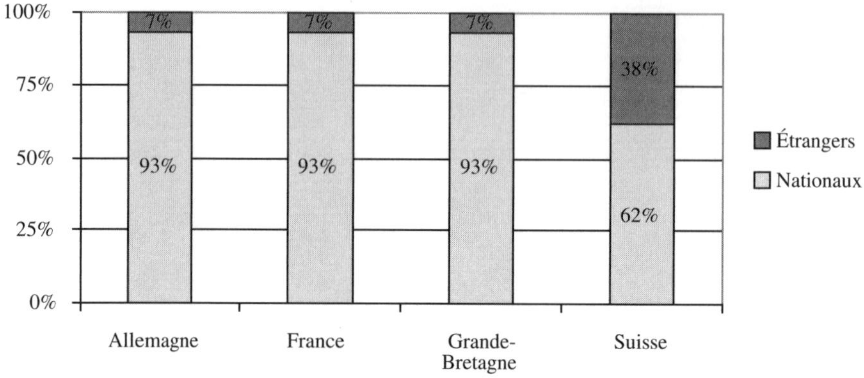


Figure A : Présidents-directeurs généraux en 2002

*Source :* Rapports annuels, contacts avec les entreprises et documents publics.

## 2.2 Les Directoires

En Allemagne, en France et en Grande-Bretagne, les étrangers représentent entre 19 % et 26 % des directoires. Les entreprises suisses sont ici aussi les plus diversifiées : 58 % des membres du directoire sont étrangers en Suisse, comme le montre la **Figure B** ci-après.

Le nombre d'étrangers est donc plus élevé au sein des directoires que parmi les Présidents Directeurs Généraux des entreprises. D'après nous, ceci s'explique en partie par le fait que bon nombre des membres du directoire ayant des parcours plus internationaux sont issus d'une génération plus jeune à laquelle on demande maintenant d'occuper des postes à haute responsabilité dans plusieurs pays, voire plusieurs continents du groupe, avant d'accéder à un poste au sein d'un directoire.

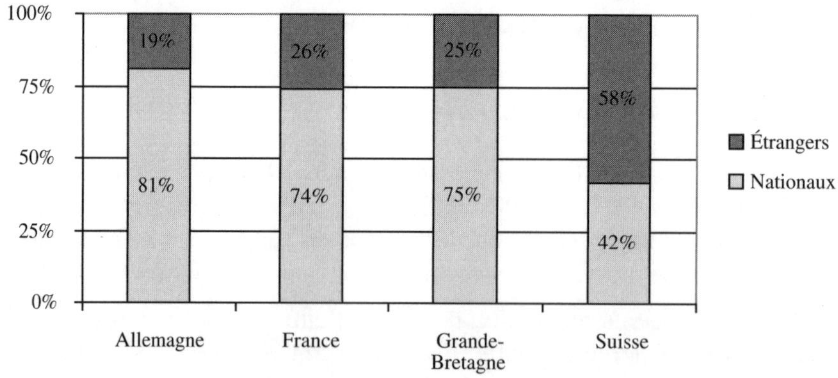


Figure B : Directoires en 2002

*Source :* Rapports annuels, contacts avec les entreprises et documents publics.

## 2.3 Les Conseils d'Administration

Pour les entreprises françaises et britanniques le nombre d'administrateurs étrangers approche 30 % (voir **figure C**). En Allemagne, nous observons un taux encore plus bas, autour de 12 %. L'Europe (la Grande-Bretagne mise a part) n'a pas connu le même développement d'administrateurs indépendants qu'aux États Unis par exemple. Les prises de participations croisées (surtout en Allemagne) ont favorisé des nominations d'administrateurs « réciproques » n'élargissant pas facilement le cercle à de nouveaux candidats.

Le plus grand nombre de nationaux dans les conseils en Allemagne peut aussi s'expliquer par la législation allemande qui prescrit une présence très importante en nombre des représentants du personnel des entreprises. La loi fixe le nombre de ces représentants en fonction de la taille du groupe à environ 1/3 des membres du conseil. Élus par le personnel des différentes filiales, ils sont le plus souvent de nationalité allemande, travaillant depuis longtemps dans cette même entreprise.

Ici aussi, les entreprises suisses sont les plus diversifiées. Presque 48 % des membres des conseils d'administrations suisses sont étrangers.

Toutefois l'application récente de règles plus strictes de gouvernement d'entreprise favorisera probablement une plus grande ouverture dans le choix des membres de conseils et pourrait donc entraîner plus de diversité interculturelle au sein de ces conseils d'administration.

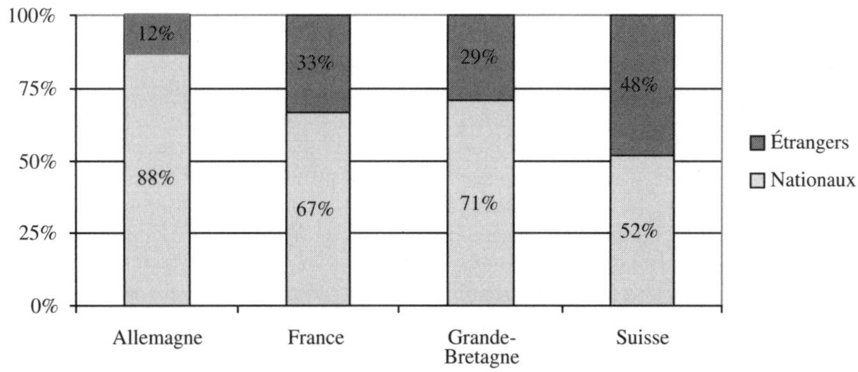


Figure C : Conseils d'Administration en 2002

*Source :* Rapports annuels, contacts avec les entreprises et documents publics.

# 3 La Diversité culturelle de la Suisse

Comme nous l'avons vu, les entreprises suisses sont beaucoup plus diversifiées en terme de nationalités que leurs homologues européennes. Nous observons aussi que les multinationales qui se sont développées au départ de la Suisse se situent sur des marchés mondiaux, comme par exemple la pharmacie (Novartis et Roche), les montres (Swatch), les services financiers (UBS et Crédit Suisse) et les produits alimentaires (Nestlé).

En Suisse, les entreprises bénéficient d'un talent humain très productif : d'après « The Economist » en février 2004, environ 90 % de la population en âge de travailler est active et le taux de chômage est de 4 % en 2004). Un cinquième de la population et un quart des employés en Suisse sont étrangers.

Un franc sur deux du PNB suisse provient de l'exportation. C'est dire combien le pays est axé sur l'international.

La Suisse a développé un pôle exceptionnel de talents multiculturels à chaque échelon du management. Cette réussite est due à plusieurs facteurs. Tout d'abord, la Suisse jouit d'un système d'éducation multilingue, souvent à partir de la maternelle, avec trois langues officielles : le français, l'allemand et l'italien. Ensuite une qualité de vie élevée attire les cadres étrangers, notamment par des rémunérations plus élevées que la moyenne en Europe. La législation salariale y est plus souple et les taux d'imposition sont plus bas.

### L'Exemple de Nestlé

Selon Peter Brabeck, PDG de Nestlé, une des plus grandes entreprises suisses et un leader mondial de produits alimentaires, la diversité internationale est absolument nécessaire pour une entreprise internationale.[1] Néanmoins, celle-ci doit être combinée avec – et non dominée par – la culture de l'entreprise. La diversité doit avoir un objectif précis. Dans le cas de Nestlé, elle reflète une réalité de marché : la production et le marketing de produits alimentaires doivent être adaptés aux besoins locaux et être sensibles aux préférences spécifiques des marchés. Nestlé pousse la diversité à tous les niveaux de management. Au siège à Vevey, 1 600 managers de plus de 70 nationalités gèrent la stratégie internationale de l'entreprise. Le Comité de direction de Nestlé, composé de onze membres, comprend dix nationalités sur trois continents. Plusieurs membres du comité de direction ont été en poste de longue durée sur plusieurs continents. Par exemple, le PDG, Peter Brabeck, de nationalité autrichienne, a passé 17 ans en Amérique du Sud, dont dix ans au Chili. Monsieur Frits Van Dijk, membre du comité de direction et de nationalité hollandaise (né à Djakarta, Indonésie) a commencé sa carrière chez Nestlé en Angleterre et a ensuite été en poste en Asie (Sri Lanka, Philippines, Malaisie et Japon) pendant 23 ans.

Nestlé investit également dans une formation interne en management à dimension très internationale. Plus de 1 700 managers de plus de 80 pays participent à ces cours chaque année en Suisse et partout dans le monde. Nestlé offre également des possibilités de cours en management

1. Voir le site web de World Economic Forum, « http://www.weforum.org/site/knowledgenavigator.nsf/Content/Diversity%20in%20the%20Workplace:%20Getting%20It%20Right_2001?open », visité le 29 mars 2004.

à l'extérieur, principalement à l'« International Institute for Management Développent » situé à Lausanne. En 2002 plus de 100 managers de 37 pays ont suivi ces programmes de formation.[1]

# 4 Le développement des richesses humaines au sein du Groupe L'Oréal

Toutes les entreprises n'évoluent pas dans un contexte aussi propice tel qu'en Suisse. Comment créer un environnement qui favorise la diversité ? L'exemple de L'Oréal montre comment une entreprise parvient à construire sa diversité, grâce à une politique de recrutement et de développement humain planifiée à long terme.

## 4.1 Recrutement International chez L'Oréal[2]

L'identification, la sélection et le développement de talent humain dans le monde entier : tels sont les grands défis qu'engage la gestion des richesses humaines d'une multinationale comme L'Oréal.

Pour L'Oréal, le plus grand groupe de produits de beauté au monde, le développement humain à un niveau international est un défi déterminant pour l'entreprise, et il s'agit d'un projet de taille. 76 % des 50 500 collaborateurs de L'Oréal travaillent dans des filiales hors de France, avec une présence dans 140 pays. Si cette dispersion géographique rend une politique centrale de management et de ressources humaines parfois plus difficiles à mener, la proximité des marchés constitue un avantage pour une entreprise qui dit avoir pour but, par ses produits, de valoriser dans le monde entier, la diversité des cultures de beauté et des traditions esthétiques. Selon Lindsay Owen-Jones, PDG de L'Oréal, et lui-même d'origine britannique, la culture de l'entreprise encourage et valorise la diversité des personnes : « Chaque jour, des personnes de cultures, d'âges et de niveaux d'expérience différents travaillent ensemble. Ce « melting pot » stimule l'innovation et encourage le développement personnel. »

Un des objectifs affichés du groupe est de recruter des talents multiculturels pour accompagner la croissance partout dans le monde. Pour s'assurer de la fidélité de ses employés, L'Oréal leur offre de larges possibilités de carrière souvent à l'international. Ainsi, en 2002, L'Oréal a recruté 1 594 cadres de 71 nationalités différentes dans 55 pays (dont un quart en Asie, en Amérique Latine et Europe Orientale). Parmi ces candidats recrutés, 8 % étaient de nationalité différente de celle du pays de recrutement.



1. Cette section se réfère aux pages des Ressources Humaines et « Investor Relations » du site web de Nestlé, ainsi qu'au document « People Development », « http://www.ir.nestle.com/pdf/English/2002_PeopleDevelopment.pdf », visité le 29 mars 2004.
2. L'information concernant la politique de L'Oréal est basée sur plusieurs entretiens au sein de l'entreprise, ainsi que sur des document publics.

Autre source de diversification : l'âge et le niveau d'expérience des employés. La gamme d'âges est très étalée. Jean-Claude Le Grand, Directeur de Recrutement International explique :

« Je dis souvent, si on voit des L'Oréaliens qui ont 25 ans, ils viennent probablement de commencer chez L'Oréal. Si on voit des personnes dans la trentaine, elles ont probablement travaillé chez nous pendant 10 ans. Des personnes de 40 ans, pendant 20 ans. » Les carrières sont rythmées par des promotions et une mobilité fonctionnelle et géographique, en général tous les deux ou trois ans. « On peut être patron chez L'Oréal dans une entité importante avant trente ans » confirme Le Grand. Cette flexibilité aide L'Oréal à créer la diversité des compétences de ses employés, grand facteur de souplesse pour la gestion des ressources humaines.

L'Oréal s'attache également à créer un meilleur équilibre hommes/femmes au sein de ses effectifs partout dans le monde. Ainsi, les femmes représentent aujourd'hui un tiers des effectifs de tous les comités de direction.

## 4.2 Les activités

Depuis longtemps, les activités de recrutement chez L'Oréal visent les jeunes diplômés du monde entier. Ils sont ensuite formés pendant de nombreuses années, afin de développer les compétences essentielles pour réussir dans leur métier. La sensibilité et la créativité, compétences importantes dans le métier, prennent du temps à mûrir et nécessitent l'exposition à plusieurs fonctions (ventes et marketing, recherche et développement, production...) ainsi qu'à des cultures hétérogènes.

Pour instaurer une relation avec ces futurs diplômés, L'Oréal a su renforcer sa présence sur les campus universitaires partout dans le monde. La fidélisation des écoles et universités passe par une multitude d'actions comme la mise à disposition d'études de cas pratiques, des interventions en cours, des contacts avec les professeurs, des bourses d'études, des stages, des forums et discussions etc. L'Oréal utilise également des jeux et des ateliers pour attirer de jeunes talents prometteurs sur des campus universitaires à travers le monde.

L'Oréal innove tout d'abord, en 1993, avec le jeu concours « Marketing Award ». Le jeu met en compétition des équipes d'étudiants qui établissent pour une marque précise un réel plan de marketing. Guidés par leurs professeurs et en collaboration avec une agence de publicité, ils créent le packaging et la campagne de communication. En 2003, le concours a réuni des équipes de 26 pays issues de trois continents. En 2000, L'Oréal lance « E-Strat », un jeu de stratégie d'entreprise par Internet. En 2004 ce même jeu attire 30 000 étudiants de 113 pays. 1 000 équipes entrent en compétition en temps réel et en ligne. Les étudiants, de niveau école de commerce et MBA, gèrent leurs entreprises virtuelles avec des situations de marché réelles. Selon Jean-Claude Le Grand, ce jeu permet aux étudiants de mieux comprendre les enjeux d'une expérience professionnelle dans l'industrie des produits cosmétiques. Pour L'Oréal, c'est aussi un excellent moyen de détecter de nouveaux talents.

L'Oréal souhaite lancer prochainement une troisième opération : « les ateliers Créativité et Business ». Inauguré en France, le projet réunira une sélection d'étudiants venant des meilleures écoles de commerce en Europe et qui ont montrés un intérêt pour des disciplines artistiques. Les étudiants présenteront des projets finalisés par des grands designers, en collaboration avec des équipes de Marketing. Ceci permettra à L'Oréal d'attirer des profils encore plus créatifs et « sortants du moule ». Après le lancement de la première opération en France, les ateliers seront déclinés dans d'autres pays, avec la participation de designers locaux.

Par ses activités, L'Oréal cherche à se forger une réputation de recruteur innovant, à l'affût de profils divers, et réactif par des moyens marketings efficaces et fidélisants sur les grands campus du monde entier.

## 4.3 Quelques chiffres

La politique de recrutement à long terme porte ses fruits :

- Chaque année, environ 1 500 personnes dans 53 pays sont recrutées parmi 400 000 candidatures et 30 000 entretiens. Les jeux comme Marketing Award, E-Strat et les ateliers Business et Créativité gênèrent de plus en plus de candidatures de bonne qualité. Les finalistes des jeux sont souvent recrutés pour des stages ou des postes permanents. Autre bénéfice pour L'Oréal, ces actions permettent de forger des liens avec les écoles et les universités renforçant ainsi la notoriété de l'entreprise au sein de ces institutions.
- Aujourd'hui, 500 expatriés du groupe sont actifs dans 50 pays, principalement comme managers et chefs de marketing. Moins de 30 % de ces expatriés sont français.
- La politique de recrutement de jeunes diplômés sur les campus européens a amélioré l'image de marque de L'Oréal comme recruteur. D'après une enquête de l'institut Universum, réalisée en 2002 dans 85 écoles et universités européennes, L'Oréal se place au 6e rang des entreprises pour lesquelles les étudiants « aimeraient le plus travailler ». Pour ce qui concerne les étudiantes, L'Oréal occupe même la première place.
- Les initiatives de recrutement international pendant les dix dernières années ont introduit plus de 50 nationalités à tous les échelons de management supérieur. Selon L'Oréal, le comité de direction du groupe – qui, en 2004, reste largement « français » avec un étranger seulement – pourrait être d'ici 5 à 10 ans culturellement diversifié avec 50 % de ressortissants étrangers.

# 5 Conclusion

La plupart des grandes entreprises, aujourd'hui, mettent en avant leur diversité et leur dimension internationale. Cette communication sur l'ouverture s'accompagne souvent d'une politique de ressources humaines a priori favorable à une intégration d'effectifs issus de différentes cultures, profils et nationalités susceptibles d'enrichir le savoir-faire du groupe et d'apporter de nouvelles idées pour pénétrer les différents marchés cibles. En outre, les medias communiquent également beaucoup sur l'évolution de la diversité en entreprise. Il est pourtant surprenant de constater à quel point (en dépit de certains efforts) le discours diffère encore de la réalité. Notre étude menée auprès d'un échantillon de grandes entreprises européennes indique que la diversité interculturelle au sein des équipes dirigeantes n'en est qu'à ces débuts. Les dirigeants des entreprises restent pour le moment majoritairement nationaux, même si le degré de diversification varie selon le niveau de responsabilité au sein de l'entreprise et selon les pays.

Les Présidents Directeurs Généraux de nationalité différente de l'entreprise qui les emploie restent très rares. Seule la Suisse, qui emploie de nombreux PDG étrangers, constitue une exception à ce constat. Néanmoins, la diversité augmente au sein des directoires et des conseils d'administration.

L'étude indique un écart intéressant entre les différents pays, avec une position singulière de la Suisse. Parmi les quatre pays analysés, les entreprises suisses sont de loin les plus diversifiées. Trois raisons principales peuvent expliquer ce constat. Premièrement, la Suisse est un pays relativement petit avec un marché restreint ce qui pousse les entreprises à se tourner très tôt vers l'international. Deuxièmement, le pays dispose d'un capital humain multilingue. Enfin, la Suisse propose un contexte économique, politique et fiscal attractif, incitant ainsi de nombreux étrangers à venir y travailler. Pour valider cette interprétation, une prochaine étude pourrait étudier la composition du management des entreprises d'autres pays européens se distinguant par leur petite taille.

Il est certain que pour toute entreprise, l'ambition multiculturelle représente un investissement stratégique à long terme. La politique de recrutement de L'Oréal l'illustre fort bien. Mais plusieurs années encore seront nécessaires avant de voir le multiculturalisme gagner ses lettres de noblesse au sein des équipes dirigeantes.

# CONCLUSION GÉNÉRALE

Avant de clore cet ouvrage, nous souhaitons insister sur les aspects essentiels de notre travail. Tout d'abord, il nous a semblé important d'intégrer la dimension interculturelle sous un angle résolument pratique, en veillant à associer aux différentes notions proposées un certain nombre d'exemples (et études de cas) issus du monde de l'entreprise. Une telle démarche a été complétée par la mise à disposition de différents outils et grilles d'analyse réalisés en relation étroite avec des responsables d'entreprises et des praticiens (experts, consultants, spécialistes). Au niveau de l'étude proprement dite, nous avons voulu aborder la question des différences culturelles de manière ouverte, en évitant toute démarche normative. C'est pourquoi il a été fait le choix, tout au long de l'ouvrage, de donner un éventail représentatif des différentes tendances et options actuellement en cours dans le domaine du management interculturel. Seule l'expérimentation et un essai d'apprentissage individuel et collectif peuvent en effet permettre d'aboutir à des résultats concluants. Il convient d'éviter, dans ce type d'exercice, le recours à des approches prédéfinies et indiscutables, en invitant le lecteur à développer sa propre vision, à partir d'éléments factuels et d'hypothèses originales.

De plus, il a nous semblé important de renouveler la vision du management interculturel. En effet, la question du management interculturel a été et demeure au centre des préoccupations des dirigeants d'entreprises désireux de se développer à l'international. Néanmoins, la nature et l'ampleur du problème conduisent à poser différemment la question de l'interculturel. Historiquement, cette question a été posée au regard des différences nationales, dans un contexte où l'État nation gardait toute sa souveraineté et où les frontières entre pays étaient clairement définies. La question de l'interculturel tend aujourd'hui à se poser différemment, afin d'être en accord avec les évolutions politiques, économiques et sociales qui en l'espace de dix ans ont considérablement modifié la donne des échanges internationaux. Dans le cadre de cette nouvelle donne, il apparaît aujourd'hui opportun d'aborder la question culturelle sous deux angles : sous un angle macroéconomique en mettant en lumière de nouvelles formations qui deviennent progressivement les acteurs économiques et politiques de ce monde en pleine reconstruction (modèle nord-américain, modèle asiatique, modèle européen...), et sous un angle plus régional en tenant compte de zones à forte identité régionale (Bretagne, l'Alsace, le Pays Basque...). Ainsi, le management interculturel doit désormais s'opérer à deux niveaux, pour avoir une vision réaliste et précise des comportements et pratiques des entreprises.

Enfin, il nous a semblé indispensable de lier la question du management interculturel aux problèmes du développement international des entreprises et à leur adaptation sur le plan de leur organisation. C'est pourquoi nous nous sommes efforcés de donner une place importante à la stratégie et à l'organisation des entreprises, en mettant en avant les enjeux et contraintes spécifiques de l'internationalisation des activités. Cette démarche visait en particulier à s'interroger sur la gestion actuelle des entreprises et sur la manière de transformer la question de la diversité en un élément déterminant de la performance des firmes.

# POSTFACE

L'étude du management a longtemps consisté à élaborer des stratégies de régulation optimales du fonctionnement de l'entreprise, testées et appliquées sur l'ensemble du globe. Or, cette standardisation enseignée dans les business schools et ailleurs est loin d'être toujours synonyme de succès, surtout lorsque les stratégies en question sont plaquées sur des systèmes locaux en place depuis des décennies. D'autres aspects du management devaient donc être pris en compte, et parmi eux, le facteur interculturel.

Loin d'être un produit de la globalisation, l'interculturel a toujours existé. Mais il prend une place nouvelle avec la mondialisation des échanges. Interdisciplinaire, il fait appel à l'anthropologie, la communication, la gestion, la sociologie des organisations, la politique, le droit, pour tenter de répondre à la question suivante : «Comment établir une relation entre les tendances de l'économie mondiale et les spécificités culturelles séculaires des groupes humains ? »

La réflexion, bien plus complexe qu'un simple problème d'étiquette, touche le cœur même des organisations, la politique interne des sociétés, l'instauration des « cultures d'entreprise », les relations avec les partenaires et les autorités locales. Le but du management interculturel est de prendre en compte des facteurs jusque-là ignorés et de comprendre dans quelle mesure ils peuvent influencer l'activité professionnelle et la vie de l'organisation.

Son champ d'action ne se limite d'ailleurs pas à la dimension internationale, même si c'est là que les problèmes sont les plus intenses : les situations déstabilisantes et problématiques dues aux écarts culturels sont fréquentes à l'intérieur d'un même pays. Un individu originaire de São Paulo n'aura pas nécessairement la même notion du temps qu'un natif de Salvador. Plusieurs entreprises basées à São Paulo rencontrent des difficultés quand elles traitent avec des partenaires du Nordeste. Parfois les obstacles surgissent au sein même d'équipes multirégionales.

Aussi fait-on souvent appel à ces aspects du management dans les situations les plus diverses : transactions commerciales à distance, rapports entre maison mère et filiales installées à l'étranger, fusions, joint-ventures, gestion internationale des ressources humaines, transfert de technologie et know-how, études de marché, application du système juridique et des lois locales, rapports avec les autorités et les clients… Récemment introduite de manière définitive dans les cursus des principales écoles de commerce et des universités, la discipline tend à devenir chaque fois plus concrète : il s'agit par exemple de préparer des familles à l'expatriation, d'apprendre à mener une négociation à l'étranger ou à gérer des équipes multiculturelles. Sous forme de séminaires ou d'ateliers, on traitera de la gestion du temps, des rapports hommes-femmes, de la pragmatique des conflits, du poids du contexte religieux…

L'ouvrage de Olivier Meier est bienvenu dans une période, où les entreprises se redéploient à l'international : les fusions acquisitions retrouvent le devant de l'actualité, les déplacements professionnels se développent, les expatriations repartent, les investissements étrangers et à l'étranger se multiplient… Mais pour profiter au maximum de cette reprise, les entreprises doivent préparer leurs équipes. La concurrence est de plus en plus nombreuse, compétente et agressive. L'erreur par manque de préparation coûte de plus en plus cher.

Seuls 11 % des expatriés sont correctement préparés à leur nouveau pays d'accueil. Cela explique certainement que 30 % des expatriations sont des échecs. Encore trop d'entreprises envoient leurs cadres à « l'aventure ». Comment être opérationnel et compétent dans un environnement que l'on ne maîtrise pas face à des concurrents qui eux se sont préparés ? Comment imaginer bien négocier, bien vendre, bien argumenter, bien aborder un marché dans un environnement où l'on ne connaît pas les us et coutumes, alors que tout prospect dispose aujourd'hui d'un choix planétaire ? Quel excès d'optimisme d'imaginer que le rachat de votre concurrent ne peut que bien se passer, parce que vos règles du jeu vous satisfont.

Le facteur humain est le facteur clé du succès ou de l'échec d'une fusion transnationale. Ce point peut paraître évident, mais il a toujours été oublié ces dernières années par les dirigeants des grands groupes internationaux. 3 fusions sur 5 qui sont réalisées échouent et dans 58 % des cas aboutissent même à de la destruction de valeur pour les actionnaires. Dans le cas de fusions dans des secteurs similaires, seulement 20 à 25 % produisent des résultats positifs.

La première cause de mortalité des fusions provient des différences culturelles. Ne pas prendre en compte la culture nationale et d'entreprise, nier ou refuser les problèmes de différences culturelles ou la peur et le stress engendrés par ces situations de changement, conduisent sans aucun doute à des situations d'échecs. Il est en de même lorsque l'on privilégie une entreprise sur l'autre, ou lorsque l'on ne valorise pas pleinement en compte le potentiel des collaborateurs. Le facteur humain n'est que très faiblement pris en compte. Le changement de statut juridique, la perte de responsabilités, de contrôles, d'avantages sociaux, génèrent du stress, des frustrations et de la démotivation. À partir de là, les résistances individuelles et collectives aux processus de réorganisation constituent un facteur de risques majeur pour la réussite de l'opération de fusion. Devant le mécontentement apparaissent des systèmes de défense collectifs (rétention d'informations, critiques systématiques des processus, sabotages…). Quand on ne prend pas en compte le facteur humain dans le cadre d'une mutation, les individus perdent leurs repères. Ils se sentent agressés par l'entreprise qui les achète, car dans la majeure partie des cas il s'agit d'imposer sa culture. Le manque de communication et de clarté de la part des dirigeants, qui eux-mêmes ne savent pas toujours très bien où ils en sont, est responsable de ces situations.

Nous entendons encore trop souvent des entreprises nous dire « nous nous débrouillerons ». La gestion des affaires à l'international n'est pas une question de « bricolage » mais de professionnalisme ! Le cadre est un athlète de haut niveau : pas de compétitions sans une bonne préparation.

Je tiens donc ici à saluer l'auteur pour la qualité de son travail. Il a en effet le mérite d'avoir su élargir l'approche du management interculturel à l'ensemble des piliers de l'entreprise : la stratégie, l'organisation et la performance.

Olivier SOUMAH-MIS
Directeur général
Intercultural Business Training

# GLOSSAIRE

**Acquisition** : opération de prise de contrôle d'une société cible par achat ou échange d'actions

**Apprentissage interculturel** *:* forme d'apprentissage issue de l'expérimentation et de l'observation, permettant d'intégrer par l'analyse et l'évaluation, les acquis de l'expérience et de les confronter à d'autres, en vue de créer de nouvelles représentations collectives (croyances, valeurs, normes).

**Avantage concurrentiel :** caractéristique distinctive de l'entreprise, facteur de compétitivité, lui conférant une position spécifique par rapport aux principaux concurrents positionnés sur le marché.

**Centralisation** : action qui consiste à concentrer le pouvoir de décision au sommet de la hiérarchie.

**Coalition :** groupe d'individus qui s'unissent (indépendamment des structures organisationnelles existantes) de façon délibérée, pour poursuivre un objectif précis et commun.

**Compétence** : aptitude individuelle ou collective permettant de réaliser une fonction, une activité ou une tâche à un degré de performance donné, en accord avec les exigences du marché du travail.

**Compétence interculturelle** : capacité d'un individu à analyser et comprendre les situations de contact entre personnes et groupes de cultures différentes, et à les gérer et valoriser dans un contexte professionnel.

**Conflits d'objectifs** : situation dans laquelle les finalités (ou issues) recherchées par les parties divergent.

**Conflits cognitifs** : situation dans laquelle les analyses et réflexions menées par les deux parties font apparaître des incompatibilités au niveau de la formulation des hypothèses ou du mode de raisonnement.

**Conflits affectifs** : situation dans laquelle les sentiments (ou émotions) exprimées par les parties se révèlent incompatibles.

**Coordination hiérarchique** : transmission des directives par les échelons supérieurs de l'organisation, à travers une supervision directe de l'encadrement sur le personnel d'exécution.

**Croyances** : orientations générales qui traduisent la manière dont les dirigeants perçoivent et se représentent le monde qui les entoure.

**Culture** : Ensemble des manières de penser, de sentir et d'agir qui sont communes aux membres d'un même groupe social (cf. valeurs, croyances). La culture est l'univers où les acteurs peuvent communiquer et repérer ce qui les unit ou les différencie.

**Détachement** : envoi d'un salarié d'une entreprise ayant son siège dans son pays, qui se voit affecté à l'étranger pour une durée déterminée (en moyenne trois ans) et qui continue d'être rémunéré par son employeur. En droit social, le salarié détaché reste par conséquent sous contrat avec sa société d'origine et garde avec elle un lien de subordination juridique.

**Efficacité** : logique de réalisation conforme aux objectifs fixés.

**Efficience** : utilisation optimale des ressources à disposition permettant de réaliser les activités en temps voulu.

**Entreprise internationale** : organisation dont le centre de décision et le système de production et de commercialisation se trouvent dans le pays d'origine et qui entend étendre ses activités à d'autres pays (politique d'exportation).

**Entreprise multinationale** : entreprise dont le centre de décision se trouve dans le pays d'origine, la gestion des activités courantes (production, distribution) étant confiée aux unités locales.

**Entreprise transnationale** : entreprise qui perd peu à peu son identité nationale, et dont les opérations répondent à une double exigence : intégration globale et différenciation.

**Entreprise mondiale** : entreprise dont les décisions sont préparées et gérées au niveau mondial (coordination centralisée) autour d'offres standardisées (marketing indifférencié).

**Équipe multiculturelle** : équipe de travail constituée d'acteurs de cultures nationales différentes.

**Expatriation** : envoi d'un collaborateur en poste fixe à l'étranger. En termes de protection sociale, le salarié expatrié relève du régime local et paie ses cotisations dans le pays où il travaille.

**Facteur de réussite** : action considérée comme un gage de réussite pour réaliser l'activité étudiée.

**Filiale :** société contrôlée par une autre firme nommée société mère.

**Fusion-absorption :** opération de transfert universelle du patrimoine d'une société vers une autre, entraînant sa dissolution, les actionnaires de la société cible devenant alors actionnaires du nouvel ensemble.

**Gestion des ressources humaines à l'international** : ensemble des politiques RH dédiées aux salariés travaillant dans des pays hors des frontières nationales de l'entreprise (recrutement, intégration, évaluation, formation, gestion des carrières, rémunération, relations sociales…)

**Globalisation :** interpénétration des économies nationales due principalement aux échanges de flux de capitaux, de produits et de savoir-faire entre les pays et à la diffusion rapide des technologies.

**Haut potentiel** : salarié ayant été sélectionné par l'entreprise en raison de sa capacité potentielle à occuper un poste de direction à moyen terme (estimé généralement à 5 % de l'effectif global d'une entreprise).

**Hiérarchie** : relation de subordination fondée sur une centralisation du pouvoir et une coordination étroite des activités (supervision).

**Influence** : capacité d'un acteur (individu ou groupe) à obtenir d'un autre un changement significatif de ses objectifs et comportements.

**Innovation** : démarche consistant à renouveler (ou créer) de nouvelles représentations et pratiques managériales.

**Internationalisation** : étapes du développement international d'une entreprise (analyse processuelle).

**Joint-venture** : pratique de développement fondée sur des relations de coopération avec apport de capital, entre deux ou plusieurs entreprises, en vue de développer des projets économiques en commun

**Leadership** : capacité à diriger et influencer les autres, en suscitant l'adhésion et l'enthousiasme.

**Management interculturel :** mode de management qui reconnaît et prend en compte les différences culturelles et tente, par des actions organisationnelles et relationnelles, à les insérer dans l'exercice des fonctions de l'entreprise, en vue d'améliorer sa performance.

**Mobilité internationale** : politique d'affectation des salariés dans un pays étranger (filiale, succursale commerciale, joint-venture…).

**Modèle ethnocentrique :** modèle d'organisation qui consiste à gérer les relations entre le siège et les filiales, en s'appuyant sur les normes et références culturelles de la maison mère.

**Modèle polycentrique :** modèle d'organisation qui consiste à gérer les relations entre le siège et les filiales, en accordant une forte autonomie fonctionnelle et culturelle aux entreprises du Groupe.

**Modèle régiocentrique :** modèle d'organisation qui consiste à gérer les relations entre le siège et les filiales sur une base régionale, à partir de critères de proximité géographique et culturelle.

**Modèle géocentrique :** modèle d'organisation qui consiste à gérer les relations entre le siège et les filiales au niveau mondial, en créant une coopération entre les différentes entités du Groupe.

**Mondialisation** : interpénétration des économies nationales due principalement aux échanges de flux de capitaux, de produits et de savoir-faire entre les pays et à la diffusion rapide des technologies.

**Négociation :** processus par lequel des individus ayant des attentes et intérêts différents tentent de parvenir à un accord acceptable par tous.

**Négociation commerciale** : pratique relationnelle par laquelle une entreprise tente de trouver un accord avec un partenaire extérieur dans le cadre de politiques d'achat et de vente de produits ou de services

**Négociation d'affaires** : pratique relationnelle par laquelle une entreprise cherche à coopérer sur le long terme avec un de ses clients sur la base d'un projet professionnel (vente de systèmes), intégrant plusieurs partenaires et sous-traitants.

**Normes culturelles** : règles de comportement propres à l'entreprise. Les normes sont ce qu'un groupe admet généralement comme étant les règles à suivre. Elles impliquent par conséquent des logiques d'arbitrage entre ce qu'il faut faire et ne pas faire. Elles donnent ainsi aux individus une idée de ce que l'on attend d'eux et des limites à ne pas franchir sous peine de sanction.

**Performance :** résultat obtenu par l'entreprise au sein de son environnement concurrentiel, lui permettant d'augmenter sa compétitivité et sa capacité d'influence sur les autres firmes du secteur.

**Pouvoir** : capacité à exercer une influence sur un ou plusieurs individus, de différentes manières (coercition, expertise, personnalité…).

**Processus de communication** : processus de transmission et de réponse aux informations entre un émetteur et un récepteur, donnant lieu à des phases de codage, décodage et de feedback.

**Rites** : pratiques qui découlent des valeurs partagées par les mêmes d'une organisation. Les séminaires d'intégration, les réunions de travail, les réceptions sont des exemples de ces pratiques.

**Routines** : règles de comportements et d'organisation (procédures) pratiquées par l'entreprise et ses membres à intervalle régulier.

**Stéréotype** : mode de catégorisation rigide et persistante de tel ou tel groupe humain, qui déforme et appauvrit la réalité sociale dont il fournit une grille de lecture simplificatrice. Ce processus de catégorisation entraîne l'accentuation des différences entre le groupe d'appartenance et les autres (effet de contraste), et le renforcement des ressemblances au sein de chaque groupe (effet d'assimilation).

**Stratégie d'entreprise** *:* ensemble des décisions et actions qui orientent de façon déterminante et sur le long terme, la mission, les métiers et activités de l'entreprise, ainsi que son mode d'organisation et de fonctionnement.

**Valeurs :** préférences collectives de l'entreprise sur ce que devrait être idéalement l'organisation dans le domaine économique, social ou sociétal.

**Vision :** Énoncé décrivant ce que l'entreprise voudrait être. Axé sur l'avenir, cet énoncé est une source d'inspiration intemporelle. Il fournit de plus des orientations pour la gestion et l'organisation des activités de l'entreprise.

# BIBLIOGRAPHIE


ADLER N.J., « Cultural synergy : the management of cross-cultural organizations », in W.W. Burke et L.D. Goodstein (eds), *Trends and issues in PD : current theory and practice*, University Associates, p. 163-184.

ADLER N.J., « Organizational development in a multicultural environment », *Journal of Applied behavioural Science*, 19(3), 1983, p. 349-365.

ADLER N.J., « Pacific basin managers : a gaijin not a woman », *Human resource management*, 26(2), 1987, p. 169-192.

ADLER N.J., *International dimensions of organizational behavior*, South-Western College Pub ; 4th edition, 2001.

ALBERT M., *Capitalisme contre capitalisme*, Éditions du Seuil, 1991.

ALLARD POESI F., *Management d'équipe*, Dunod, 2003.

AMADO G., FAUCHEUX C., LAURENT A., « Changement organisationnel et réalités culturelles », in J-F Chanlat (eds), *L'individu dans l'organisation*, Québac, Les Presses de l'Université de Laval, 1990, p. 629-661.

AMSDEN A-H, *Asia's next giant*, Oxford Universitu Press, 1989.

ANDREFF W., *Les multinationales globales*, Repères, 2003.

ASHFORTH B.E., MAEL F., « Social identity theory and the organization », *Academy of Management Review*, 1989, 14, p. 20-39.

AXELROD R., *Donnant, donnant*, Odile Jacob, 1992.

AZZI A.E., KLEIN O., *Psychologie sociale et relations intergroupes*, Dunod, 1998.

ATAMER T., CALORI R., *Diagnostic et décisions stratégiques*, Dunod, 1999.

BARABEL M., « Un style de décision à la française », *Revue Française de Gestion*, n° 111, Novembre-Décembre, 1996, p.159-170.

BARABEL M., LE BOULCH G., MEIER O., « Multicultural team management in the fields of civil and military aircraft, space, defence systems and services : the EADS case », working paper, University of Paris dauphine, 2003.

BARHAM K., OATES D., *Le nouveau manager international*, Éditions d'Organisation, 1993.

BARKEMA H.G., BELL J.H., PENNINGS J.M., « Foreign entry, cultural barriers and learning », *Strategic Management Journal*, 17, 1996, p.151-166.

BARTEL-RADIC A., « Le véritable voyage de découverte » : la dynamique des apprentissages interculturels dans un groupe international », Conférence de l'Association Internationale de Management Stratégique, Juin 2003.

BARTLETT C., GHOSHAL S., *Managing across borders* : *the transnational solution*, London : Hutchinson Business Books, 1989.

BARZANTNY C., Human ressource management in practice facing Europe : The case of expatriation, Cahier de recherche, ESC Toulouse, 1999.

BERGET et al., *Esprit d'entreprise, cultures et sociétés*, Maxima, 1993.

BERGER P., LUCKMANN T., *La construction sociale de la réalité*, Paris, Méridiens Klincksieck, 1966.

BIERNAT M., VESCIO T. K., « Categorization and stereotyping : Effects of group context on memory and social judgment », *Journal of Experimental Social Psychology*, 29, 1993, p.166-202.

BJORKAM I., LU Y., « The management of human ressources in chinese-western joint-ventures », *Journal of world Business*, 34(3), 1999, p. 306-324.

BLANDIER G., *Afrique ambiguë*, Éditions Plon, 1962.

BLASKO M., NETTER, J.M., SINKEY, J.F., « Value creation and challenges of an international transaction, the DaimlerChrysler merger », *International Reviewof Financial Analysis*, Septembre, 2000, pp. 77-102.

BOLLINGER D., *Les différences culturelles dans le management*, Éditions d'Organisation, 1987

BOLTEN J., « Integrierte interkulturelle Trainings als Möglichkeit der Effizienz-steigerung und Kostensenkung in der internationalen Personalentwicklung ». in : Barmeyer, C. et Bolten, J. (dir.) : *Interkulturelle Personalorganisation.* Berlin : Verlag Wissenschaft und Praxis, 1998, p.157-178.

BOMMENSATH Maurice, *Secrets de réussite de l'entreprise allemande, la synergie possible*, Les Éditions d'organisation, Paris, 1991

BOORSTIN D., Histoire des Américains, Robert Laffont, 1991.

BOUCHIKI H., KIMBERLY J., « Les accidents de carrières des dirigeants », *Revue Française de Gestion*, n° 111, 1996, p.199-211.

BOURHIS R., LEYENS J-P, *Stéréotypes, discrimination et relations intergourpes,* Mardaga, 1994.

BOURNOIS F., ROUSSILLON S., *Préparer les dirigeants de demain – une approche internationale de la gestion des cadres à haut potentiel*, Éditions d'Organisation, 1998.

BOYER R., *Mondialisation au-delà des mythes*, Paris, La Découverte, 1997.

BREWER M.B., « In-group bias in the minimal intergroup situation : a cognitive motivational analysis », Psychological Bulletin, 86, 1979, p. 307-324.

BREWESTER C., BOURNOIS F., « Human ressource management : a european perspective », *Personnel Review*, 20(6), 1991, p. 4-13.

BREWESTER C., TYSON S., *International comparisons in human ressource management*, London, Pitman, 1991.

BREWESTER C., « Developing a european model of human resource management », *International Journal of human resource management*, 4(4), 1993, p.765-784.

BREWESTER C., « Managing expatriates », International Journal of Manpower, 9(2), 1988.

BRIODY E.K., CHRISMAN J.B., « Cultural adaptation on overseas assignments », *Human Organization*, 50(3), 1991, p. 264-282.

BROSS A., MATTE J.S., *Selecting international employees – A Corporate investment*, Family guidance international, 1997.

BROUTHERS K ; D., BROUTHERS L.E..., « Explaining the national cultural distance paradox », *Journal of International Business Studies*, 32(1), 2001, p. 177-189.

BURNS T. et STALKER G.M., *The management of innovation*, London Tavistock, 1966.

BUTERA F., MUGNY G., « Conflicts and social influence in hypothesis testing », in *Group consensus and minority influence. Implications for innovation*, Carsten K.W. De Dreu, Nanne K. De Vries (eds), 2001, p. 161-182.

CALORI R., LAWRENCE P ; *The Business of Europe : managing change*, London, Sage, 1991.

CALORI R., DUFOUR B., « management european style », *The Academy of Management Executive*, 3, 1995, p. 61-71.

CALORI R., DE WOOT P., *An european management model beyond diversity*, London, Prentice-Hall, 1994.

CAMILLERI C., COHEN-EMERIQUE M., *Chocs de cultures : concepts et enjeux pratiques de l'interculturel*, L'Harmattan, 1989.

CASSE P., DEOL S., *Managing intercultural negotiations. Guidelines for trainers and negociators*, Washington, Sietar International, 1985.

CAZAL D., PERETTI J.-M., *L'Europe des ressources humaines*, Éditions Liaisons, 1992.

CENGARLE M., « L'Uso delle techniche di simulazione nella formazione dei negoziatori », séminaire international, Université de Venise, 1985.

CERETTI J.-L., PERETTI J.-M., « Mobilité internationale : les déterminants de l'adaptation des cadres français expatriés », Revue Française de Gestion, 129, 2000, p.58-66.

CERDIN J.-L., *La mobilité internationale*, Éditions d'Organisations, 1999.

CERDIN J.-L., *L'expatriation*, Éditions d'Organisations, 2001.

CHANCEL C., « Le capitalisme allemand », in *L'entreprise dans la nouvelle économie mondiale*, PUF, 1996.

CHANDLER A.D., *Scale and scope : the dynamics of industrial capitalism*, Cambridge, Belknap Press, 1990.

CHATTERJEE S.R., PEARSON C.A.L., « Indian managers in transition : orientation, work goals, values and ethics », Management International Review, 40, 2000, p. 81-95.

CHAVANCE B. et al., *Capitalisme et socialisme en perspective*, La Découverte, 1999.

CHEVRIER S., *Le Management des équipes interculturelles*, PUF, 2000.

CHU D.K.W., « Comparative Bargaining Powers and Strategies of Multinational Investors in Mainland China's SEZs », *Issues & Studies*, juillet, 1988, p. 86-103.

CHUA R., SABA T., « The effectiveness of cross-cultural practices in international assignments », Globalization : impact on management education, IFSAM, 1998.

CHUA R., SABA Y., « Gérer la mobilité internationale : problèmes de rapatriement et pratiques de gestion », *International Management*, 3(2), 1999, p. 57-68.

CLEMENCE A., LORENZI F., DESCHAMP J.-C., « Relations de domination intergroupes », in J.-L. Beauvois, R.-V. Joule et J.-M. Monteil (eds), *20 ans de psychologie sociale expérimentale francophone*, PUG.

COHEN-TANUGI L., *Le Droit sans l'État*, PUF, 1985.

CONDOMINAS C., NISIHIRA S., L'opinion des Japonais, Sudestasie, Paris, 1991.

COPEN., « In search of Euroman », *Management Today*, Juin, 1992, p. 50-53.

COVA B., PRAS B., Que peut-on apprendre du management asiatique, *Revue française de Gestion*, n°103, 1995, p. 20-32.

COX, LOBEL, MCLEOD, « effects of ethnic group cultural differences on cooperative and competitive behavior in a group task », Academy of Management Journal, n°4, 1991, p. 827-838.

COX T.H., BLAKE S., « Managing cultural diversity : implications for organizational competitiveness », *Academy of Management Executives*, 5(3), 1991, p. 45-56.

CROW R.F., « Japanese and Americain Firms in China : Lessons of a New Market », *Columbia Journal of World Business*, Printemps, 1986, p. 49-56.

CROZIER M. « La société bloquée. », Seuil 1970

CROZIER M., FRIEDBERG E., *L'acteur et le système*, Paris, Seuil, 1989.

CUCHE D., *La notion de culture dans les sciences sociales*, Paris, La Découverte, 1996.

CYR D.J., SCHNEIDER S.C., « Implications for learning : Human ressource management in east-west joint ventures », *Organization Studies*, 17(2), 1996, p. 207-226.

DATTA D.K., PUIA G., « Cross-border acquisitions : an examination of the influence of relatedness and cultural fit on shareholder value creation in US acquiring firms », *Management International Review*, 35, 1995, p. 337-359.

DE MEYER A., Het aanpakken van de Aziatische dreiging, Insead Euro-Asia Centre, Vlaamse Management Associate Seminar, Avril, 1996.

DEMORGON J., *Complexité des cultures et de l'interculturel*, Anthropos-Economica, Paris, 1996.

DEMORGON J., LÜDEMANN O., *Pour le développement d'une compétence interculturelle en Europe. Quelles formations ? Quelles sanctions qualifiantes ?* Paris, Ofaj, 1996.

DEMORGON J. & LIPIANSKY M., *L'interculturel en formation*, Retz, Paris, 1998.

DESCHAMP J.-C., « Social identity and relations of power between groups », in H. Tajfel, *Social identity and intergroup relations*, Cambridge University Press, 1982.

DESCHAMP J.-C., « La normalisation » in W. Doise, J.-C. Deschamps et G. Mugny (Eds.), *Psychologie sociale expérimentale* (2e édition), Armand Colin, 1991, p. 87-100.

DEVINE P., « Stereotypes and prejudice : Their automatic and controlled components », *Journal of Personality and Social Psychology*, 56, 1989, p. 5-18.

D'IRIBARNE P., *La logique de l'honneur*, Paris, Seuil, 1989.

D'IRIBARNE P., « Vers une gestion culturelle des entreprises », *Annales des Mines*, 4, 1986, p. 80-81.

D'IRIBARNE P., *Cultures et mondialisation. Gérer par-delà les frontières*, Paris, Seuil, 1998.

DODD C.H., *Dynamics of intercultural communication*, Dubuque, W.C. Brown, 1987.

DOLAN S.L., SABA T., JACKSON S.E., SCHULER R.S., *La Gestion des resources humaines*, Pearson Education, 2002.

DOURILLE-FEER E., « Craquements dans le modèle japonais », *Le Monde diplomatique*, Mars 1998.

DUDEZERT A., La valeur des connaissances en entreprise : recherche sur la conception de méthodes opératoires d'évaluation des connaissances en organisation, Thèse de doctorat en Sciences de Gestion, École Centrale Paris, 24 Novembre 2003.

EARLEY P., SINGH H., « International and intercultural management research : what's next ? », *Academy of management Journal*, 2, 1995, p. 327-340.

EARLEY C., GIBSON C.B., *Multinational work teams : a new perspective*, Lawrence Erlbaum Associates, Inc, 2001.

ELRON E., « Top Management teams within multinational corporations : effects of cultural heterogeneity », *Leadership Quaterly*, 8, 1997, p. 393-412.

ELSASS P.M., GRAVES L.M., « Demographic diversity in decision-making groups : the expe-riences of women and people of color », *Academy of Management Review*, 22 (4), 1997, p. 946-973.

ELY R. J., THOMAS D. A., Cultural diversity at work : The effects of diversity perspectives on work group processes and outcomes. *Administrative Science Quarterly, 46*(2), 2001, p. 229–273.

ENGLAND G.W., DHINGRA O.P., AGARWAL N.C., *The manager and the man*, Kent OH, Kent State University Press, 1974.

ETOUNGA MANGUELLE D., *L'Afrique a-t-elle besoin d'un programme d'ajustement culturel ?*, Les Éditions Nouvelles du Sud, 1991.

EVANS P.A.L., « On the importance of a generalist conception human resource management : a cross-national look », *Human resource management*, 23(4), 1984, p. 347-364.

EVANS P.A.L., « Developing leaders and managing development », *European management Journal*, 10(1), 1992, p.1-9.

FAVEREAU O., « Développement et économie des conventions" in Philippe Hugon (dir.), L'Afrique des incertitudes, PUF-IEDES, coll., « Tiers-Monde », Paris, 1995, Paris, p. 179-199.

FERNANDEZ J.P., *Managing a diverse work force : regaining the competitive edge*, Lexing-ton, MA : Lexington, 1991.

FERNER A., QUINTANILLA J., VARUL M.Z., « Country-of-origin effects, host-country effects and the management of HR in multinationals : German companies in Britain and Spain », *Journal of World Business*, 36(2), p. 107-127.

FERRARO G.P., *The cultural dimensions of international business*, Englewood Cliffs, NJ : Prentice Hall, 1990.

FISKE S.T., « Controlling other people : the impact of power on stereotyping », *American Psychologist*, 48, 1993, p. 621-628.

FLEURY J., *La culture*, Bréal, 2002.

FRANCKENSTEIN J., « Business in China : Western and Chinese Perspectives », *Euro-Asia Business Review*, 6(1), 1987, p. 26-30.

FRIDENSON P., STRAUS A., *Le Capitalisme français*, XIX$^{e}$-XX$^{e}$ siècle, Fayard, 1987.

IRLAND J., « Finding the Right Management Approach », *The China Business Review*, Janvier-février, 1991, p. 14-17.

GAUCHON P., *Le Modèle français depuis 1945*, Que sais-je?, PUF, 2002.

GAUTHEY F., XARDEL D., *Le management interculturel*, PUF, 1990.

GAUTHEY F., « Logique d'entreprise et réalité interculturelle. », *Les Cahiers de l'ENSPTT*, 9, Septembre, 1998, p. 13-18.

GERINGER J.M., WOODCOCK P, « Control and performance of international joint ventures », *Journal of Business Studies*, 20(2), p. 235-254.

GERINGER J.M., BEAMISH P., DE COSTA R., « Diversification strategy and internationalization : implications for MNE performance », *Strategic Management Journal*, 10, 1989, p. 109-119.

GHEST D., « Human ressource management and the american dream », *Journal of Management Studies*, 27(4), 1990, p. 377-397.

GHOSHAL S., NOHRIA N., « Internal differenciation within multinational corporations », *Strategic Management Journal*, 10(4), 1989, p. 323-337.

GIROD de L'AIN B., Modèle français et modèle allemand. Comment construire un partenariat d'entreprises ? dans Le modèle allemand, fin ou recommencement ?, Documents, Paris, 1$^{er}$ trimestre, 1996.

GODEMENT F., *La renaissance de l'Asie*, Odile Jacob, 1993.

GUITEL V., « l'interférence des chocs culturels dans les relations professionnelles », lettre d'information du Management Interculturel, n° 4, Décembre, 2003.

HAMPDEN-TURNER C., TROMPENAARS A., *The seven cultures of capitalism*, New York, Currency-Doubleday, 1993.

HASPESLAGH P.C., JEMISON D., *Managing acquisitions* : *CreatingValue through Corporate Renewal*, Free Press, 1991.

HALL E.T., *Beyond culture*, New York, Anchor Press, 1976.

HALL E.T., *Le langage silencieux*, Seuil, 1984.

HAMBRICK D.C., LI J., XIN K., TSUI A.S., « Compositional gaps and downward spirals in international joint venture management groups », *Strategic Management Journal*, 22, 2001, p. 1033-1053.

HARREAU I, L'esprit de la formation en Chine, Revue Milieu, n° 14, Mai, 2000.

HASPESLAGH P. C, JEMISON D.B., *Managing Acquisitions – Creating Value Through Corporate Renewal*, Free Press, 1991.

HAYEK F. A, *Droit, législation et liberté*, PUF.

HARZING A.-W., *Managing the multinationals : an international study of control mechanisms*, Cheltenham : Edward Elgar, 1999.

HENDRY C., *Human ressource strategies for international growth*, London : Routledge, 1994.

HERNANDEZ E.-M., *Le Management des entreprises africaines*, L'Harmattan, 1997.

HERNANDEZ E.-M., « La gestion des ressources humaines dans l'entreprise informelle africaine », *Revue Française de Gestion*, n° 119, 1998, p. 49-57.

HERNANDEZ E.-M., « Afrique : l'actualité du modèle paternaliste », *Revue Française de Gestion*, 128, 2003, p. 98-106.

HIRSCH G., SWIERCZEK F. W, « Technology Transfer : A Cross-Cultural Perspective », Chapter 3 *in Contemporary Issues in Technology Transfer*, Paris : ESKA Publishing, 1997.

HIRSCH G., SWIERCZEK F.W., « The Dialectic of Conflict in Joint Venture Negotiations », Chapter 8 *in Euro-Asian Joint Ventures : A Managerial Perspective*, Paris : ESKA Publishing, 1998.

HOECKLIN L., *Managing cultural differences. Strategies for competition advantage*, Workingham, Addison-wesley, 1994.

HOFSTEDE G., *Culture's Consequences and International Differences in Work Related Values*, London Sage, 1980.

HOFSTEDE, G., *Culture's Consequences*, Sage Publications : Newbury Park, 1982.

HOFSTEDE G., *Cultures and Organizations ; Software of the Mind*. McGraw-Hill, New York, 1991.

HOLMES W.F., PIFER F.K., « Expatriate failure. Prevention rather than cure", Personnel Management, 12(12), 1980, p. 30-32.

HSIEH Tsun-yan, LAVOIE J., SAMEK R., « Bien gérer les cadres expatriés », *Expansion Management Review*, 97, Juin, 2000, p.15-22.

HUAULT, I., *Le management international*, La Découverte, 1998.

HUMES S., *Managing the multinational, confronting the global-local dilemma*, New York, Prentice-Hall, 1993.

INGHAM M., « Valoriser la diversité culturelle par l'apprentissage organisationnel : essai sur les structures d'organisation internationales » in Dupriez et Simons (eds), *La résistance culturelle*, De Boeck, 2002 p. 217-253.

INGLEHART R., BAKER W.E., « Modernization, cultural change and the persistence of traditional values », *American Sociogical Review*, 65, 2000, p. 19-51.

JACKSON S., KAREN M.,KRISTINA W., « 'Understanding the dynamics of diversity in decision making teams », in *Team decision making effectiveness in organizations*. R.A. Guzo and E. Sallas (eds.). San Francisco : Jossey-Bass, 1991.

JEHN K. A., NORTHCRAFT G. B., NEALE M. A., « Why differences make a difference : A field study of diversity, conflict, and performance in workgroups ». *Administrative Science Quarterly*, 44(4), 1999, p. 741-763.

JOLY H., « France-Allemagne : le résistible déclin des modèles nationaux », *Revue Française de Gestion*, n° 111, 1996, p. 184-198.

JUNG C.G., *Types psychologiques*, Genève, Georg Editeur SA, 1986.

KASPORAVA H., « Transformation économique et restructuration organisationnelle en Europe de l'Est », Cahier de recherche, ESG, 2000.

KIEHL R., « Interkulturelle Kompetenz ». in : Kooper, E. et Kiechl, R. (dir.) : *Globalisierung : von der Vision zur Praxis. Methoden und Ansätze zur Entwicklung interkultureller Kompetenz*. Zürich, 1997, p. 11-29.

KIERNAN D., « Alcatel et la mobilité internationale », Career Développent International Mobility – Mars 2001.

KILLING J.-P., « Understanding Alliances : The Role of Task and Organizational Complexity », in F.-J. Contractor et P. Lorange, *Cooperative Strategies in International Business,* D.C. Health and Company/Lexington, Massachusetts/Toronto, 1988, p. 55-67.

KLUCKHOLN F., STRODTBECK F., *Variations in value orientations*, San Francisco, CA : Row Peterson, 1961.

KNITTEL B., STEFANINI A., « Indian joint-venture, les leçons de l'expérience », *Gérer et comprendre*, 30, 1993, p. 17-23.

KOGUT B., « Joint-ventures : Theoretical and Empirical Perspectives », *Strategic Management Journal*, 9, 1988, p. 319-332.

KOGUT B., SINGH H., « The effect of national culture on the choice of entry model », *Journal of International Business Studies*, 19, 1988, p. 411-432.

KOOMEN W.,DIJKER A. J., « Ingroup and outgroup stereotypes and selectiveprocessing », *European Journal of Social Psychology*, 27, 1997, p. 589-601.

KOTTER J.P., *The General Managers*, The Free Press, 1982.

LABELLE R., RAFFOURNIER B., « Comparaison des modèles de gouvernement d'entreprise canadien, français et allemand », 25(3) , *Revue Gestion*, 2000, p. 49-57.

LANE P.J., SALK J.E., LYLES M., « Absorptive capacity, learning and performance in international joint-ventures », *Strategic Management Journal*, 22, 2001, p. 1139-1161.

LAURENT A., « The cultural diversity of western conceptions of management », *International Studies of Management and Organization*, 13(1-2), 1983, p. 75-96.

LAURENT A., « The cross-cultural puzzle of international human resource management », *Human resource management*, 25(1), 1986, p. 91-102.

LAURENT A., « A cultural view of organizational change », in P. Evans, Y. Doz et A. Laurent (eds), *Human Ressource Management in International Firms*, Chapitre 5, London : Macmillan, 1989, p. 83-94.

LAURENT A., « Managing across cultures and national borders », in Makridakis (ed), *Single Market Europe Opporunities &Challenges for Business*, Jossey Bass Inc. Publishers, 1991.

LAWRENCE P., SPYBEY T., *Management and society in Sweden*, London : Routledege et kegan Paul, 1986.

LAWRENCE P.R., LORSCH J.W., *Organizations and environment*, Homewood, IL : Irwin, 1967.

LAWRENCE P.R. et LORSCH J.W., *Adapter les structures de l'entreprise*, Les éditions d'organisation, 1973.

LEMAITRE N., « La culture d'entreprise, facteur de performance », *Revue Française de Gestion*, 47-48, 1984, p. 153-161.

LESOURN J., *Le modèle français : Grandeur et décadence*, Odile Jacob, 1998.

LESTRADE B., « Travail et précarisation – la cohésion sociale en danger ? » in : La fin du modèle allemand ? Les controverses sur l'avenir de l'Economie sociale de Marché, CCI de Paris, 1997.

LEVITT T., *The marketing imagination*, New York, The Free Press, 1983.

LEYS S., *Essais sur la Chine*, Robert Laffont, 1998.

LING W., CHIA R.C., FANG L., « Chinese implicit leadership theory », *Journal of social Psychology*, 140(6), 2000, p. 729-740.

MCGARTY C., TURNER J., The effects of categorization on social jugement, *British Journal of Psychology*, 31, 1992, p. 253-268.

MAILLAT, D., « Comportements spatiaux et milieux innovateurs », in *Encyclopédie d'économie spatiale, concepts, comportements, organisations*, sous la direction de J.P. Auray, A. Bailly, J.P. Derycke, J.M. Huriot, Economica, 1994.

MAALOUF., *Les identités meurtrières*, Paris, Grasset, 1998.

MC KINSEY, « Étude sur 59 dirigeants de multinationales occidentales installées en Chine », Bureau de Shangaï, Korn/Ferry International, 1997.

MEAD R., *International Management*, Malden, Blackwell, 1998.

MEIER O., « Gestion et valorisation des différences culturelles dans le cas de fusions acquisitions », *Revue de Gestion des Ressources Humaines*, 43, 2002, p. 68-81.

MEIER O., « De la négociation commerciale à la négociation d'affaires », *Revue Française de Gestion*, n° 140, 2002, p. 107-119.

MEIER O., « Du rapprochement symbiotique à la prise de contrôle : le cas MCC », *Revue Française de Gestion,* n° 145, 2003, p. 55-67.

MEIER O., « Le développement international des entreprises », *Cahier Dever Research*, 2003.

MEIER O., SCHIER G., *Fusions-acquisitions : stratégie, finance, management*, Dunod, 2003.

MENDRAS H., *L'Europe des Européens*, Paris, Gallimard, 1997.

MEYER H-D, « The cultural gap in long-term international work groups », *European Management Journal*, 11(1), 1993, p. 93-101.

MILLIKEN, MARTINS, « Searching for common threads : Understanding the multiple effects of diversity in organizational groups », *Academy of Management Review*, 21, 1996, p. 402-433

MINTZBERG H., *Structures et dynamique des organisations*, Les éditions d'organisation, 1984.

MOSCOVICI S., *Psychologie des minorités actives*, Quadrige, PUF, 1979.

MUCHIELLI J.-L., « Alliances stratégiques et firmes multinationales : une nouvelle théorie pour de nouvelles formes de multinationalisation », *Revue d'Économie Industrielle*, 55, 1991, p. 118-134.

MUCHIELLI J-L, *Multinationales et mondialisation*, Éditions du Seuil, 1998.

MUTABAZI E., KLESTA A., ALTMAN Y., POIRSON P., Management des ressources humaines à l'international, Eyrolles, 1994

NANCY A., GHADAR F., « Strategic Human Resource Management : A global Perspective », In Pierer, R (ed.), *Human Resource Management : An international Comparison*, Berlin : de Gruyter 1990.

OCDE, *Le nouveau visage de la mondialisation industrielle. Fusions-acquisitions et alliances stratégiques transnationales*, 2001.

PAULY-MAILLART E., « S'expatrier pour doper sa carrière », *L'Express*, n° 8, Hors-série, 2003, p. 100-104.

PARKHE A., « Interfirm diversity, organizational learning, longevity in global alliances », *Journal of International Business Studies*, 22(4), 1991, p. 579-601.

PELLED L.H., « Demographic diversity, conflict, and work group outcomes : An intervening process theory », *Organization Science*, 1996, 7, p. 615-631.

PELLED L. H., EISENHARDT K. M., XIN K. R., « Exploring the black box : An analysis of work group diversity, conflict, and performance. » *Administrative Science Quarterly*, 44, 1999, p. 1-28.

PERLMUTTER H.V., « The Totuous Evolution of The Multinational », *Columbia Journal of World Business*, 4, 1969, p. 9-18.

PERRIN J.-C., « Organisation industrielle : la composante territoriale », *Revue d'économie industrielle*, n° 21, 1990.

PETTIT M., *Management d'équipe : Concepts et pratiques*, Dunod, 1999.

PICQUES M.C., *L'art des affaires en Chine*, Picquier, 1996.

PORTIER M.E., « The competitive advantage of nations », *Harvard Business Review*, Mars-Avril, 1990, p. 73-93.

PREVOST P., Entrepreneurship et développement local : quand la population se prend en main, Les Éditions Transcontinen, GRIR, Université du Québec à Chicoutimi, 1993.

RATUI I., « Thinking internationally : a comparison of how international executives learn », *International Studies of management and organization*, 13(1-2), 1983, p. 139-150.

RAVAI N., *La République des vanités : Petits et grands secrets du capitalisme français*, Grasset, 1997.

RAYMOND SANER R., YIU L., SONDERGARD M., « Business diplomacy management : a core competency for global companies », *Academy of Management Executive*, 14(1), 2000, p. 80-92.

RICHARD O.C., JOHNSON N.B., « Understanding the impact of human resource diversity practices on firm performance », *Journal of Managerial issues*, 13(2), 2001, p. 177-195.

ROCHER G., *Introduction à la sociologie générale*, tome 1, Seuil, 1968.

ROKEACH M., *The nature of human values*, Free Press, 1973.

ROMELAER P., HUAULT I., La gestion des cadres à l'international et le modèle du carbage can », *Revue Française de Gestion*, n°109, 1996, p. 19-37.

RONEN S., *Comparative and multinational management*, New York, Wiley, 1986.

ROSENZWEIG P.M., SINGH J., « Organizational environments and the multinational enterprise », *Academy of Management Review*, 2, 1991, p. 340-361.

ROSENZWEIG P.M., NOHRIAN R..., « Influences of human resource management practices in multinational firms », *Journal of international business studies,* 2, 1994, p. 229-252.

SAINSAULIEU R., *L'identité au travail*, Presses de la Fondation Nationale des Sciences Politiques, 1977.

SALLIVAN J., NONAKA I., « Culture and strategic issue categorization theory », *Management International Review*, 28(3), 1988, p. 6-10.

SATHE V., « Implications of corporate culture : a manager's guide to action », *Organizational dynamics*, Automne, 1983, p. 5-23.

SCHÄFERHOFF S., « Categorization is not enough : Intergroup discrimination in negative outcome allocation », *Journal of Experimental Social Psychology*, 28, 1992, p.125-144.

SCHEIN E.H., « The role of founder in creating organizational culture », *Organizational dynamics*, 12(Summer), 1983, p. 13-28.

SCHEIN E.H., *Organizational culture and leadership*, San Francisco : Jossey-Bass, 1985.

SCHNEIDER S., BARSOUX J.-L., *Managing across cultures*. Londres : Prentice Hall, 1997.

SCHNEIDER S.C., « Strategy formulation : the impact of national culture », *Organization Studies*, 10(2), 1989, p. 149-168.

SCHNEIDER S.C., DEMEYER A., « Interpreting and responding to strategic issues : the impact of national culture », *Strategic management journal*, 12, 1991, p. 307-320.

SHENKAR O., ZEIRA Y., « International joint-ventures : a tought test for HR », *Personnel*, 66(1), 1990, p. 26-31.

SHENKAR O., ZEIRA Y., « Role conflict and role ambiguity of chief executive officers in international joint-ventures », *Journal of International Business Studies*, 17(1), 1992, p.55-75.

SHENKAR O., « Measurement of cultural differences », *Journal of International Business Studies*, 32(3), 2001, p. 519-535.

SHERIF M., *Group conflict and cooperation : their social psychology.* Londres : Routledge & Paul Kegan, 1966.

SIMONET J., *Pratiques de management en Europe. Gérer les différences au quotidien*, Éditions d'Organisation, 1992.

SINGH N.K., *Eastern and cross cultural management*, Delhi, Har-Anand, 1999.

SMITH B.E., THOMAS J.M., « Cross-cultural attitudes among managers : a case study », *Sloan Management Review*, 13, p. 34-51.

SOLOMON C., « Success abroad depens more than job skills », Personnal Journal, Avril, 1994.

SPARROW P., HILTROP J.M., *European human resource management in Transition*, Prentice Hall, 1994.

SRICA V., « managing people in central europe », in T. Garrison, D. Rees, *Managing people across Europe*, Butterworth-Heinemann limited, 1994.

STONE R.J., « Expatriate selection and failure », *Human Ressource Planning*, 14(1), 1991, p. 9-18.

SU Z. : International Joint-Venture Management in a Hostile Environment : the Case of the People's Republic of China, Working Paper, Quebec : Laval University, January, 1994.

SU Z., VERNA G., « The exercising of control in shared management joint-ventures with chinese partners », Actes du Pan Pacific Conference XI, Bangkok, juin, 1994.

SWIERCZEK F.W., « Understanding Joint Ventures : The Praxis of Cross-Cultural Management », Chapter 2 in Euro-Asian Joint Ventures : A Managerial Perspective, Paris : ESKA Publishing, 1998.

TAJFEL H., BILLIG M.G., BUNDY R. P., FLAMENT C., Social categorization and intergroup behaviour, *European Journal of Social Psychology*, 1, 1971, p. 149-178.

TAJFEL H., « Social identity and intergroup behavior ». *Social Science Information*, 13, 1974, p. 65-93.

TAJFEL H., *Human groups and social categories*, London : Cambridge University Press, 1981.

TAJFEL H., « Social psychology of intergroup relations », *Annual Review of Psychology*, 33, 1982, p. 1-40.

TAYEB M.H., *Organizations and national culture : a comparative analysis*, London, Sage, 1988.

THERY B., *Manager dans la diversité culturelle*, Éditions d'Organisation, 2002.

THOMAS A., *Psychologie interkulturellen Handelns*, Göttingen : Hogrefe, 1996.

THOMAS D.A., ELY R.J., « Making Differences Matter », *Harvard Business Review,* 74(5), 1996, p. 79-90.

THURWACHTER T., « Japan in China : The Guangdong Example », *The China Business Review,* Janvier-février, 1990, p. 7-17.

TOUZARD, H., *La médiation et la résolution des conflits*, Paris : PUF, 1977.

TROMPENAARS F., *Riding the waves of culture*, London : Nicholas Brealey, 1993.

TROMPENAARS F., *L'entreprise multiculturelle*, Maxima, 1994.

TSUI A.S., EGAN T.D., O'REILLY C.A., « Being different : relational demography and organizational attachment », *Administrative Science Quatrely*, 37, 1992, p. 549-579.

TUNG R., « Expatriate assignments : enhancing success and minimizing failure », *Academy of Management Executive*, 1(2), 1987, p. 117-126.

TURNER J.-C., *Social influence*, Buckingham, Open University Press, 1991.

TVERSKY A., KHANEMANN D., « Judgement under uncertainty : heuristics and biases », *Science*, 185, 1974, p. 1124-1131.

USUNIER J-C, *Commerce entre cultures. Une approche culturelle du marketing international*, Paris, PUF, 1992.

UVALIC M., VAUGHAN-WHITEHEAD D., *Privatization surprises in transition economies, employee-ownership in central and eastern Europe*, Edward Elger, 1997.

VADHANASINDHU P., VAN DE BERGUE D., Inve Aquaculture Market expansion of fish and shrimp diets in Asia, EC-Asean Management centre, 1998.

VOGEL D., « The globalization of business ethics : why America remains distinctive », *California Management Review*, automne, 1992, p. 30-49.

WARNIER J.-P., *La mondialisation de la culture*, Paris, La Découverte, 1999.

WEISS S.E., « Creating the GM-Toyota joint-venture : a case in complex negociation », *Columbia Journal of World business*, été, 1987, p. 23-37.

WEBER M., *L'éthique protestante et l'esprit du capitalisme*, Plon, 1964.

WELCH L., LUOSTARINEN R., « Internationalization : evolution of a concept », *Journal of General Management*, 2, 1988, p. 34-55.

WELGE M.K., « A comparison of managerial structures in german subsidiaries in France, India and the United States », *Management International Review*, 34(1), 1994, p. 33-47.

WESTPHALEN M-H, *Communicator*, Dunod, 2001.

WILLIAMS K. Y., O'REILLY, C. A. III, Demography and diversity in organizations : A review of 40 years of research. In Staw, B.M. and Cummings, L. L. (Eds.), *Research in Organizational Behavior*, p. 77-140. Greenwich, Conn. : JAI Press, 1998.

YIP G., « Global strategy in a world of nations ? », *Sloan Management Review*, Automne, 1989, p. 29-41.

ZARTMAN I.W., *International Multilateral Negociation*, San Francisco, Jossey ; 1994

ZIMMERMAN M., *How to do business with the japanese*, New York, Random House, 1985.

# INDEX

047525 - (I) - (1,8) - OSB 100° - C2000 - MNL

Achevé d'imprimer sur les presses de
SNEL Grafics sa
rue Saint-Vincent 12 – B-4020 Liège
Tél +32(0)4 344 65 60 - Fax +32(0)4 341 48 41
juillet 2004 — 32400

Dépôt légal : août 2004

*Imprimé en Belgique*